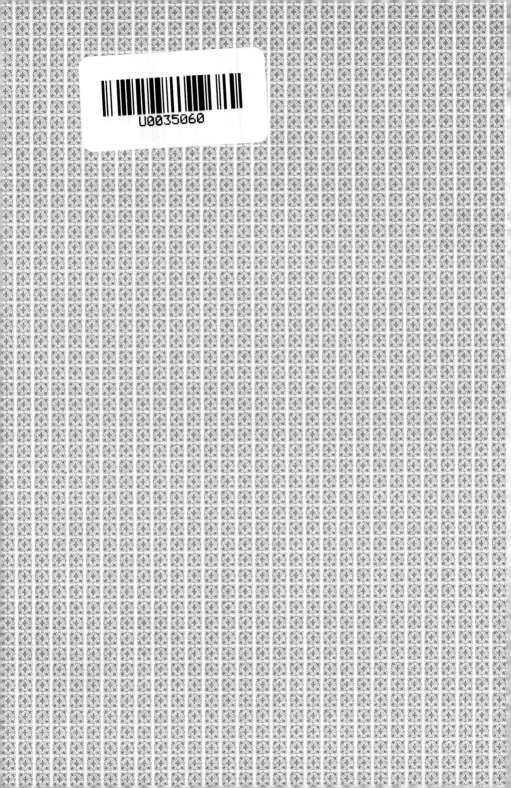

大法鼓經講義

——第一輯

平實導師 述著

ISBN:978-626-96703-2-1

佛法是具體可證的，三乘菩提也都是可以親證的義學，並非不可證的思想、玄學或哲學。而三乘菩提的實證，都要依第八識如來藏的實存及常住不壞性，才能成立；否則二乘無學聖者所證的無餘涅槃即不免成爲斷滅空，而大乘菩薩所證的佛菩提道即成爲不可實證之戲論。如來藏心常住於一切有情五蘊之中，光明顯耀而不曾有絲毫遮隱；但因無明遮障的緣故，所以無法證得；只要親隨眞善知識建立正知正見，並且習得參禪功夫以及努力修集福德以後，親證如來藏而發起實相般若勝妙智慧，是指日可待的事。古來中國禪宗祖師的勝妙智慧，全都藉由參禪證得第八識如來藏而發起；佛世迴心大乘的阿羅漢們能成爲實義菩薩，也都是緣於實證如來藏才能發起實相般若勝妙智慧。如今這種勝妙智慧的實證法門，已經重現於臺灣寶地，有大心的學佛人，當思自身是否願意空來人間一世而學無所成？或應奮起求證而成爲實義菩薩，頓超二乘無學及大乘凡夫之位？然後行所當爲，亦不行於所不當爲，則不唐生一世也。

——平實導師

如聖教所言，成佛之道以親證阿賴耶識心體（如來藏）爲因，《華嚴經》亦說**證得阿賴耶識者獲得本覺智**，則可證實：證得阿賴耶識者方是大乘宗門之開悟者，方是大乘佛菩提之眞見道者。經中、論中又說：證得阿賴耶識而轉依**識上所顯真實性**、**如如性**，能安忍而不退失者即是**證真如**，即是大乘賢聖，在二乘法解脫道中至少爲初果聖人。由此聖教，當知親證阿賴耶識而確認不疑時即是開悟眞見道也；除此以外，別無大乘宗門之眞見道。若別以他法作爲大乘見道者，或堅執**離念靈知**亦是實相心者（堅持意識覺知心離念時亦可作爲明心見道者），則成爲實相般若之見道內涵有多種，則成爲實相有多種，則違**實相絕待**之聖教也！故知宗門之悟唯有一種：親證第八識如來藏而轉依如來藏所顯眞如性，除此別無悟處。此理正眞，放諸往世、後世亦皆準，無人能否定之，則堅持離念靈知意識心是眞心者，其言誠屬妄語也。

——平實導師

目　次

本經並未分品，故無目錄。

自序

佛法之修證義學淹沒已久，肇因於時局混亂而致外道法猖獗，是故末法時世仍有九千年而竟失傳，三十年前平實出世弘法而舉出標竿：佛法實證之標的即是第八識如來藏。於正覺同修會提出此項主張之後，引起兩岸佛教界側目，致有毀謗及謾罵正覺為邪魔外道者；嗣後經由正覺不斷以經典的講解整理成書而梓行，加之以禪宗公案的拈提及公開流通，繼之以阿含聖教中的八識論聖教依據而作說明，佛教界才終於確認正覺的主張為正確。但這項成果的顯示而獲得佛教界不得不的認同，已是正覺弘法將近三十年後的事了；由此可見第八識大法如 佛所說：眾生難信難以接受，是不可思議的勝妙法而難以生忍。是故證第八識的本來無生而能於此生忍者，即名證得大乘無生忍者。

今此《大法鼓經》中則以法與非法二者建立世間法及出世間法，而以出世間大法的第八識如來藏含攝世間諸法的非法，由此攝盡世間、出世間一切有情及一切諸法。然而此一大法亦名「此經」，即是第八識如來藏；所以者何？謂一切世間法及一切有情，莫不從此一大法而生住異滅，致有三界眾生的輪迴生死無盡，亦因此第八識而有三乘菩提的存在與施教。若無此一大法者，則十方三世一切諸有全歸於無；而 世尊一代聖教所說諸經，悉皆依此大法而開演、而教導弟子實證此一大法，故有三藏十二分教諸部經典的演示與教誡，莫不皆從此一大法而出，從各個不同層面而有極多演示，具令諸菩薩弟子得以早日進道乃至成佛；是故舉凡直接演示此一大法之經典，不論名稱為何，同樣皆名之為「此經」，謂此大法第八識如來藏也。

苟能勝解此理而廣修六度波羅蜜多，次第實修至第六住位滿心，加修四加行而求親證第八識如來藏，證已即能現觀此識本具之眞如法性，名為證眞如之賢聖。此後進修三賢位的非安立諦三品心，於入地前再加修安立諦十六品心及九品心後，依憑受持無盡的十大願，以發願久之，已經清淨而能永遠受持故，名為增上意樂清淨，即得入地；此後進修十度波羅蜜多，即得漸次進到十地滿心位；此後百劫修相好，圓滿極廣大福德而成妙覺菩薩，俟時由佛授記而成為一生補處，待緣下生人間即得成佛，並得廣益眾生。此即佛菩提道的概要，然皆由親證宇宙萬法本源的第八識如來藏而成就。

何以故？謂此第八識即是一切有情生命的本源，父母未生前的本來面目；一切器世間及有情生，莫不從之生，莫不從之滅，如是輪迴不已；是故證得此第八識而能現觀其眞如法性並轉依成功者，即謂之爲賢聖。若不肯依序實修六度波羅蜜多，始從布施去貪開始，繼之以持戒清淨，乃至末後修學四加行之法，即使偶遇善知識助益而得實證，亦將無法轉依成功，終必退轉而致謗法及謗賢聖，死後必墮三塗，無可救者，學人於此必須知之而且謹記於心。

由於此第八識如來藏難以實證，亦兼證已難以信受故，必須有人護持此一大法而救護眾生；亦因越至法滅之時，此一大法越難被世人所信受及受持，是故必須有大菩薩於末法最後八十年中加以護持，令已實證之人心得決定而不退轉，是故 佛於此經中授記「一切世間樂見離車童子」，於末法最後八十年中護持此經第八識如來藏妙法，如是成就此經宗旨。今以此部經典講述圓滿整理成書，並將於二〇二三年初逐輯陸續出版，即簡說此經宗旨而以爲序。

佛子 **平實** 謹序

公元二〇二一年小暑 謹誌於松柏山居

《大法鼓經》

接下來，開始講解《大法鼓經》，先講經名。這經名略說一下就好，不細說。爲什麼不細說，當然有原因。《大法鼓經》共四個字，這「大」字，我記得十幾年前，我們講《楞嚴經》——《大佛頂如來密因修證了義諸菩薩萬行首楞嚴經》。記得當年講「大佛頂」三個字，講兩個多鐘頭；所以那個「大」字就講了快一個鐘頭！如果諸位想瞭解這個「大」是甚麼義理，就去請購《楞嚴經講記》第一輯就有。這個「大」是在指某一個被指涉的叫作「法」。這「大」是個形容，形容那個法。

那「法」，我只要簡單地講，再回頭來講「大」。「法」這裡不細說，因爲經文裡面就會講。「法」，這一部經裡面說法有兩種：法與非法。可是如來又說：非法亦法，所以又把「非法」這個法歸納到「法」裡面來。所以「法」可一、可二；可二是爲眾生方便宣說，因此說「法與非法」；但是「非法亦法」，非法也屬於法，所以「法」其實只有一個。

這個「法」從另一層面來講，就說「法」有兩個：有為與無為、色以及非色兩個。也就說：法可以分為「有為法」與「無為法」，也可以分為「色」與「非色」，這就是法。諸位當然知道「法」指的是甚麼，三句不離本行，答「如來藏」一定正確，因為只有如來藏才能夠含攝「非法」。即使是貪、瞋、癡也是法，因為它一樣從如來藏來。也許有人想：既然這樣，那如來藏就是個渾蛋囉？因為既然祂有貪、瞋、癡，那不是渾蛋是甚麼？有時候祖師也會開示：「貪即菩提、瞋即菩提、癡即菩提。」欸！那覺悟怎麼會變成貪瞋癡？對啊！這個懷疑有道理，為什麼「法」會變成貪、瞋、癡？

如果哪一天外面有人聽了轉述，特地跑來問我：「蕭老師！如何是法？」我就告訴他：「貪！」他回家以後如果一夜不得好睡，想想不死心，又來問：「那如何是貪？」我說：「法！」我真的有指點他，不是沒有。我不是開玩笑的！如果他再不死心，怎麼想都想不通，第三天又來問：「如何是法？」就說：「瞋！」又來問：「如何是瞋？」「法！」……就這樣，「癡」也是這樣跟他談。有的法師就是不懂佛法，所以他想：貪、瞋、癡種子都從如來藏裡現行，如來藏叫作阿賴耶識；說這個阿賴耶識是壞法，說要把阿賴耶識滅掉。對啊，月溪法師也這麼講、聖嚴法師也這麼講；說要把阿賴耶識滅掉，因爲阿賴耶識是個壞蛋啊。

也許他們讀過，有時候祖師說：「如何是法？」「貪、瞋、癡。」經上也講，原來「法」就是有不清淨的種子，那就是不好的東西，一定要把祂滅掉。可問題來了，月溪法師自認爲證悟（他是沒有公開說他成佛），他言外之意可能要讓人家認爲他成佛了，所以死時才說：「遍滿虛空大自在。」他說的是：要把那個阿賴耶識找出來，然後一槌把祂搗碎，「嘩！」的一聲就開悟了。講得還眞幽默啊！那聖嚴法師也學他那個模樣，說要把阿賴耶識滅了才可以證悟。但是問題又來了：要把祂滅了才可以證悟，他又宣稱證悟了，那問題是他有沒有找到阿賴耶識？他們沒找到阿賴耶識，怎麼把祂滅掉？所以我說這些人前言不對後語。那句成語四個字剛好：自語相違——自己講的，自己違背了；就像是學術界說的「二律背反」一樣，可也有那麼多人信受啊！

所以這個「法」含攝了非法，因爲這個法具有「圓成實性」。如果這個法只能成就清淨法，不能成就染污諸法，祂能叫什麼圓成實性？如果這個法只能成就無為法，不能成就有為法，祂喚甚麼作「圓成實性」？聰明人、有智慧的人要有這個正見：既然叫作「圓滿成就一切染淨諸法的眞實性」，那就表示祂函蓋一切有為法、無為法，也表示祂函蓋一切清淨法、不清淨法，所以貪、瞋、癡諸法祂都函蓋了；但祂也有絕對的實相智慧與本來解脫的存在，等著你去發覺，然後受用祂，必須要這樣才可以稱之為「法」。

這個「法」又說：色即非色；祂是能生五陰世間的法。那五陰世間有沒有色法？有啊！怎麼會有人說祂沒有色法？除非祂生到無色界，可是下來色界、欲界之後依舊有色法啊。那麼色法對一般學佛人來講，說五色根：眼、耳、鼻、舌、身五種有色根，這是色法。可是單有這五色根，沒辦法生存哪！還得要有六塵。那六塵也是色法呀！如果不是色法，怎麼可能接觸得到？而這六塵講的是你十八界中的六塵，是你自己的如來藏所變現的；那麼外六塵呢，是共業有情的如來藏共同變現的，這些都是「色法」。這一些色法既然是由這個「法」所出生，就表示這個法祂具有色性；如果祂沒有「色」這個物質性，祂就不可能變現你這十一個色法，所以法也是色。

但「法」也是非色，因為祂自己無形無相，祂自己不是色法；可是祂擁有色法的自性，因此能夠變現宇宙中的「四大」，再把這一些四大變現成器世間，再攝取這些四大變現成一個一個色身。所以「法」的另一面叫作「色及非色」，這就是法，這是簡單來講了。那如果要鉅細靡遺來講這個「法」，就不是講《大法鼓經》，那就是講《法經》，可就講個沒完沒了！文殊菩薩在娑竭羅龍宮講了幾萬大劫就是講「法」，講這件事的經典叫作《法華經》。所以我們只這樣概略說明，依這部經所講的概略說明一下。這樣瞭解法了，這「法」當然就是《佛藏經》講的無名相法、無分別法；就是《金剛經》說的「此經」、《法華經》說的「此經」，也就是《攝大乘論》講的如來藏——阿賴耶識。

這個法為什麼稱之為「大」？我們不要像《楞嚴經》講得那麼詳細，大略說一下就好。這個法之所以為大，是因為祂是一切有情之所從生啊！十方三世一切有情，莫不從這個法出生；而這個法叫作如來藏，人人本有，法爾具足。以前有人來問我說：「蕭老師！聽說您證得如來藏啊，說人是由如來藏所生。那我問您，那如來藏是被甚麼生的？」我說：「嗄？如來藏還被生喔？」那就是愚癡人！他的目的是要顯示說：我比你更行，我有證得第九識。

可是他誤會了！所謂「異熟識」只是滅了阿賴耶性，把祂改稱為異熟識，但凡夫位的阿賴耶識同時也稱為異熟識。異熟識這個名稱是從凡夫位一直到妙覺位都叫「異熟識」，所以凡夫位叫阿賴耶識、也叫異熟識；異熟識不是第九識，第九識是個方便說。所以這個「法」不是從甚麼地方出生的，不是被誰所生的，祂是法爾而有，這叫作「法爾道理」。

四種眞實道理中有一個叫作「法爾道理」，是說祂本來就是這樣，沒有理由！不能問說：「**這個如來藏是甚麼時候出現的？**」祂無始以來就在，沒有甚麼時候出現的問題存在。假使有甚麼時候出現，即使是過無量無邊不可思議阿僧祇劫之前出現，那就表示：過無量無邊不可思議阿僧祇劫之後祂也會滅，那就不能叫作「不生不滅」。因為祂法爾而有，不曾有生，所以祂是無生。本來無生才是永遠不滅的法，祂才能夠成為一切有情之所從來。一定是本住法，才能夠出生一切法；若不是本住法，就不能出生任何一法。換言之，凡是被生的法，不能出生任何一法。

有人也許想：「**眞的嗎？**」那麼咱們合計合計看。也許有人想：「**這個蘊處界有我的意識在啊，我的意識就可以想很多很多的法出來。**」說的也對，可是問題來了！意識的存在，要依靠如來藏流注種子才能存在；而意識所相應的諸法，那些「法種」也在如來藏之中，要從如來藏中流注出來以後，意識才能知道；否則今天晚上睡著、意識斷了，明天早上醒來看見老爸，問說：「你是誰？」因爲沒有記憶啊！所了知的一切，還要靠如來藏儲存那些「種子」保存及流注出來，否則看見了媽媽來了，一定會問：「您爲什麼對我這麼好？又爲我做早餐！」因爲意識自身斷滅了，不能保存種子就沒有記憶了。意識沒有辦法生諸法，意識能了知還是要依靠如來藏的種子保存。如來藏出生了意根，有意根可以生五色根了；但五色根是誰生的？不是意根生的，所以諸位說是如來藏。那有六根可以生六塵了吧？但六塵是六根生的嗎？也不是！現在有六根、六塵，可以生六識了，但六識是六根、六塵合生的嗎？也不是！還是由如來藏生的。所以只有「本住法」生一切法，能生的就生一切法；被生的法永遠不能生諸法，這就是「法」的特性。所以如來藏這個法一定是「法爾而有」，不是被生的法，這個叫作「法爾道理」。

你不可以哪一天夢見了佛，或定中見到了佛，你就問 佛說：「如來！那如來藏是被誰生的？」如來慈悲，不會敲你腦袋，換了我就跟你敲腦袋！

因爲這個是「法爾道理」，沒有理由可說；因爲祂是「本住法」，法爾而有，才可能成爲一切有情的來處；因爲這個法是一切有情的來處，那有情總是要有個生存的世間——造業、受報的世間，這器世間就由共業有情的如來藏共同來變現。因爲這個「法」有物質性，所以能變現宇宙中的地、水、火、風。那地水火風變現出來，祂就有能力依著業力，藉這一些地、水、火、風來變現三惡道的世間、人間；包括欲界天的世間，色界、無色界的世間，祂就會變現出來。所以這「法」也是器世間之所從生。因爲這個「法」有這樣的特性，而且祂是常住不滅，所以能夠盡未來際不斷地變現器世間以及變現眾生各自的五陰世間；就讓眾生這樣從無始劫到現在、又盡未來際輪轉不斷，祂不間斷地變現；因爲有這樣偉大的功德，所以我們說祂叫作「大」。哪個法最大？就是這個「法」。

在世間法中，譬如說一個大家庭，曾祖父他統管了整個家庭。當孫子在打罵曾孫時，曾孫可能去跟祖父告狀；可是也許祖父也不同意那個曾孫講的理由，曾孫又來跟曾祖父告狀。曾祖父安慰他說：「放心啦！沒事沒事！我答應你、幫你擺平，你儘管去玩！」這曾孫不放心就講：「曾祖父！眞的可以嗎？」曾祖父也許告訴他：「這家就是我最大，還有誰比我更大？」對吧？對啊！他最大。換了你呢？你在場，你對曾祖父說：「你爸比你更大！」他說：「我爸都不在了，怎麼會比我更大？」你說：「你爸還在啊！你爸叫作『如來藏』。」因爲不管誰都從祂來的。

所以外道想要找這個最大的法，可是沒智慧，他們就自己編派：「一定有一個造物主啦！所以他能夠創造世間；創造世間之後，然後就創造了我們，所以他就是造物主。」造物主其實就是「法」，只是他們不知道，自己亂編！那造物主比上帝，兩個誰比較大？嗄？對啊！造物主比上帝大。因爲上帝自稱創世主，可是他自己也住在世間；那他住的世間顯然比他更早，他住的世間譬如叫作「天上」好了，天國是誰創造的？天國不是他創造的！他只說他創造了人間的世界，他沒有說他創造天國。那是誰創造天國給他住？「法」輪不到他！所以顯然造物主的說法比上帝高一級，上帝還不夠高！其實所謂的上帝、所謂的造物主就是這個「法」；可是外道們不知道，就幻想，然後憑著自己的幻想、推理，就說世間是怎麼來的、眾生是怎麼來的。那婆羅門把這個法叫作「祖父」。婆羅門修道很久了，年紀也大了，最多就是上面還有個七、八十歲的老父；可是他想：我爸也是被生的，生我爸的就叫作祖父；那我也是祂生的啊，所以我也叫祂祖父，所以婆羅門把造物主叫作「祖父」。因此婆羅門講的「祖父」就是法、就是如來藏；可是他們弄不清楚，所以就亂編。

那還有外道說：「出生萬法的是『大梵天』，因為他無欲，所以是『梵』；可是這梵天能生萬法，跟一般的梵天不同，所以叫作『大梵天』；一般的梵天歸他管，他就是大梵。」所以 如來在《楞伽經》裡面說「如來是梵」，就講這個道理啊；如來也是「祖父」、也是「造物主」等等，《楞伽經》有講這個道理。那麼這個「法」還有的外道說：「其實創造世間、創造人類、創造動物的都是上帝，上帝是宇宙的主宰。」可是問題來了：上帝如果是宇宙的主宰，那他住的天國是誰創造的？而且他憑甚麼來創造人間這個器世間？而且他創造了人類還不具足呢！因為他說是先創造了人間，那其間的過程顛倒就不談它；當他創造了亞當，用泥巴捏成的，就套一句中國的俗話說：「吹一口仙氣。」呼！他就變一個人叫作「亞當」。然後他又想：「這亞當一個人也太孤獨了吧！」又把亞當抽出了一根肋骨，就把它變成一個女人叫作「夏娃」，由夏娃來陪亞當。欸！這就是西洋人重男輕女的證據，對吧？對啊，女人是男人的肋骨變的！但佛法不這樣講，佛法說「唯我獨尊」，每一個人都是「唯我獨尊」。（註：《楞伽阿跋多羅寶經》卷四〈一切佛語心品〉：「如是大慧！我於此娑婆世界有三阿僧祇百千名號，愚夫悉聞，各說我名，而不解我如來異名。大慧！或有眾生知我如來者，有知一切智者，有知佛者，有知救世者，有知自覺者，有知導師者，有知廣導者，有知一切導者，有知仙人者，**有知梵者**，有知毘紐者，有知自在者，有知勝者，有知迦毘羅者，有知真實邊者，有知月者，有知日者，有知主者，有知無生者，有知無滅者，有知空者，有知如如者，有知諦者，有知實際者，有知法性者，有知涅槃者，有知常者，有知平等者，有知不二者，有知無相者，有知解脫者，有知道者，有知意生者。大慧！如是等三阿僧祇百千名號，不增不減。此及餘世界，皆悉知我，如水中月不出不入。」）

那上帝又不懷好意，他對自己沒信心，他把亞當、夏娃創造出來之後，要檢驗看看亞當、夏娃對自己夠不夠忠誠？所以要試驗他們，就又弄了一棵蘋果樹。那樹上生的蘋果香啊、甜啊！亞當、夏娃生來就是要嗅香、要嚐味的。欸！偏偏告訴他們不許吃。這上帝夠不夠笨？他如果是全能的、全知的

（因為上帝號稱「全知全能」），如果真是全知全能，他早就應該知道說：「我創造了亞當、夏娃以後，這兩個人可不可靠。」結果他不知道，還要測驗！這叫什麼全知？若是全知全能的，就不應該創造出他們兩個人一定會背叛他！所以我說他們一神教前言不對後語，沒智慧才會那樣講；可是信者依舊一大堆！那終於兩個人受不了誘惑，吃了蘋果。上帝怎麼樣呢？把他倆趕出伊甸園。亞當、夏娃是上帝創造的人類始祖，可是被趕出伊甸園以後呢？外面一大堆的人呢！原來啊，上帝的子民只是少數人中的少數，所以亞當、夏娃的後裔才要負擔原罪；咱們沒有原罪！還不談後面的荒謬議論，你把這《舊約聖經》一翻開來，從一開始你就發覺處處漏洞，倒不如中國人聰明。

中國人講「盤古開天」還比他有道理一點，所以開天闢地有講了個「渾沌」的故事。有沒有？很類似如來藏這個道理啊。如來藏於六塵境界無所覺知，那位渾沌呢，什麼都不知道——沒有眼、耳、鼻、舌，他只有一個身體，也沒有意識，可那身體又不太像身體，渾渾沌沌！後來兩好朋友商量著說：「唉呀！這個好朋友渾沌甚麼都不知道！」幫他開了眼，所以他可以見了；幫他開了耳，所以可以聽了，鼻舌與身意也都弄好了，現在渾沌好聰明伶俐！

聰明伶俐之後就怎麼樣？對！不渾沌了！那麼就說渾沌死了！所以眞要探究玄學、哲學還得到中國來。那麼也正因爲中國有這樣的思想，發展出了道家、儒家等等理論，所以 如來說：「**中國有大乘的氣象。**」這個「法」在中國是有希望的、可以弘揚的。那麼這個渾沌的思想，不是遠勝過一神教的思想嗎？那爲什麼說它們是「思想」？因爲不可證實，所以叫作思想。

所以 如來說了：「**其實外道們說的大梵天、祖父、造物主、上帝等等**（近代說有甚麼宇宙主宰），**其實都是『我』的異名。**」這個「我」是眞實不壞的，不像五陰那個「我」會壞。那麼眾生沒智慧，貪著五陰的我，於是就流轉生死。如果能夠有智慧，翻身過來看見這個「法」——大法這個我，那就不再流轉生死，因爲有智慧了！所以「大法」指的是甚麼——如來藏妙眞如心，又名阿賴耶識、異熟識、無垢識。這一個「法」因爲有這樣的特性，才能稱之爲「大」。

那麼假使轉法輪，要轉甚麼法——轉大法。所以臺灣法輪功的信徒，往往家門前會掛上一個布條，說「法輪」甚麼？「**法輪大法好！**」現在問題來了，他們那個法是大法嗎？都是所生之法啊！法輪功在臺灣的學會會長是我高中的同班同學，沒機會私下跟他聊；我也不太想聊啦，所以後來再開同學會我都不去；參加畢業五十年的那一次去了，後來再去一次在臺北的聚會以後，就再也不想去了；因爲這個法難說，而且他們距離太遙遠。所以「大法」指的就是如來藏，不是其他的法；只有能生一切法的「法」才有這樣的偉大功德，才能稱之爲「大法」。好，那麼「大法」兩個字就簡單這麼說明。今天先講到這裡。

《大法鼓經》我們上週利用講《佛藏經》剩餘的時間，簡單地說明了「大」與「法」兩個字。那麼「鼓」與「經」諸位都是耳熟能詳。那這裡的「鼓」，借用祂的意思來講，就是：「祂可以震撼人心、傳遞很遠。」祂的主要意思在這裡。天竺有個傳說，它說假使有一面鼓，上面塗了毒，上戰場的時候把這一面鼓敲擊了起來，那毒就隨著聲音傳出去；對方的軍人聽到這個鼓聲，一個個中毒就倒下去了，所以說「聞者皆喪」。又如有一面鼓，鼓上塗了解毒藥，上陣時擂了起來，敵方散播的毒就全部都被解除了。這是古印度的一個傳說。那在這裡「大法鼓」就代表說：「這大法藉著鼓聲傳播久遠的道理，祂可以傳播很遠、很廣；而傳播的時候可以說是振聾發聵，讓人家覺得很震撼，這就是『大法鼓』的道理。」那也許有人想：「這個法眞的如此嗎？」我可要說：「眞的如此！」這個大法當然是指第八識「如來藏」，那如來藏能函蓋一切法，所以是大法。

我們舉個例子來講，說我們正覺當年剛開始弘法的時候，學員們才不過幾十個人。那個時候在中山北路六段巷子裡的地下室（四、五十坪的地下室），後來擠到一百多個人，然後我們才搬到這邊來。當初我們的力量是很小的，可以說是勢單力孤；但問題是，我們才剛開始弘揚正法，佛教界（包括各大山頭）就開始抵制了。論理說，我們勢力很小，還不到可以跟他們分庭抗禮的階段，他們不需要抵制，我們也沒說他們悟錯了，可是爲什麼他們都很努力抵制？因爲他們發覺這個「法」很厲害！不趕快抵制，哪一天勢如野火燎原，那就來不及了！這表示什麼？表示我們弘揚這個如來藏妙法，他們一聽到，馬上就緊張了！他們心裡很慌，爲什麼慌？「因爲這不是我們所知道的！臺灣佛教界沒有人在弘揚這個法，以前頂多是嘴上說一說，幾句話帶過去；沒想到現在出了個『正覺同修會』，不但弘揚這個法，而且還是可以實證的！」對他們而言很震撼。這就顯示：這個法果然是「大法」呀！這個法弘揚出去，就像大法鼓開始擂了起來，大家心臟跟著怦、怦、怦就跳起來了，所以眞的叫作「振聾發聵」；如果沒有這個功德，就談不上「大法」了！

臺灣有個外道團體從內地傳過來，叫作法輪功。法輪功的信徒往往在他們家陽臺掛著「法輪大法好」五個字，每一個字都是斗大的字，臺灣法輪功學會的會長是我高中的同班同學。但那個不叫大法，那根本不懂佛法！閒言表過，且不談它，因爲是外道。如來藏這個「法」爲什麼就像一面大鼓一樣，擂了出去，大家就心慌意亂呢？因爲感受到這個法威力很大，他們都被震動了，所以各大山頭只好努力抵制啊。可是抵制的結果呢？沒用！所以我們剛開始出幾本書的時候，他們就緊張了。我們出書時才不過一百多個人，擠在中山北路六段那個地下室裡面。

但我們後來搬過來買了這個九樓，不但這樣，現在有六間講堂加上一個特大號的辦公室，還有桃園、新竹、臺中、嘉義、臺南、高雄（香港跟ＬＡ就不提），臺灣就這幾個地方（編案：此書出版時臺北已有七個講堂）。有哪一個道場每週二的講經，可以把六間大講堂坐滿？臺灣佛教史上沒有過！甚至中國佛教史上也沒有過！而我們現在講經時臺北的六個講堂都坐滿了，這表示什麼？表示這個法確實是「大法」，所以當這個「大法」的音聲開始傳出去以後，佛教界震動啊。

臺灣的狀況如是，大陸也一樣，所以大陸那些大法師們各省、各省都開始聯合起來，共同抵制正覺去大陸復興佛教。爲什麼他們要弄到這麼厲害，讓大陸各省公安局都在取締我們？爲什麼每一省都針對我們來取締？那淨空法師不是被很多省分定義爲邪教嗎？但也沒事兒！而我們不是邪教欸！國家宗教局也說：「**正覺不是邪教。**」可爲什麼各省公安局都要來取締？因爲牽涉到背後各省大法師們的名聞利養啊！他們覺得受威脅了！所以他們抵制得越嚴重，表示這個法越大。現在已經是全國抵制了，變成什麼呢？那麼這個法大不大？就是大啊！他們覺得威脅太嚴重，那我們只好不走宗教路線，我們就純粹辦「文化」活動。這也行啊！因爲中國文化三大支柱之中，最重要的就是佛法，然後是道家的，然後才是儒家的。所以中國這傳統文化的活動剛開始時要三禮：一鞠躬就是一禮；「三禮」禮什麼？首先禮 釋迦牟尼佛、再禮老子、再禮孔夫子。那我講佛法是中國傳統文化，我沒有佛教儀軌，也不犯規，什麼都沒有；我就是純粹講佛法，這就是中國文化。欸，這也是一條路啊！我也說過：「生命會尋找出路的。」

那既然會弄到全國的公安局都來找我們，表示甚麼？這個法大，大到他們受不了，所以各省佛協都去活動；活動的結果、遊說的結果，就是公安局不准我們去傳教——傳佛教的教義。那我們不傳教，我們講佛法，換個法子來就符合規定了。表示這個如來藏的妙法太大、太大了！大到他們無法想像，叫作「不可思議」。就像我們以前在臺灣剛開始弘法的時候，各大道場都不敢寫上一個字，來說你正覺是邪教，只敢私下口頭流通。為什麼？因為這個法不是聲聞、緣覺的境界，更不要說那一些六識論的凡夫大師們的境界。所以以前釋印順寫了一大堆的書，他們大家讀了，猜一猜、想一想、思惟思惟說「喔，我懂了！是這樣的意思。」可是我們這個「法」弘揚之後呢？他們怎麼讀、怎麼不懂；一個字、一個字都認得，可是整本書到底在講什麼？不知道！因為那不是他們的境界。

好在臺灣真的是宗教自由，雖然老蔣、小蔣以前都支持基督教，撥了很多地皮給基督教蓋教堂免費用；現在的教堂，以前都是他們撥給的啊！本來都是國產。但是有個好處，他們兩人不抵制佛教；那就行，有足夠的宗教自由。那不管你這布袋裡面怎麼樣、有多少東西，反正你晃來晃去，我這根錐子終究會突出來，擋不住！這表示：這個法夠偉大啦！假使不是夠偉大，不可能三世諸佛之所以成佛時全都是憑藉這個法。

那我們把這個「法」的聲音改換成書本，把聲音寄託在書本裡面流通出去；流通出去以後，眞的像鼓聲一樣，振聾發聵啊！所以現在臺灣佛教出來弘法的時候，如果他不講一點兒「如來藏」，人家就說：「欸！你跟不上潮流了！」如果他敢否定如來藏呢，人家說：「啊！那你是凡夫，不然就是外道！」所以如來藏妙義現在成爲臺灣佛教的「顯學」，不再是玄學；這表示這個法大，否則我們不可能從一個很小的團體而走到今天這個地步來呀。所以這個「法」藉著鼓聲把祂傳遞出去，就是「大法鼓」。

但是這個法傳遞出去，祂是有一個脈絡可循的。那些六識論的法師們不懂，總是毀謗；而他們最討厭的、最厭惡的就是中國禪宗，所以他們有時候私底下或者公開演講會抵制禪宗說：「禪宗那些公案都是無頭公案，每一件公案都是沒頭沒腦！」爲什麼他們要毀謗？因爲不懂啊！從他們看來，那禪師的言行舉止眞的像沒頭沒腦的。唉！怎麼思惟都不通！很有名的雲門「如何是佛？」「花藥欄！」；「如何是佛？」「綠瓦！」；「如何是佛？」「乾屎橛！」連大便後用的木橛都搬出來，他怎麼想都不通！得要等你悟了以後，嗄！原來花藥欄就是乾屎橛、乾屎橛就是綠瓦、就是胡餅、就是老趙州的「六六三十六」、就是雲門的「東山水上行」，一了百了！從此以後《心經》在心裡面了，不用再背！所以我把《心經》給忘了。可你要問我《心經》，不管哪一句我就講給你聽；但是我就是把它忘掉了，眞的！現在背不全了，因爲我不放在心上。

《般若經》請了出來，哦！原來如此！再也不囉唆。以前讀起來，覺得好像在繞口令一樣，有時候一句二十幾個字；可現在讀起來，它眞不能再分句，就得要是那二十幾個字連在一起成爲一句。懂了！「禪門公案」再也不是沒頭沒腦的無頭公案了。然後遇到家裡人，兩個人聊得好快樂！越聊，這個聲音越大；旁邊的人拉長了耳朵，怎麼樣都聽不懂。表示什麼？這個法之所以爲大，是既深又廣，令人不可思議！

但這個法祂有個脈絡，就好像說一片葉子之所以成爲葉子，一定有它的葉脈才能成就整片的葉子。而這個葉子依於枝、依於莖、依於分幹、依於主幹、依於根盤、根柢，最後要依於它的根才能夠完成一棵樹。當你證得這個法，漸漸深入修學之後，有一天突然懂了。啊！原來 如來說的「法住法位、法爾如是」就是這個道理。終於懂了！以前你們聽人家講過什麼叫「法住法位、法爾如是」嗎？可是你來到正覺悟了以後，你在增上班學過幾年，你知道：「原來這個法就是應該在這裡，不應該在上面、也不應該在下面、不應該在左邊、也不應該在右邊；祂就是在這個位置，一一法各住其位，都不錯亂哪！」

那你要問說：「這個如來藏是怎麼來的？」沒道理可說，法爾如是！這個時候整個佛法脈絡都清楚了。這表示你在佛菩提道上，已經走上好長的一大段路了；這一大段路當然是有很多、很多不可計數的步伐，可是那每一步都是那一些「六識論」的大師們怎樣想都想不通的；他們每一世都走不上一步，不要說你走上那麼遠的路了。所以法是有脈絡可循的，可是你要追尋那個脈絡，得要先證這個「法」；你證得這個「法」以後，才有祂的根柢，才有主幹，才有莖、枝、葉、花、果以及子實，這樣整個法就完整了。所以法一定有脈絡，一一法都互相關聯，不可以是互相獨立的，不可以互不繫屬。

可是你們看臺灣佛教界所謂的印順導師，他那一些書（四十幾本）講的結果是：這個法是這個法、那個法是那個法，互不相關。所以你看太虛大師厲害！把這個徒弟給罵了一頓，說他把佛法割裂到支離破碎。罵得好！也就是說，他對於某一個法應該在整體佛法中的位置是在哪裡？爲什麼現在在那個地方？他不懂！對於「法爾自在」的如來藏，他更不懂，因此把祂推翻掉，認定說那是「外道神我」；可是沒料到，他死前十來年卻被我認定是外道神我，他怎麼也沒料到這一點；因爲他認爲說：「禪宗的開悟就是悟得直覺。」我就說：**「直覺正是外道神我，不離十八界法，跟外道神我沒什麼兩樣！」**而他的思想正是外道神我。

所以「法」一定有脈絡：一一法互相關聯，而一一法各自安住其位，互不混濫、不相僭越。那如果能夠把「法」這樣來加以宣說，成爲有系統的、連貫的一個法，那樣地演說出來的結果，就叫作「經」；梵文說是「蘇嚏鞡」，翻譯成中文叫作「修多羅」，或是「素怛纜」。有沒有？就是蘇嚏鞡（梵音）。所以「經」的內涵不應該去把祂分割，更不應該的是把一部完整的「經」分割成好幾部分；因爲每一部「經」都是依於這個「法」來講這個法的某一個方面，所以在這一個方面成爲一個系統，但都不離這個「法」；另外一部經是從另一個層面來講這個「法」，有系統地把祂加以說明；但所有的經典（不管是幾部經典）都不離於這個「法」，這樣才能成其爲「經」，而這個法一定是十方三世世界一切法的根源。

這樣的「法」是一切世間、一切有情之所從來，是一切諸法之本，這才能稱爲「大法」；然後對這個大法不能夠存有一己之私，一定要把祂傳播出去。那傳播出去，你得要有系統地爲大家演述，讓大家可以連結；演述完了，把祂結集起來，對外流通，那就是「經」。所以「經」一定是脈絡分明，不可以雜七雜八好像大雜燴一樣，混在一起一鍋炒了，端出來便說這叫作經，那其實要叫作「戲論」！所以「經」一定有它的脈絡，這脈絡分明，可以一一檢驗。那《大法鼓經》正是把這一個「大法」藉著音聲傳播出去的一部經典。好，這樣《大法鼓經》我們解說完了，這算是概略地說明。

接著就是先講卷上，因爲有上、下兩卷。這部經是宋朝的天竺三藏法師求那跋陀羅所翻譯的。求那跋陀羅我們就不作介紹，諸位如果有興趣可以上網去搜尋。說明已經很多了，那接著我們就進入經文：

《大法鼓經》卷上

經文：【「如是我聞：一時佛住舍衛國祇樹給孤獨園，與大比丘眾五百人俱，復有百千大菩薩眾，復有眾多天、龍、夜叉、揵闥婆眾，復有百千諸優婆塞、優婆夷眾，復有娑婆世界主，梵天王及天帝釋、四天王眾，復有十方世界無量比丘、比丘尼、優婆塞、優婆夷諸菩薩俱。爾時，如來於彼四眾說如是法：「有有則有苦樂、無有則無苦樂，是故離苦樂則是涅槃第一之樂。」」】

語譯：【我阿難是像這樣親自聽聞的：一時佛陀住於舍衛國祇樹給孤獨園，與大比丘眾五百人同在一起，還有百千位大菩薩眾，另外還有眾多的天、龍、夜叉、揵闥婆眾，也還有百千位諸優婆塞、優婆夷眾，也有娑婆世界主，大梵天王以及忉利天的天王帝釋，以及四天王及其大眾，另外還有從十方世界來的無量比丘、比丘尼、優婆塞、優婆夷諸菩薩俱。這個時候，如來於那四眾弟子之中說出這樣的法：「有『有』就會有苦樂，沒有『有』則沒有苦樂，由於這個緣故，離苦離樂則是涅槃第一之樂。」】

講義：「**如是我聞**」，這是阿難請示　如來，將來經典結集的時候該怎麼開頭？如來就吩咐：應當說「**如是我聞**」，表示接著要演述出來的經典內容，都是阿難尊者親耳聽聞　如來所說，所以一開頭都是「**如是我聞**」。那這樣就沒問題了。後來大陸的一貫道也創造經典，佛法中有一部《佛說八陽神咒經》，他們就來創造一部《佛說天地八陽神咒經》，那他們一開始也是寫「**聞如是**」；好了，經藏的結集者盲無慧目，就一體收存在《大藏經》中了。那個一貫道創造的《天地八陽神咒經》多好笑！他還像中國人一樣拆字呢。如來在世有拆過中國字嗎？沒有！那部經裡面竟然拆解中國字。這樣看來　釋迦老子應該是中國人吧！這一看就知道是外道創造的！可是新竹就有個寺院，不明就裡把它倡印了起來，然後新竹也有一個密宗的道場，後來臺北有一個密宗的道場（在東區）也跟著印。他們眞的沒有慧眼可以分辨，看到文字上說這個是　如來講的經典，經文就是　如來說的，一開頭是「**聞如是**」，所以就盲從而跟著印行流通。原來這個「**如是我聞**」四個字兒還眞好用！

那密宗創造了經典就學這一招，一開始也「**如是我聞**」。所以要從經文中的實質上去判斷這是不是眞正的經典，而不要看表相。至於密宗的《菩提道次第廣論》等等，那些六識論的外道邪見，他們那些編譯《電子佛典》的竟然也把它放進來！而我們十幾年前就開始在破《廣論》了，我們的《廣論之平議》連載十年有了吧？搞不好超過了，結果他們還編進去！表示《電子佛典》的編譯者也是個殘障者，像是走路得要這樣一拐一拐地，那就是眼盲的殘障者；而他們沒有慧眼，在佛法大道裡面看不見，用拄杖拄著、拄著，勉勉強強不跌落深坑而已，但路已經是走錯了，卻一直要走到底才會發現原來是個死胡同，他們將來只好回頭走；可是他們現在還沒有走到底！

所以「如是我聞」得要是阿難尊者親耳所聞的才算數，那些外道創造的都不算數！所以自古以來一直有人說《大乘起信論》是僞論。我想：「嘿！僞論竟然可以有那麼多人在爭論！那我請出來讀讀看。」讀了以後，心大歡喜：「唉！講得好！那乾脆我就來講解《起信論》。」所以我們搬到這裡來，我就先講《起信論》，結果大家越聽越歡喜。那時候只有一間九樓講堂，人滿爲患，眞的是爲患啦！不說夏天，冬天我坐在這裡講，都是熱得要死！大家也是一直搧、一直搧，可是都不想走；因剛搬來時九樓的冷氣只有十五噸（現在是將近三十噸的冷氣），以前那十五噸是辦公室用的，我們擠了七百十五個人；而現在我們每個講堂這樣坐得寬鬆一些，才三百人。所以想想看：七百十幾個人怎麼擠？那後面茶水間擠滿了，辦公室、知客處前面、樓梯間也擠滿了，就轉到樓梯後面去，後面樓梯也坐了人；這一邊女眾從這邊轉過去，樓梯也坐人；喇叭就拉出去，這樣七百十五雙鞋子（我們的執事算過）。可怪的是：大家拿起紙、拿起甚麼搧啊、搧啊，因爲太熱了！連冬天都很熱，可就是捨不得走。表示甚麼？這個「法」太棒啦！所以不能單看那四個字，說「**如是我聞**」那就是佛經。不一定！外道也會冒用啊！那「**如是我聞**」四個字，古來大德講很多，我就不老套。我今天就這麼解釋。接下來：

「**一時佛住舍衛國祇樹給孤獨園，**」「一時」不能夠說是什麼時候，只能說是一時，因爲這樣少麻煩，而且你眞要說時間，當你說地球的、印度的某一個皇帝、某一個國王幾年時發生了什麼事。可問題是：經典的流通不會是只有在印度，甚至於聞法者也不是只有人間的有情；鬼道的有情中那些有福鬼、大力鬼，他們不用人間的時間；天界也不用人間的時間。那如果有個菩薩他有神足通、有意生身，他聽完去到另一個世界轉述，那要講什麼時間？太麻煩啦！乾脆說「一時」、說有這麼一個時間，這樣就圓滿解決了，也不會有爭議。

好，在某一個時間，佛陀坐在舍衛國的祇樹給孤獨園。「**舍衛國**」不用解釋，諸位都知道。「**祇樹給孤獨園**」也不用解釋，諸位都聽多了，咱們不浪費時間在這裡。「**與大比丘眾五百人俱**」，一般都說「**大比丘眾千二百五十人俱**」，這裡是五百人聚，表示這一部經宣演的時間是大乘法中比較早期的，其餘的聖弟子們還沒有回到如來身邊，應該是在第三轉法輪的早期所說。這五百人是大比丘眾，表示他們至少都是阿羅漢，同時也已經實證了實相般若，這樣才足以在大乘經典裡面成為大比丘，這是「**五百人俱**」。

然後還有「**百千大菩薩眾**」。百千就是十萬，有十萬大菩薩眾表示什麼？這些都是證悟的菩薩，但不是現聲聞相，也有從天界下來聞法的。另外還有眾多的天、龍、夜叉、乾闥婆，這也是從天界來的。天、龍、夜叉、乾闥婆……不好計算哪，因為數目眾多。人間呢，總不能只有出家眾吧？所以還有百千諸優婆塞、優婆夷眾——十萬個在家男眾、在家女眾，另外還有娑婆世界主，也就是四禪天的天王；第四禪天的天王之外，還有梵天王，就是初禪天的天主；加上忉利天的天主釋提桓因，還有須彌山腰四天的大王——東、西、南、北四天的大王，就是多聞天王等；加上他們所率領的，就是娑婆世界主大梵天王跟忉利天的帝釋、四天王等所率領的大眾，這樣已經難以計算了。可是不只如此，「復有十方世界無量比丘、比丘尼、優婆塞、優婆夷諸菩薩俱」，那就更多了，多上很多、很多、很多倍。

也許有人想：「這十方世界的無量比丘等四眾菩薩，他們怎麼來？」心中有個疑問，其實不需要懷疑。譬如說學淨土法門的人，淨土經典裡面有講到：「極樂世界的諸菩薩們，每天晨朝以衣襟盛著花朵，遍歷十方世界，晉謁諸佛、供養諸佛。」有沒有？（眾答：有。）那就有 阿彌陀佛加持之力。所以譬如說一個上品下生的人，一日一夜花開，七日才能見佛；如果下品上生的人，經過七七日（等於娑婆世界四十九劫）很久以後花開見佛，那都還沒有開悟。上品下生花開見佛、聞法之後，也不一定開悟，有可能依舊是個凡夫。那下品上生是凡聖同居土，花開見佛、聞法修行，經過極樂世界的十小劫以後才能入地；所以在那之前，依舊是個凡夫，可是藉著 如來的願力，每天早上以衣襟盛著極樂世界的花，遍歷十方諸佛世界，供養諸如來。那不是他自己有能力去諸方世界晉謁諸佛如來，其實是 彌陀如來的願力加持。

所以你們不要看到這裡說「復有十方世界無量比丘、比丘尼、優婆塞、優婆夷諸菩薩俱」，心裡就想：「那這四眾一定很厲害，每一個都是四地的菩薩了。」不一定！在這裡先跟大家作這個註解，以後漸漸鋪陳出來，大家就瞭解了。

這個時候具足因緣了。在這個時間、在這個地點，聞法之眾已經有了，於是爲大眾說法的 如來就可以開始說法；如果因緣不具足，如來不會說法。也就是該聞法的法眾圓滿了，可以說法了，於是 如來就對這些四眾說這樣的法：「有『有』則有苦樂、無『有』則無苦樂。是故，離苦樂則是涅槃第一之樂。」這是簡潔扼要地提出來，佛法的大意就這樣講。從字面上的意思是說：「只要有了三界中的任何一種『有』，就會有苦、也有樂；沒有三界中的『有』，就沒有苦、沒有樂；以這樣的緣故而說，離開了苦、離開了樂，這就是涅槃的至高無上之樂。」

講到這裡，又要拈拈提提了！若不拈提，諸位不容易理解 如來說的是什麼啊。假使依文解義就好，那我這一部經一個月就講完了！諸位也不用來聽。要來聽我講經，一定是因爲我講的跟依文解義不同。好，現在談到「有」，有個「有」跟沒有「有」差別這麼大！那既然談到「有」，就要先探討什麼是「有」。「有」就表示它在三界中的現實上是存在的；雖然它無常，終歸於空，但是空無之後呢，又會繼續再有；所以現象界中它是眞實存在的、是可以驗證的，那才能叫作「有」；不存在的、假名施設猶如龜毛兔角的，不能叫作「有」。必須是三界有情可以驗證的、可以體驗的、有所體驗的人可以互相溝通討論的，才能稱爲「有」。那麼最具足的「有」就是欲界，欲界的「有」具足十八界。那麼欲界的「有」固然有十八界法，把它歸納起來，分成五大類，叫作色、受、想、行、識。

欲界眾生之所以成爲欲界眾生，表示要領受欲界中的法。欲界中的法分成五大類：色、聲、香、味、觸；依這五大類再來細分，說是法塵；所以追逐人間、或是說欲界中的快樂，不外乎色、聲、香、味、觸。諸位想想看：日常三餐所謂「食不厭精，膾不厭細」，就是求口腹之欲啊！所以甚至於有人學佛了，聽到說臺北有一家新開的素食餐館很好吃，她老姊大老遠從臺中開車趕上來，兩個鐘頭車程爲了吃這一頓。這是求什麼？求味覺的享樂。那有的人不看重吃的，他看重住的，所以住的時候，「我一定要買最高大樓的頂樓，我四望無際！譬如一〇一大樓的頂樓。如果雲來了，我當神仙，住在雲端。」求視覺享受，色塵哪！

那有的人說：「這還不夠！我躺在客廳，看著那麼廣大的原野，那不管有雲無雲，我還得要有一套好音響。」兩、三百萬音響就買回來，聽著好舒服！每天非要聽一個鐘頭不行，聲塵哪！落在聲塵上啊！那有的人說：「唉呀！那個對我不重要，最重要是我供佛的時候，那個香要夠香啦！所以一般的沉香我還看不上眼。」（應該說嗅不上鼻）所以他去求最好的香來供佛。其實佛也不貪最好的香，是他自己在貪，結果賴到 佛的頭上去。你看，色、聲、香、味四個了，那接著呢，「我要坐在最涼爽的地方，所以我空調一定要最好的；我衣服得要最好的，粗布衣裳我才不穿咧！」然後有錢了，家裡那老太婆看不上眼哪，所以娶了妾來了。這還不夠，還要三妻四妾才夠；三妻四妾還不足，還要去搶欸！古時候不是這樣的嗎？這也是求觸覺啊！不外乎色、聲、香、味、觸五塵的追逐。那在這五塵上爲了求得最好的，他可以不擇手段，於是傷天害理的事都可以作。

那我們是從佛法來分析這欲界中的「有」。如果世俗人他不是用這樣分析的，那叫作財、色、名、食、睡，其實不離這五塵。所以人追逐欲界中的欲，不外這五大類，所以說人有「五欲」，沒有人說人有「六欲」吧？可是有時候在這五塵上面，他有一點兒昇華，昇華之後，他就注意到「法塵」；所以他開始吟詩、作畫、彈琴啊……叫作藝術、叫作文學等等，那都是基於五塵上面演變出來的「法塵」。所以你看這「炒菜」，後面也搞出名堂來了。我說你看：那些菜名多美啊！所以現在你到了大餐廳，本來那菜應該是一大盤的，可是現在都只有弄一小撮在大盤子的中央，弄得漂漂亮亮的。現代的人上了餐館都不急著吃，明明知道很好吃，但是要先照個相！擺盤擺得太漂亮了，得先欣賞。你看，所以光一個吃，得要講究色、香、味俱美，這表示，在「五塵」上面他去領會到其中的「法塵」了。那因爲法塵不離五塵，所以對於法塵的追逐，也會伴隨著對五塵的追逐。

所以藝術家再怎麼淡薄其心，也始終不離五欲。譬如畫家，同樣畫一幅山水，爲什麼某甲畫的一幅山水要兩百萬、三百萬；某乙畫的一幅山水一千塊錢就賣了。爲什麼？同樣是那幅山水啊！卻因爲他的筆法不同，然後皴法也有不同，他的造色或者說設色也不同；所以它的韻味完全不同，那麼價格就差很多了。可是有的畫家就很氣：「我在世的時候，一幅畫才賣得一百萬；

明知道我如果死了，這幅畫就要賣一千萬，但我活著就賣不到一千萬！」很氣呀，也無可奈何。可是他爲什麼氣？因爲他貪財呀！這不就是五欲嗎？所以畫家在世的時候再怎麼有名，他的畫都有一個價格，不會拉得很高；可是一旦他死了，馬上飆漲，因爲絕版了，就是這樣啊。

所以以前那畫蓮花、荷花有名的有兩人，其中一位是誰？席德進。（有人答話，導師說：齊白石畫蝦有名，不是畫蓮花）席德進畫人像也很有名，但他自己也知道這一點，所以他一直活得不快樂。那你說他的藝術昇華不夠高嗎？夠啊，他在「法塵」上顯然把握住其中的精華了，可是爲什麼他氣？因爲他的五欲不得滿足啊！所以這個「法塵」仍然屬於五塵所攝，但因爲多了一個法塵，他對於六塵的貪著就具足了。所以人只有六情，沒有第七情，都在色、聲、香、味、觸、法上面。有時候人家背地裡輕嫌一句話，這句話輾轉來到他的耳朵，氣起來了；也是因爲那一句話，那就是法塵哪。

所以人只有六情跟五欲，沒有七情六欲；不管誰都沒有七情六欲，你難道還有六情以外的另一情嗎？你難道還有五欲之外的另一欲嗎？沒有！所以世俗人顛倒，有時候罵人：「那個人啊，七情六欲好濃喔！」七情六欲好濃，那就是指「無爲法」，因爲人間不存在這個法。對啊！人只有「六情五欲」，哪來的七情六欲？但他們讚歎人跟詆毀人時，連用辭都不會！這就是說：「有」是基於六塵產生的，爲了這六塵，所以在人間每天汲汲營營忙個不停。所以農忙的時代，都還可以有休閒的時候；到工業化的社會，大家每天腳步飛快，都是爲了求有——求這六塵中的「有」。

假使哪一天早晨醒過來，張眼一看，怪怪的！欸！難道以前人家寫的那個《寂靜的春天》眞的來了嗎？後來問大家說：「你們大家怎麼都只有張嘴，都不發聲音的，都在學默劇呀？我怎麼都聽不見！」後來家人終於知道：「喔！你耳朵聾了！」這一下糟糕了，急了！本來是以爲大家在演默劇哩！結果，「原來是我沒聽見！」趕快去醫院；只差了一塵，就趕快去醫院了。那如果醒來，張開眼睛說：「今天怎麼長夜漫漫，到現在天還不亮？」喔，眼睛壞了！趕快要去醫院了，缺一塵都不行！所以如果有的人缺了一塵，大家就同情，給他一個名號叫作「殘障者」。現在臺灣講人權，說殘障帶有歧視的味道，就不叫殘障，那叫作「身心障礙者」；是比較尊重了，可是大家都要加兩個字了，多麻煩！接著就發給他身心障礙手冊，那就會給他甚麼優待等等。這表示什麼？這六塵之中只要缺了一塵，大家就認為說他不正常，大家要多體諒他一點；但是這表示：在欲界中都覺得這六塵缺一不可。可是對於阿羅漢來講，管它缺幾塵，無所謂啦！涅槃的時刻到了，就入無餘涅槃去了，反正無欲於三界有了；所以時候到了，就入無餘涅槃就好了，不用醫啦！他無所謂，因為他對於三界中的「有」已經完全放棄了！

為什麼每一個人在人間都要追逐六塵的具足呢？因為要領受六塵上的快樂，所以各種藝術的表演大家都很喜歡，這藝術的表演就屬於法塵。但是即使是法塵，同樣是人間之「有」。有了這六塵的接觸，就可以領受這六塵中的快樂。可是有個問題：有快樂就有苦，苦與樂是相對的。你能夠領受六塵，但不保證你所領受的六塵都是快樂境界；因為有的六塵是違心之境，是違逆你心的喜好，你領受到的是苦。譬如說每天三餐的時候，如果那廚子弄一盤假的大便在你的餐桌上（還不說眞的），你看到那菜色、香、味俱全，可是一眼瞥見中間的那一盤，受不了！對吧？對啊，你受不了啊。因為能領受快樂的心，就是能領受痛苦的心哪。假使上個月當爺爺了，「**哇！生了個金孫，我升級當爺爺了！**」好快樂、好快樂！沒想到滿月酒之後，沒幾天愛孫死了，那個領受快樂的心跟領受愛孫這死別痛苦的心是同一個、不是兩個。那爲什麼會這樣？因爲這個心是欲界有，欲界有就能夠領受六塵，而六塵不全然是快樂的。所以有快樂，反面就有痛苦。

如來在《大般涅槃經》裡面講過，說世間的法就像功德天與黑暗女，它是一體兩面。求功德那就是世間心，其實不求功德才是功德；所以那個主人沒智慧啊！有一天，來個女人跟他敲門，他問說：「啊，妳是誰呀？」她說：「我是功德天，我要來你家住。」「妳來我家住，給我什麼好處？」「我住到你家來，你就開始富有、很健康，甚麼都很好！」喔，趕快迎進來。好了，明後天另外一個女人來敲門，應了門以後問：「妳是誰？」她說：「我是黑暗女。」「那妳來我家住，能幫我幹什麼？」她說：「我來你家住，就會使你家人口傷亡、家產敗壞。」那主人說：「那我不要妳來住我家。妳走，妳走！」那黑暗女說：「不行！功德天來了，她住進來了，我黑暗女就得住進來！」所以禪宗祖師就開示大眾說，不論是功德天與黑暗女，「有智之人二俱不受」，兩個都不要！那個主人後來想想：「啊！那乾脆我把功德天也請走好了，都不要了！」爲什麼？因爲這是一體的兩面，有生則必有死的緣故；追求功德的時候，那個追求功德的正是世間心；既然是世間心，那就有黑暗的一面。必須是證得那個不求功德、也不與黑暗相應的心，那才是兩者俱皆遠離，那就不是三界「有」。

人間的「有」，我們剛剛舉例講過，那欲界天的有呢？欲界天總該很快活了吧？這一世持五戒、修十善，死後生欲界天當天人；身邊有五百個天女，天女總不會醜醜的吧？而且每一個天女不用你去照顧，她們每一個天女都有七個婢女照顧著。去當天人夠偉大了！人間皇帝有五百個女人嗎？也沒有啊！即使中國皇帝三宮、六院、七十二嬪妃，也不過百個人左右吧。他五百個天女欸！可是他不是也有五衰相現的時候嗎？那時愁啊！這五百個美麗的天女要捨離了，還沒捨離之前就苦了！爲什麼？因爲五衰相現的時候，身體臭穢、花冠萎悴、灰塵沾身……，新生天女都離得遠遠地，都不敢靠近。他瞧在眼裡不苦嗎？還沒死就夠苦了！

那如果不幸天福享盡，下來的時候不是在人間啊；因爲福報都享完了，剩下一些小惡業他都要去領受了，只好去當狗；運氣好，遇到個好主人；運氣不好呢，街上人見人踢。假使惡業稍微大一點，到餓鬼道去更難受了。如果造了惡業，在人間廣有多財、妻妾成群，卻是造惡業得來的；死後下墮地獄，依舊六塵具足。可那六塵眞的不可愛！現在問題又來了：在人間當個億萬富豪、享受快樂的那個靈知心，跟下地獄受苦的靈知心正好同樣的性質，同樣是五俱意識，一點都沒有差別！還不說死後下地獄。當他即將死的時候，發愁啊：「**我有這麼多的家財，可是子女呢？不事生產，只懂得花錢！**」因爲被他慣壞了，所以臨走時憂愁到不得了。這個「我得好好地享受快樂」，不也是同一個覺知心嗎？所以有「有」則有苦樂，有樂就有苦了。

也許有人想：「**那如果修行人就不見得如此啊。**」好有一說！問題是：修行人也要看是什麼樣的修行人。若是諸位則不談，我們談一般佛教界的修行人好了。當他們宣稱：「**我證得離念靈知，這就是大悟徹底！**」好，證得離念靈知，他這個離念靈知正當入定的時候，一念不生，他覺得很快樂：「**我終於證得涅槃的境界。**」他認爲那就是無餘涅槃的境界，準備著將來死的時候，就是一念不生；沒想到，死的時候沒辦法一念不生了，因爲他大妄語啊！該受報了，昏昏沉沉地下到地獄去了，想要一念不生而不可得！如果是下墮到一般的地獄去，在這裡漸漸地捨身、漸漸地迷迷糊糊不知道了，然後在地獄中出生了，種種的苦就來了。我告訴你們：「他依舊一念不生！」我說眞的啊！不騙你們！譬如人家拿刀追殺你的時候，你會打妄想嗎？想通了吧？一心要逃啊！哪裡還會打妄想？一念不生！（大眾笑…）對吧？這個道理永遠不會改變。所以到了那個地方，他一心一念就想著：「我要怎麼樣可以離開痛苦啊。」不斷地尋找比較不那麼痛苦的地方，趕快跑！深怕跑得慢一點，苦受就多一點。

同樣離念靈知，在人間打坐時離念，覺得是阿羅漢的時候，是這個離念靈知；在地獄裡面受苦難的，也是那個離念靈知。所以修行的時候，假使落在「有」之中，不管是欲界有、色界有、無色界有，那都是「有」。落在「有」的裡面，表示祂跟快樂會相應；所以一念不生的時候，突然間飄來一陣香，從來所未曾聞的；搞不好那是牛頭旃檀香！於是一念心動，出定了；順著香味的來源，找找看是甚麼香。可是這個「離念靈知」因爲大妄語而下墮地獄的時候是同一個靈知，都是根觸塵而從如來藏中出生的，是同一種心；因爲這是欲界「有」，既然在人間可以領受快樂，就表示這個心同樣是可以在地獄中領受痛苦的心。

所以有苦就會有樂，有樂就會有苦。那麼也許有人想：「**那如果證得禪定，生到色界天去，色界天無苦啊，那應該就沒問題了吧？**」不！比如生到初禪天，初禪天有身樂，還是能領受快樂的心。是領受快樂的心，祂就會領受苦，只是因爲在初禪天領受的樂不多，就只有身觸之樂。雖然離欲了，領受初禪之樂，但是仍然不出於三苦。在初禪天一樣是每天得要入定，否則身樂越來越少；初禪天身越來越衰弱，那就是苦。那麼越來越衰弱的時候，它本身就是個「苦苦」；正當入定的時候，不外於「行苦」。可那初禪天能夠永生不死嗎？不能！將來還得死，又不離「壞苦」；而初禪的定境本身就有「壞苦」，所以他才要每天入定；但是比人間、比欲界天好，因爲不領受香與味的快樂，所以就沒有香與味這二塵上的苦，所以說他解脫於欲界。

那麼次第進修，四禪天過了，進入四空定，到無色界的境界了。無色界的境界有快樂嗎？到底有沒有？沒有喔。眞的沒有嗎？眞的沒有喔。有沒有人認爲有快樂？有喔？你倒知道有快樂，快樂在哪裡？到了無色界沒有五塵，哪來的快樂？有啦！不再被色法所繫縛，強名爲樂。有色即有壞苦，無色就沒有壞苦了。可是無色界眞的沒有「壞苦」嗎？也會有啊！即使是「非想非非想天」，就算他具足壽命八萬大劫，一樣要壞；因爲無色界是什麼心住在那裡？還是離念靈知——離開五塵的意識心、與四空定相應的意識心住在那裡。

但那個意識心得要有所依的，依於什麼？依於意根以及定境法塵，還得要背後有個第八識現行及流注意識、意根與法塵的種子來支持，否則還不能存在。但是那定境法塵終究會壞，八萬大劫以後不就壞了？還得下墮！當他即將下墮之前，他也覺得苦：「啊，原來我在這境界裡保不住了！」他知道要下墮了，本來以爲那是無餘涅槃，結果不是，要下墮了，這就是苦。但是他正住在那裡的時候，離開色法繫縛的快樂那個心，以及即將下墮而領受壞苦的心，還是同一個心；因爲那個心不離三界有，祂就是「無色界有」。所以不管是哪一種有：欲界有、色界有、無色界有，都能領受苦與樂；只是苦與樂的層次差別不同，同樣都是那個能夠領受苦樂的意識心。所以 如來說：「有『有』就有苦樂。」你只要有三界有中的某一種，就一定有苦、有樂。

這個道理，《大法鼓經》流傳到現在，兩千五百多年了！結果那一些大師們有的宣稱讀過《大藏經》了，有的宣稱閉關六年，有的宣稱證眞如佛性等等，竟然都不懂！說來也眞可嘆哪！名聞四海的大法師，竟然對於如來這麼一句聖教都沒弄清楚，都落在欲界有裡面，然後自認爲已經住在「三界有」之外了。所以，學佛的首要就是「聲聞見道」。聲聞見道一定要對五陰、六入、十二處、十八界等法一一了知。如果沒有辦法把自己身上的十八界法具足找出來，而說他證得解脫道成阿羅漢，那都是戲論！所以學佛的第一步不是苦、集、滅、道，不是十二因緣，而是先要具足瞭解十八界和五陰的內涵；先瞭解了這個，才能知道什麼叫作「三界有」；如果不能瞭解，自認爲證悟了，自認爲出三界了，其實還在「欲界有」之中，自誤倒也罷了，偏偏要誤人一大堆！套一句古話說了：「天作孽，猶可違；自作孽呢？」（眾答：不可活。）那叫作自作孽！因爲自己一個人下墮就算了，還帶領著一大批人跟著下墮，那眞是造惡業了。雖然說不可活，可怕的是墮落地獄的時候，壽命長遠哪！都是要他活，死不了！在他應該領受的罪業尚未領受完畢之前，不管多麼痛苦，悶絕了、死了，業風一吹，又馬上活過來，繼續領受痛苦；雖然不可活，他還得繼續活！

所以，這個領受痛苦的離念靈知爲了逃避痛苦，惶惶不可終日，沒有時間可以給他打妄想，永遠一念不生在專心地逃離痛苦；可那個專心逃離痛苦的離念靈知，正是在人間洋洋得意、誤導眾生、博取大名聲與名聞利養的那個心；正是同名叫作「欲界有」。所以只要有「欲界有」，就逃離不了欲界中的苦與樂；追求快樂背後就附帶著痛苦。假使哪一天你的另一半走了，你就哭哭啼啼：「**啊！跟我共同生活這麼久的人，結果走了！**」這表示你得要想清楚喔：假使你當年不結婚，今天有這個痛苦嗎？沒有！不可以說：「**欸！我就想個辦法，讓我老婆永遠不死，我就不會有這個痛苦。**」眞的嗎？她果眞永遠不死，但你總得要離開她吧？還不是一樣，愛別離！對喔，想通了吧？

譬如說：臨命終時，想一想我這個金孫，成日裡身邊、膝下承歡，好快樂啊！結果呢，現在突然一場車禍，他走在馬路上被車子撞死了。痛苦啊！比他的父母親還痛苦。可是當初假使沒有生那個孫子呢，今天的苦楚就不存在了。所以有智慧的人說：「**生了個金孫，也好啦！也好啦！**」噢，爲什麼說「也好」？因爲知道：將來會離別啊。那如果沒有這個金孫，就沒有那個離別的苦啊。喔，想通了！因爲那是「有」。

凡是「有」，就有壞苦；凡是「有」，你就會領受那個快樂：「**啊！我現**

在擁有了！」譬如說，買了一張彩券，中了樂透。臺灣樂透最多就是幾十億臺幣喔？就說三十億好了。明天開獎一對，哇！中了大獎三十億臺幣！人民幣大概是多少錢？六億多啊？也是很多了，好高興喔！可是結果呢，竟然發現對獎的期別錯了，突然間沒了！或者說那張彩票不小心燒掉了、遺失了！但是如果從來就沒有中獎，你就不會有那個苦，這是一定的啊。所以有「有」就有苦了。

那麼「有」是學佛的人在解脫道之中所應該消滅的對象。所以 如來不說了嗎：「**生滅滅已，寂滅為樂。**」如果把生滅法都滅完了，不再有生滅的法可以滅了，那就是「無生」；無生就不會有苦，因為無生就代表無「有」。沒有了三界中的「有」，那就不會有苦；可是不會有苦的代價是什麼？不能領受三界之樂，這才是學佛人最難的地方！好！那我們今天只能講到這裡。

《大法鼓經》我們上一週講到第一頁、第二段「**有有則有苦樂**」。那麼今天要講「**無有則無苦樂，是故離苦樂則是涅槃第一之樂。**」「**無有則無苦樂**」，現代佛教界很多人不能接受。他們認為的樂，就是這個五蘊身在六塵中獲得六塵中的快樂，但那是無常之樂，而且是苦樂參半，是在無常法中來享樂；而得到那個樂之前，先要有很多的苦承受下來；得到那個樂之後呢，又不離無常苦、壞苦、行苦。所以末法時代的佛教界眞是顚倒！你跟他講：「離苦樂就是涅槃第一之樂。」他不能接受，因爲離苦樂是沒有「有」的境界。因此一定是沒有「有」才能離開苦樂，否則有樂則必有苦。

試想：你今天擁有一百億的財富，也許是以前從父母那裡承接下來的，可能是一億元或者十億元，經過幾十年奮鬥，今天變成一百億。那麼二十年或三十年的奮鬥，那過程是苦還是樂？大部分是苦啦！只有什麼時候是樂？這十億變成十一億才樂，可是增加那一億是付出多大的辛苦、勞力、精神，甚至於還付出其他的才得到那一億。今天經過二、三十年成爲一百億，當然付出的更多了。那麼得到這個樂之前，顯然就是先有苦。現在終於得到這個樂了，存摺打開來，數字後面有好幾個零，一百億！說正格的，今天一百億，每餐也不過是一碗飯、兩碗飯；穿的衣服總不能穿上一百件吧？穿得再好，也不過一件一百萬元吧；然後睡的床鋪呢，不可能是睡一百平方米的床吧！所以實際上享受還是就那麼一點。是可以炫耀啦！比如說一百億元，那我買十輛勞斯萊斯，請十個司機來開，當然也行啊！但你坐那一輛車子、跟坐一輛兩百萬元的車子，其實差也不多啦！就像聽音響，一套一百萬的音響，爲了改善百分之五的覺受，得付出一倍的價錢，變成兩百萬元了；那這兩百萬元的音響，再要改善個百分之二的覺受呢，又要付出一百萬了，道理是一樣的。

所以你坐勞斯萊斯也是到達目的地，坐那兩百萬的車子也是到達目的地，那覺受只是那麼一點點的差異而已；可是在這之前，要付出多少代價？然後你終於享受了那個快樂；可是那受樂之時都是一剎那、一剎那的處在「行苦」的過程裡面，都是生滅有爲，所以不離「行苦」。那麼你這個享受，給你享受三十年好不好？三十年之中，你又爲了維持那車子，又要付出多少代價？再怎麼維持，給你一百年好不好？最後不歸你有了，就是「壞苦」！一百年後就算是第三者的子女擁有，也是會壞掉，不離壞苦啊！可是有沒有「苦苦」？也有啊！外人不知道，看起來總是看到光鮮的一面，可是他那麼努力奮鬥，今天可以有一百億元，你想來他是非常節儉的喔；可是每一次上車廠保養，一、二十萬元，那就像在割肉一樣！坐在車子裡面，心裡面都在動腦筋，沒有辦法安然自在。因爲事業越作越大，才有今天的成績；事業愈大的結果，就是越忙越辛苦，這也是付出辛苦得到的。也許有人說：「**那也不一定，也許老爸就留下一百億元。那人家生來含著金湯匙出生的，好像《紅樓夢》講的，含著寶玉出生的，不必辛苦就有那個享受。**」

那他爲了維持這個財產就不談他了，因爲俗話說「守成不易」。那麼請問：他擁有這個快樂，要不要有這個五陰啊？要喔！有五陰那就是這個三界有，有「有」才會有樂；沒有這個五陰，他還不能繼承那些財產呢。繼承了這些財產，他也要想一想說：「**我要怎麼樣把這些財產照顧好？**」看到每年通貨膨脹，想想：「**我這些錢一直貶值了，越來越沒有購買力了。**」於是又要動腦筋了。但這一切都是因爲「有」，因爲有這個五陰，所以才會有樂，有樂就有苦啊。那他繼承了那一百億的財產，能保得他一生都不病嗎？能保得他不老、不死嗎？能保得他事事如意嗎？不能啊！那就有苦。所以有錢人你從表面看起來，哇！他這麼有錢，一定好快樂喔。可是不快樂！你看那馬雲出來講，他怎麼說的？顯然他不快樂啊。政治因素就不談，他說：「**我現在只希望我一生的收入是一億元。**」可是網友說：「**那你其他的幾百億就給我吧！**」因爲網友不知道，那幾百億給他以後，他是一堆煩惱欸。所以有樂就一定有苦，苦樂是附隨在一起的；就像是你不能要求紙張只有一面，一張紙一定有兩面，你不可能要求某一張紙，說我只要一面就好，世間沒有這種紙。法界中也如是啊，沒有純樂而無苦的。所以只要有三界有，不管是欲界有、色界有、無色界有，只要有這個「有」就有苦樂。那我們講這個道理已經講二十幾年了，臺灣、特別是大陸佛教界好像不接受。

其實這個道理 如來早說了：「**生滅滅已，寂滅為樂。**」一切生滅法都滅掉了以後，那就沒有三界有，沒有三界有時才是眞實的寂滅；只要有三界有，就會有樂、就會有苦；直到把生滅法滅掉，三界有都不存在了，因爲三界有都是生滅法；這生滅法滅掉了，沒有六根、沒有六塵也沒有能知的六識，這才是眞正的寂滅，以這樣的寂滅作爲最究竟的樂。世間人怎麼修行？說他坐到任何寂滅的境界，其實都非眞寂滅，因爲一定有意識心在、一定有法塵在，哪裡是眞正寂滅！等而下之，六塵具足、六識具足，何來寂滅？所以眞正的寂滅是十八界滅盡，滅盡十八界後的境界才是眞寂滅；如來說這樣的寂滅才是「究竟的樂」。可是末法時代的佛教界，沒有什麼人願意接受這個道理！因爲他們想的就是：「**意識心住在所謂的沒有六塵的境界中。**」但是意識心不可能離開六塵而存在，因爲六塵是人間意識的所依啊！即使到無色界都還有「定境法塵」在，以定境法塵作爲無色界意識的所依，那怎麼可以說是究竟的寂滅？所以只要有「有」就會有苦樂，苦與樂就好比是一張紙的正面、反面一樣。所以《大般涅槃經》也講那個功德天、黑暗女的譬喻，道理是一樣的，有功德就有黑暗面。

那你怎麼樣修到只有功德而沒有黑暗面？那就是佛地的境界了，那是要三大阿僧祇劫的努力用功；在世間法裡面沒有這件事，所以一定要在世出世間法裡面修學到佛地才有。所有的世間法裡面，有「有」就有苦樂，這是一體的兩面。就好比讚歎某一個人說：「哇！你好有智慧喔！」一般人沒有聯想到別的，但有智慧的人會聯想到說：「喔！那別人是沒有智慧的。」對吧？對啊！因爲別人沒有智慧，才能顯得他很有智慧，所以是相對法。然而，智慧也是意識心的事；當你進入到眞如的境界裡面的時候，眞如境界中哪有智慧？祂是寂滅的。所以那一些都是相對法，都是三界有的法；凡是有「三界有」就會有苦、有樂。那如來說：「離開苦與樂才是涅槃第一之樂。」那麼離開苦與樂，那是出三界的境界啊！那個出三界的「沒有境界的境界」才沒有苦樂，那個境界就是涅槃，而這個涅槃才是第一之樂。

我們如果要講涅槃，那要講很久，我們簡單說一下就好。譬如說涅槃，你看我寫的《涅槃》在《正覺電子報》連載多久了？好像再一期就圓滿了，未來我也沒時間再寫新的了，現在忙到沒時間可以寫了。這個「涅槃」其實是依無名相法、依如來藏、依「此經」第八識來講；否則的話，一切涅槃都會成爲戲論！以前沒有人像我這樣講涅槃，所以你看，十幾年前我們發行了《邪見與佛法》，我講那個涅槃的道理，臺灣佛教界有哪個人站出來說：「欸！你講那個涅槃的道理很正確！」到現在都沒看見哪個大師、小師出來講這麼一句話。表示我講的那個涅槃的道理，他們雖不能推翻，但也不願意接受。因爲我說的那個涅槃是如來藏自住境界，而認定如來藏是眞實自我的時候卻是「無我」的，同時卻要把蘊處界的這個自我全面否定；這等於要他們自殺欸，對那些我見深固的凡夫大師們而言，是可忍，孰不可忍？「我活得好快樂啊，我是一方大師，甚至於我還名聞四海咧！結果你說我這個大師的蘊處界全部都要否認；那否認了，我還能當這個大師嗎？」捨不下了！縱使心裡面想一想：「蕭平實講的應該對吧！可我又不能站出來承認，說他講得對；

那等於爲自己搧耳光啊！」同樣是那一句話：「是可忍，孰不可忍？」因爲這面子太重要啦！因爲就是「我」。

所以咱們出來弘法二十幾年，常常都講：「涅槃是依如來藏而施設的。二乘聖者入無餘涅槃，不過是把他的蘊處界全部滅掉，剩下他的本際，也就是第八識如來藏獨存；沒有六根、六塵、六識，所以叫作『無餘涅槃』。」因爲沒有「有」了，沒有「有」之後呢？一切法不存在，所以沒有苦、沒有樂，這才是「涅槃」。所以「三法印」其中有一句說「涅槃寂靜」，涅槃裡面既然滅盡一切法，當然是寂靜的了。可是末法時代的大師都希望說：「入涅槃的時候是這個覺知心一念不生，住在無餘涅槃裡面。」那叫作顚倒想！那我說他們沒智慧，只要把那一張薄薄的臉皮撕下來，進得正覺同修會來，我打包票給他：總有一天，既可以擁有六根、六塵，還有六識；還可以享受各種大師名氣的快樂，依舊住在無餘涅槃。多棒！

這樣想通了沒？「當你證得如來藏的時候，那就是無餘涅槃的境界啊！可是無餘涅槃並不禁制任何一法的生住異滅。」如來早就講過，大意是說涅槃不禁制諸法；所以涅槃在的時候，也可以容許一切諸法同時存在。因此悟後住在無餘涅槃的實際境界裡面，無妨唱歌、跳舞、吃好吃的；有時候如果遇到一件不如意的事，吐吐槽也行。你看：「**不離無餘涅槃、不離涅槃第一之樂、不離絕對的寂靜，卻無妨繼續保有菩薩快樂異熟果的各種樂境。**」所以住在涅槃裡面，也無妨法樂無窮啊。多棒！所以不但是有二乘涅槃，還可以有大乘涅槃！

但他們害怕，因爲他們不瞭解二乘涅槃，更不瞭解大乘涅槃，所以心裡面老是想：「**要我自殺？門兒都沒有！**」捨不得五陰自我，所以對於離苦樂的「**涅槃第一之樂**」永遠都無緣。所以你看：佛法其實是相通的，在二乘法裡面說「**生滅滅已，寂滅爲樂**」；在大乘法中，把這個也函蓋在裡面說：「**寂滅不須滅，依舊有涅槃之樂。**」所以那些不懂的人又說：「**唉呀！如來在二轉法輪、三轉法輪經典講的都跟《阿含經》不一樣啊。**」說白一點，他們何曾瞭解《阿含經》？就不要說大乘經了。結果我這個沒有人教我《阿含經》的人，我來寫《阿含正義》；也沒有人教我《成唯識論》、《瑜伽師地論》、大乘經典！但我就來講這一些，結果三乘菩提法義全都互通啊！

所以「**有『有』則有苦樂、無『有』則無苦樂。**」這是放之於十方三世一切諸佛世界而皆準的現量。這個是現量，不是思惟出來的比量，更不是非量；這是完全符合聖教量、符合三量的。所以學佛人最怕的就是不肯捨掉「我」，如果不肯捨掉我，成佛之道的實證就永遠沒有機會。那如來開宗明義說：「有『有』則有苦樂、無『有』則無苦樂。」說這個「離苦樂則是涅槃第一之樂。」這是眞正正確的，而且是永遠不可改易的正理。所以這三句話，如來等於是先把宗旨提出來；宗旨提出來以後，後面才會解說那個原因：它爲什麼是這樣。那有的人不懂，解釋了原因以後還不懂，如來就用譬喻來說明，然後再加以解說，大衆就懂了。我們接著來恭聆如來繼續怎麼開示：

經文：【彼五百聲聞比丘，一切皆是阿羅漢，諸漏已盡，無復煩惱；心得自在，譬如大龍，心得好解脫，慧得好解脫；所作已辦，已捨重擔，逮得己利，盡諸有結，正智心解脫，得一切心自在第一波羅蜜。有無量學人皆得須陀洹、斯陀含、阿那含果，有成就有漏法無量比丘衆，有成就無量阿僧祇功德菩薩摩訶薩從十方來，算數譬喻所不能及，亦非一切聲聞緣覺之所能知；除文殊師利菩薩及大力菩薩、觀世音菩薩、彌勒菩薩摩訶薩。如是上首

菩薩摩訶薩、無量阿僧祇衆，譬如大地所生草木，從諸方來諸菩薩衆亦復如是，不可稱數。復有差摩比丘尼，與比丘尼衆俱；毘舍佉鹿子母及末利夫人，各與無量大眷屬俱；須達長者，與諸優婆塞俱。爾時，世尊於大衆中說有非有法門。】

語譯：【那五百位聲聞比丘，一切人都是阿羅漢，諸漏已經斷盡了，不再生起煩惱；心已經得到自在，就像大龍在欲界中來去一樣，他們得到了俱解脫，或者證得了慧解脫；都是所作已辦，已經捨棄了重擔，而獲得了自己應該有的利益，把三有諸結全部都斷盡了。由於證眞實法的智慧而有正智，使他們的心都得到解脫，乃至於得到一切心自在的「第一波羅蜜」。還有無量的學人都得到了初果、二果、三果；也有成就有漏法的無量比丘眾，另外，還有成就無量阿僧祇功德的菩薩摩訶薩，從十方諸佛世界而來，數目非常多，不是算數譬喻所能夠說明的，也不是一切聲聞、緣覺他們的智慧所能夠知道的；除了文殊師利菩薩及大力菩薩、觀世音菩薩、彌勒菩薩等摩訶薩。像這樣從十方來的上首菩薩摩訶薩以及無量阿僧祇眾，就好比大地所生的草木一樣難以計數，從諸方來的諸菩薩眾也是這樣沒有辦法稱數。在女眾方面，則有差摩比丘尼和她身邊追隨的比丘尼眾一起；還有毘舍佉鹿子母以及末利夫人，他們也都各與無量的大眷屬同時來到；男眾方面則有須達長者與許多優婆塞同時來到這裡。這時候，世尊在大眾之中演說有、非有的法門。】

講義：「**五百聲聞比丘，一切皆是阿羅漢**」，「**聲聞比丘**」只是從他們的身相來講，並不是說他們的心性全都是聲聞。就像《法華經》裡面，不但十大弟子，甚至五百弟子，就是這裡說的五百聲聞比丘，都已經被如來授記未來成佛了。所以這裡的「**聲聞比丘**」只是說他們的身相，不是說他們的心態，這些「**聲聞比丘**」每一位都是阿羅漢。

「**諸漏已盡**」就是說：三界有漏之法他們都已經斷盡了，而且不會退轉，所以不會再有三界愛的煩惱來生起。那他們的修爲導致他們心都很自在，怎麼個自在法呢？就好像天龍在忉利天以下的境界中，牠們可以來去自如，所以非常自在。這個「**心得好解脫**」，是說他們有證得四禪八定，已經成爲俱解脫者。這裡這個「**心**」指的是他的意識，所以這就是俱解脫的意思。「**慧得好解脫**」這句話是函蓋前面的「**心得好解脫**」，爲什麼呢？因爲他們從斷我見以及梵行已立、所作已辦而不受後有，這是有智慧而得解脫，叫作「**慧解脫」。

從理上來講，慧解脫是要函蓋俱解脫的，這是從「理」來講，不是從實證上來講。為什麼呢？因「俱解脫」也是同樣要有「慧解脫」那個智慧才能得解脫；否則最多只證得八解脫中的前七個世間解脫，還沒有證得第八個解脫的人，死後生到非非想天去，天壽盡了依舊下墮；所以得要有「八背捨」具足，第八背捨之後，斷我見而證得「滅盡定」時那才叫「俱解脫」。可是證得滅盡定正是慧解脫的智慧，才能夠得到俱解脫，所以「俱解脫」只是加上「四禪八定」的實證；因為是「慧解脫」的智慧使他得到滅盡定，只是這個差別而已，同樣是依智慧而得解脫。

那他們「所作已辦」，這「所作已辦」是應該修的法他們都已經修了。譬如說，想要證初果之前，或者是禪宗想要證悟明心之前，他應該修完的基本的次法有沒有修完？也就是「次法」上應該修的他都修了，把次法修完了才有資格證「法」。那麼如來演說「法」與次法，聖弟子們隨聞入觀，法隨法行，於是完成了這一些法，才能夠叫作「所作已辦」。所以「所作已辦」之前，通常有兩句，叫作「我生已盡，梵行已立」。「我生已盡」是說：最多再有七次的人天受生就出三界了，那就是「初果」人，這叫作「我生已盡」。那「梵行已立」是說他「我生已盡」之後又斷了欲界愛，要把欲界愛斷了才可以成爲三果人。如果沒有斷除欲界愛，「五下分結」再怎麼努力也斷不盡，所以「梵行已立」是證得「三果」的條件之一。那「梵行已立」以什麼作驗證？以發起不退的「初禪」來作驗證，才能夠說是「梵行已立」。所以如果出家了，一天到晚打坐，說我什麼都不思、不想，所以我是修行梵行；但這個梵行不算數，仍然要說他梵行未立，因爲沒有驗證的內涵存在；有可以讓人驗證的內涵，就是發起「初禪」而不退失，這叫作「梵行已立」。

到這個地步，就是斷除五上分結時才叫作「所作已辦」。因此「所作已辦」就是把五上分結斷了，我慢不存在了，再也沒有一絲一毫對自我存在的喜樂；這個不放逸行成就了，才能夠說「不受後有」，那就是阿羅漢了。不管是慧解脫、俱解脫、三明六通大解脫都是如此。「所作已辦」才有可能是作到「不受後有」的人，那就是「已捨重擔」。世間不管什麼樣的擔子都算輕啦！有一個擔子才是最重的，就是三界輪迴；挑著這個擔子永遠沒有辦法丟掉，各種的痛苦都必須接受。所以好多人成日裡抱怨著：「唉呀！當人眞苦呀！我下輩子不來了！」可是不來之時要去哪裡？死了以後怕落入斷滅空，所以想想：「我還是趕快去投胎。」於是又來了！沒有誰可以說下輩子不來呀！只有阿羅漢可以說：「下輩子不來了。」那願意當傻瓜的菩薩們可以不來卻繼續來，來到人間受苦時，卻告訴大家說：「我沒有受過苦啊！」明明凍得打哆嗦，或者熱得渾身是汗，或者病得渾身痠痛，卻告訴你說：「我沒有病！」這就是菩薩。

一樣是「所作已辦、已捨重擔」，菩薩們隨時可以入無餘涅槃的。可是呢，就只是微苦所依，心地中沒什麼煩惱，所以叫作「已捨重擔」；這樣叫作「逮得己利」。爲什麼用「逮」？「逮」是抓住。如果是「捧」得己利，那一不小心就丟了，對不對？如果是緊緊地抓住呢？就不會丟了，這叫作「逮得己利」，已經抓住了自己應該有的利益；可是這個「利」非世間利，它是「出世間」之利。如果是菩薩呢，那是「世出世間」之利，所以包含世間利，也包含出世間利，這叫作「逮得己利」。

那麼「逮得己利」有個本質，叫作「盡諸有結」——三界有、二十五有種種繫縛的結使全部已經斷盡了；所以不爲任何三界有所繫縛，不被二十五有的任何一種所繫縛，這才能叫作「盡諸有結」；要這樣才能稱爲阿羅漢，不管是聲聞阿羅漢、菩薩阿羅漢都是如此，所以「盡諸有結」就是他們的功德所在。

如果就像以前諸方大師說的：「我死後，我就入涅槃，一念不生。」那叫作什麼有？叫作「欲界有」，顯然他沒有「盡諸有結」，因爲他的一念不生是不離欲界五塵的；不離五塵就是欲界有，連色界有都還談不上！那如果他的一念不生，或者說他的離念靈知是只有定境法塵的，那表示他住在四禪（從二禪到四禪）的等至位中，不然就是無色界的定境中。但問題是，那還是色界有、無色界有，如來說「有『有』則有苦樂」，那不是寂滅涅槃之樂啊。所以「盡諸有結」是檢驗每一個人，當他自稱是阿羅漢的時候，看他有沒有符合的標準。如果還落在三界有裡面，顯然他還被三界有所繫縛，這個「結」還沒有打開。

所以「盡諸有結」是一個檢驗的標準，那這些人「所作已辦，已捨重擔，逮得己利，盡諸有結」，是爲什麼可以這樣？是因爲眞正的解脫智慧。假使沒有眞正的智慧，這些都是空談哪！所以假使有人說：「我是阿羅漢，但我沒有辦法教你怎麼證阿羅漢。」這就是自欺欺人了！也就是說，他並沒有那個眞正的解脫智慧，只是籠罩人！你走過這一條路，你就知道這一條路上的風光，以及這條路什麼地方有危險的岔路或彎路，因爲你親自體驗過了。所以一定是有眞正的智慧才能夠心解脫；這個意識心了知諸法，而不受「三界有」各種結使的繫縛，是因爲他有眞正的解脫的智慧，所以才說「正智心解脫」。

阿羅漢在人間遊行，跟世間眾生一樣，有這個覺知心能分辨善惡；可是阿羅漢爲什麼心是解脫的？因爲他自知「不受後有」；而自知「不受後有」是因爲他有眞正的智慧，把三界有的繫縛結使全部斷盡，所以說「正智心解脫」。

甚至於這五百阿羅漢裡面，其中還有不少人是「得一切心自在第一波羅蜜」。「一切心自在」，看看你身上有哪一個心是於一切境界中都是「心自在」的？覺知心嗎？意根嗎？不可能啦！覺知心，以前很多人都說：「我都不分別，所以我都沒有苦。」你要當面說他：「師父！看來您很有把握，但是要小心喔！」聽到「要小心喔」四個字就不高興了，臉就變了！臉變了，表示他不是於一切境界心自在啊！所以這意識能夠領受樂，就會領受苦。他對著門下徒眾侃侃而談，講到某一句話時，座下有個聽眾聽著不爽快，突然笑了兩聲，他一聽到臉色就變了。他知道人家在笑他，爲什麼臉色就變了？因爲這個心剛剛還在享受快樂：「我有這麼多徒眾，大家聽得服服貼貼地。」那沒想到出來一個人在那邊笑。這表示他那個快樂的心是會跟苦相應的，跟苦相應就不是「得一切心自在」了。

所以只有一個心是於「一切心自在」的，那就是第八識如來藏。這個如來藏是於一切境界都是心自在，那這五百阿羅漢裡面，有很多人是「得一切心自在」的境界。這「一切心自在」的境界稱爲「第一波羅蜜」。「第一波羅蜜」是依於大乘的涅槃來講波羅蜜，但二乘聖人沒有波羅蜜，他們雖然證得無餘涅槃了，卻沒有波羅蜜啊！

十幾年前我講了《邪見與佛法》，我也提了出來，我說：「菩薩有證得涅槃，阿羅漢沒有證涅槃。」哇！當時佛教界好多人罵，特別是大陸；臺灣罵得少一點，頂多是嘴上罵罵，不敢寫上文字來；因爲在臺灣，我把《宗通與說通》先出版了，過一個月再出版《邪見與佛法》。但是大陸沒有如此，當時就幾本《邪見與佛法》的書寄過去，有的人看完時說：「哇，這個書的法義好啊！」趕快去拷貝兩千冊到處寄，結果很多人到處罵：「蕭平實是邪魔外道！」到處要求信眾收集起來公開燒，在寺院門前公開燒欸！可是最後證明：他們燒錯了！包括趙州祖庭「柏林禪寺」在內。那位住持後來於前些年捨壽前，交代徒眾們說：「大家都不要再講蕭平實了，他是有證量的。我那些講開悟的書以後也不要再流通了，都收起來燒掉。」可是當年他燒得最轟轟烈烈啊！

這表示：於一切境界自在的，只有如來藏這個「妙眞如心」才辦得到。所以這個如來藏心因上一世的五陰造作善業，如來藏幫他生了個天界身，在欲界天裡面享福很快樂，可是如來藏不受那些快樂境界所影響，一樣心自在。有的人加修了「四禪八定」，譬如說他證得四禪，生到四禪天去；意識聽說這裡眞是清淨境界，而且三災不及，太棒了！可是如來藏不以爲喜。有的人加修「四空定」，生到無色界天去；無色界天裡面就是一念不生，一萬大劫、兩萬大劫、四萬大劫、八萬大劫都是一念不生的；有智慧的人說：「唉！那眞是愚癡啊！在那邊一念不生那麼久，諸事都不能成辦，沒有意義！」你說他沒有意義，但他的意識喜歡那個境界，就在那邊長劫一念不生；那如來藏就配合他一念不生，什麼都不幹，但如來藏也不會抱怨說：「你把我拉到這裡來，什麼都不能成辦，幹嘛呢？」不會抱怨哪！祂一切都是自在的這個心。假使某個人謗法、謗賢聖、破壞正法等，下了無間地獄，地獄的廣大身每一寸、每一個針眼那麼小的地方都在受苦，受苦無間！而且受苦的時間也沒有間斷，所以五陰痛苦到呼天搶地！這個時候他的如來藏也是自在；能夠證得這樣一個心，才能夠說「一切心自在」。

所以證得這個「一切心自在」的境界者，他就會擁有三乘菩提的智慧：二乘菩提不用人教，他漸漸也會懂的。大乘菩提他當然也懂得：「原來眞如是這麼回事！」這個是實相的智慧；實相的智慧所證不是三界有之法，也不是二乘聖者之所能知，所以這個叫作「第一波羅蜜」。那爲什麼說是「波羅蜜」？波羅蜜就是「到彼岸」，到達沒有生死的彼岸就是「波羅蜜」。現在我問諸位：「阿羅漢在世的時候，他不知道無餘涅槃裡面是什麼境界，他最多只是聽聞佛陀的說明而知道，可是他無法現觀；當他死了，入了無餘涅槃，就是無生無死的彼岸，但他的五陰滅盡了、十八界全都滅盡，他已經不存在了，那他如何能到彼岸？」所以那個無生死的彼岸他到不了！我十幾年前講《邪見與佛法》的時候，我就講了這個道理。

所以我說：「阿羅漢沒有證涅槃。阿羅漢證涅槃是如來方便施設，只是讓他可以出三界生死；可是涅槃的境界裡面到底是什麼？他沒有證得。」因此《法華經》說那個叫作「化城」，果然是化城。然後我說：「菩薩這五陰十八界都還一一具足、存在人間時，就以慧眼看見無餘涅槃裡的境界。了知原來就是如來藏獨住的境界。」如來藏現前就存在啊！祂的不生不滅、不來不去、不增不減、不垢不淨的境界，現在就存在啊！那個不生不死的境界、無生無死的境界現在就在；而五陰同時存在，可以用慧眼看見如來藏的無生亦無死的解脫境界。因此菩薩就說：「所以我現在雖然還在生死之中，我其實是在無餘涅槃中生死；我只是無生死的涅槃彼岸中的一個影像而已！」

所以菩薩有證涅槃，因爲現前看見阿羅漢捨壽所入的「無餘涅槃」是什麼境界了，而菩薩就住在這個無生無死的境界裡。那阿羅漢一直到捨壽入無餘涅槃，都不知道無餘涅槃的境界是什麼；他們純粹是信受佛語而入無餘涅槃。所以二乘涅槃是 如來慈悲，方便施設的「化城」；證得這樣的實相境界，並且成就了慧解脫或俱解脫，也就是慧解脫或者說心解脫，這樣才能夠說是「第一波羅蜜」。所以沒有證如來藏的人，他不知道「無餘依涅槃」裡面的境界是什麼，信受佛語說那不是斷滅空；那是常住不變，因爲有一個「識」常住不滅；信受佛語，所以定性聲聞死時就這樣子把自己滅掉，並且「不受後有」。那麼這五百阿羅漢裡面，有許多人是「得一切心自在第一波羅蜜」的，表示他們都是證悟的人，其實大部分是入地的菩薩了。那《法華經》我們解說過了，這裡就不再作說明。接下來說：

「有無量學人皆得須陀洹、斯陀含、阿那含果。」說有無量的學人都已經證得初果、二果、三果。初果人叫作「見地」；二果人叫作「一來」，或者叫作「薄地」；三果人稱爲「離地」，或者叫作「不來」。見地、薄地、離地，然後就是第四果。那初果爲什麼叫「見地」？因爲他純粹是智慧的觀行，把三縛結斷了，可是眞正見道後的修行，他還沒有開始，所以他叫作「見地」。

我以前還沒有破參，那時候還在農禪寺，有很多人要擠那個禪七擠不進去。我是有機會去打禪七，但是從來不報名；可是我報名了唯一的一次，那審核的法師找我說話，他問我說：「你以前爲什麼沒有報禪七，現在要報？」

我說：「我現在功夫夠了，我的知見也夠，所以就報名了。」以前我根本不知道聖嚴法師沒悟，因爲往世的所證還沒有找回來，怎麼能檢驗人家？那果暉法師自以爲聰明，他就說：「你應該說你現在有見地了，所以來報名。」我說：「我現在還沒有見地欸！我只有知見而已。」他聽了就跟我爭執這一點，認爲他所說的才對；他起爭執，我就不再爭執，就說：「好！好！你說的對、你說的對！」反正只要能去打七就好了，跟他爭執幹嘛？可是我那時候知道：那不叫見地，那只能叫作「知見」。如今十幾年、很快二十年了，我把他的事情抖出來了！本來沒想講，可是有時候想起來，那位法師太固執、太自作聰明了！今天乾脆講了算了。講了也許他心裡面有警覺、也許可以得度，也不一定；講了是爲他好。

因爲「見地」是初果人才有的。已經看見了出離三界生死應該從哪裡開始，他看見了那個解脫的境界，境界就是「地」。也就是說，出離三界的路是哪一條，他看見了；他已經站在那一條路的起步點了，這叫作「見地」。如果沒有看見，都是聽人家講的，或是思惟來的，那就叫所知的見解，只能叫作知見，不叫見地。「地」就是境界，你看見了解脫的境界才能叫作「見地」；憑著自己所知道而認爲看見的，不算數啦！因爲你沒有親自站在那裡看見！所以初果人叫作見地，又名七來。我們有時候開個玩笑說：「他是喝七喜汽水的——Seven Up。」對吧？對啊！要七次人天往返啊，那不就是Seven Up？

那二果人叫作「薄地」，所以斯陀含叫作薄地。爲什麼？因爲他從見道之後已經開始努力修行了。他想要出離三界，所以努力修行，讓自己盡量變得清淨，所以他的貪、瞋、癡已經淡薄了，就稱爲薄地。如果斷三縛結之後，一天到晚看不起別人，那就不叫薄地，那他就是永遠都在「初果」裡面，他就眞的「要喝七喜汽水」。那如果努力修行，這七來可以變成一來，就是「薄地」。那進入薄地的人呢，最多就是生到欲界天以後，下來人間就成爲阿羅漢；這叫一來、一往返，因爲他的貪、瞋、癡已經淡薄了。

如果到了三果阿那含，三果人捨壽後就往生到初禪天去了；從那裡一直往上走，最後出三界，那是最差的三果人，要到「非想非非想處」或「無所有處」取涅槃。如果是最好的三果人（頂品的三果人）那就像人家打鐵時，打鐵的時候不是火星迸上來，有沒有？那火星才迸出來立刻就滅了、就沒火了。如果差一點，火星迸出來到最高點時就滅了；那如果再差一點，那火星迸出來，落下去時滅了；然後最差的就是「上流處處般涅槃」。三果人有七品，那七品爲什麼叫作「離地」？因爲離欲界繫縛，不再受欲界法所繫縛了，所以叫作「離地」，這個就是這裡講的三果。

那這三果人，從初果到三果爲什麼都叫作「學人」？欸！這「學人」兩個字還不能隨便用的！我弘法早期，有人讀了我的書很歡喜，寫了一張明信片來，還讚歎；然後最後署名說：「無學某某某」。我知道他不是大妄語，只因爲他不懂有學跟無學的定義才這樣寫。他認爲說：「我什麼都沒有學，所以我叫『無學』。」所以他不是妄語，沒有妄語的惡意。但「無學」就表示：解脫之法已經無可再學了，得要無可再學時才能稱爲「無學」；因爲他已經能出三界了，解脫之法他不需要再學了，那就是「無學」。那「有學」呢，表示這出三界之法，已經有所實證了，才叫作「有學」。

如果還沒有斷三縛結的人自稱「有學」，而他又懂得有學是什麼意思，那就是大妄語。所以這個「有學」還不能隨便亂用。知道「無學」以後，心裡面想：那我還應該要再學解脫道，所以我就自稱有學，那就錯了！因爲有學是初果以上到三果，都叫作「有學」。所以這裡說有「無量學人」，這「無量學人」就表示他已經有修證了才叫作「學人」。但這是解脫道中的說法，在禪宗裡面用詞又自不同；在禪宗裡面，如果是見禪師求法，要說：「學人不會，乞師指授！」學人是表示還沒有實證。那解脫道裡面說的學人、說有學，那是已經證得初果以上，在三果以內，所以這些名詞不能隨便亂用的。

除了這五百比丘以外，還有「無量學人皆得」初果、二果、三果，這些叫作學人；已經有所實證了，所以叫作「學人」。那如果只是聽聞而沒有付諸實修，或是實修了，還沒有證得初果，那就不能稱爲「學人」或者「有學」。另外還有成就有漏法的「無量比丘眾」，這是在場的男眾有這麼些人。「無量比丘眾」表示無法計數，到底實際上人多少呢？不知道！可是這些人是成就有漏法，什麼有漏法呢？譬如說，有的人成就「五停心觀」中的某一種，例如數息觀、不淨觀等。這五停心觀裡面成就一種，那就是成就有漏法。那有的人不但成就五停心觀了，他還成就了這個初禪，或者二禪、三禪乃至四空定，這也都是有漏法，這些都是「有漏法」。還有的人成就了四禪八定，而且還成就了五神通，那也是有漏法；凡是還沒有斷三縛結的人都是「有漏法」，所以不管他成就了禪定與神通等多少法都是有漏法。那這樣成就有漏法的比丘們有無量，因爲人數太多，無法計算。

接著，「有成就無量阿僧祇功德菩薩摩訶薩從十方來」，從十方來這些菩薩們，已經成就無量阿僧祇功德。但這一些成就無量阿僧祇功德的菩薩，是不是每一個人都證悟了？是不是每一個人都有「無生法忍」？不見得！因爲在諸佛世界佛力的加持，可以讓他們證得很多的功德，但不一定就能證悟，也不一定就有無生法忍，這在後面經文還會再交代。

那他們從十方世界來，諸位之中也許有人想：那他們沒有「無生法忍」，雖然有無量阿僧祇功德，也許連證悟都沒有；那他們怎麼可能有能力從十方世界來？是吧？有人要這樣想，也一定會這樣想！可是有沒有想起來呢？《彌陀經》裡面說：「極樂世界的菩薩們晨朝各以衣祴，盛著天華遊歷十方世界，供養諸佛如來。」請問：下品生的人，花苞開敷，無佛說法，有證悟嗎？沒有！那中品的中生與下生，蓮花開敷之後尚無　彌陀爲他們說法，有證得阿羅漢果嗎？也沒有啊！那上品下生蓮花開敷以後，無佛說法之前，有證悟嗎？也沒有啊！那他們爲什麼可以遊歷十方世界？喔！彌陀威神之力加持！

只要是那一種純一清淨世界，如來都會加持他們去到某一個世界去；因緣到了就讓他們去，不是他們自己有能力到，而是那些淨土世界的如來加持。為什麼說：這些成就無量阿僧祇功德的菩薩摩訶薩從十方來，不一定都有證悟？譬如說：在十方諸佛的淨土世界中他在修行，也許初住位、也許二住位、也許到六住位，算不算「摩訶薩」？也算哪！因為是賢位，不是十信位就算賢位菩薩了，非必證悟！那如來威神之力加持就可以來了，那麼這一些菩薩眾當然可以稱為「摩訶薩」。

「算數譬喻所不能及」表示這些菩薩們人數非常多。那麼這一些菩薩們的數目，不是一切聲聞、緣覺之所能知；然而不單單是數目，這些菩薩們的所知所見，也不一定是聲聞、緣覺聖者之所知的。譬如說：假使哪一天南洋有阿羅漢來。（當然不可能，我說「假使」）他們來了！你們目前還在進階班受學喔，那你說出了某一些大乘法，他們能知嗎？不知道！還不必說到破參以後，單說你們週二來聽經，聽聞了這麼多勝妙法之後，你複述出來，他們也聽不懂啊！所以「非一切聲聞緣覺之所能知」，這就是定性聲聞之所不知。

那麼那一些人的數目以及他們的證量，什麼人知道？「**除文殊師利菩薩及大力菩薩、觀世音菩薩、彌勒菩薩摩訶薩**。」所以他們幾位菩薩都知道這些人有什麼證量，全都知道。那麼文殊菩薩等人爲什麼知道？因爲文殊菩薩、觀世音菩薩是已經成佛，倒駕慈航再來的人，他們當然都能知道。但是其中有一位大力菩薩，這大力菩薩至少得要是九地滿心，才稱之爲大力菩薩。有時候說：八地菩薩也叫作大力菩薩，因爲於相於土自在。到他們那個境界，當然可以知道那十方來的菩薩們有什麼證量。

在《金剛三昧經》裡面，說有一位菩薩叫作大力菩薩，證量很高；可是《勝鬘經》裡面有說到「大力菩薩意生身」。「大力菩薩意生身」代表什麼意思？代表說有意生身的人就算大力菩薩。不過這裡所講的「**大力菩薩**」是一位菩薩的名號，他叫作「**大力菩薩**」。那彌勒菩薩摩訶薩是一生補處，當然也能夠知道那一些十方來的菩薩們有什麼功德和證量。接著要說明的是：這一些從十方來的「**成就無量阿僧祇功德菩薩摩訶薩**」，有的人有很多有爲法上的功德等等；可是其中也有證量很高的菩薩，所以說「**如是上首菩薩摩訶薩、無量阿僧祇眾**」。

這是分成兩大類，說這些菩薩們有上首的菩薩摩訶薩，各有無量的阿僧祇菩薩眾追隨著。這數目有多少？就好比大地所生的草木一樣。那大地上的樹木也許還好算一點，草可就沒辦法算了，也就是說數目難知啊！因爲太多了，所以說「從諸方來諸菩薩眾亦復如是，不可稱數」。這應該說是文殊菩薩等菩薩摩訶薩身邊也有無量阿僧祇眾，數目也不可數了。那諸方來的菩薩摩訶薩也是一樣不可計數；然後還有「差摩比丘尼」、跟她所追隨的比丘尼眾都在一起。

那這裡講的女眾有三位，另外兩位是「毘舍佉鹿子母」以及「末利夫人」，她們也都各有無量的大眷屬同時來到這裡。這「差摩比丘尼」有個故事，也蠻有趣的。她是拘薩羅國波斯匿王的女兒，那波斯匿王跟鄰國梵摩達王一直都在打仗。有一天兩個國王突然想通了說：「啊！我們不要再打仗了！勞民傷財還要死很多人，那我們乾脆結爲親家好了。你生個兒子或女兒、我生個女兒或兒子，等他們長大了、送作堆結婚，我們就成爲親家，都不要再打仗了！」然後就這樣約定好了，天下太平！不打仗了。好，約定不打仗就可以生孩子了。

後來波斯匿王生了個女兒，非常秀美。那梵摩達王生了個兒子，然後兩個人就約定、互相通知說：「好，我們以後就讓他們成婚。」可是印度人結婚都很早，還有童婚的習俗，所以七歲就嫁。印度人很多這樣，到現在都還有啊。四十幾歲、五十幾歲的男人，娶一個老婆七歲，的確很不人道！但他們的習俗就這樣。那波斯匿王這個女兒越長大越漂亮，風聲傳出去了。那梵摩達王的兒子心想：「聽說這公主很漂亮，所以趕快把她娶回來！」才七歲而已啊。那波斯匿王當然就答應了，因爲以前就約定好了。然後來提親的時候，就是後來的這位差摩比丘尼她不答應，因爲她生來無欲；她生來就是個離欲的人，她不接受王子的求婚。可是波斯匿王說：「妳不讓我把妳嫁過去，等於我是毀約；那我要跟梵摩達王再打仗呢，這事情我沒辦法答應！」這時候差摩沒辦法了，她就祈求 世尊來幫她解除困難。於是 世尊就化現了來爲她說法，因爲她不趕快求不行。

波斯匿王趕快去通知梵摩達王說：「你趕快來娶，七天以內就要娶走，不然她會變卦。」所以她只好求 佛。如來就來爲她說法，說法之後，她證得三果，因爲她本來就是個離欲的人，如今證得三果，是七歲證得三果！然後因爲往世的那個因緣，證得三果之後，她的神通又恢復了。那她也沒有表示甚麼，禮佛之後就這樣安住。七天到了，梵摩達王太子來迎娶了。迎娶的時候，這差摩當時還不是比丘尼，她就說她不可能結婚。不管人家怎麼說，她不答應，然後就飛上天空十八變示現了出來！凡夫不知道她有什麼證量，至少神通看得懂，然後才說：「啊！原來妳是個聖者，我們都對不起妳！」所以她老爸跟她道歉，太子也跟她道歉，然後她接著就求 佛出家，那就成爲差摩比丘尼。這是她的故事。

那「毘舍佉鹿子母」以及「末利夫人」也有她們的來歷。這「毘舍佉鹿子母」在《俱舍論記》卷八〈分別世品第三〉有解釋說：「鹿母者是毘舍佉夫人。『毘舍佉』是二月星名，從星爲名，此云長養，即功德生長也。是彌迦羅長者兒婦，有子名鹿，故名鹿母，從子爲名。」對不對呢？咱們來探討一下。「毘舍佉」，十二個星座裡面第二個星座，二月就是「毘舍佉」，就是長養的意思。那這個毘舍佉夫人又名「鹿母」，有時候叫「鹿子母」。那《俱舍論記》說這個毘舍佉是彌迦羅長者的兒媳，有個兒子叫作「鹿」，所以她叫作「鹿母」，是從子爲名。這在《五分律》裡面有說：「毘舍佉的女婿，他敬毘舍佉如母。」而這個女婿叫作「鹿子」；這個女婿敬毘舍佉如母，所以她不但叫「毘舍佉夫人」，也叫作「鹿子母夫人」；「鹿子母」這個名稱是這樣來的，是因爲她的女婿敬她如母，所以叫作「鹿子母」。

另外有一位「末利夫人」。末利夫人是波斯匿王的夫人。波斯匿王爲什麼會娶她爲夫人呢？末利夫人本來是一個大姓婆羅門的婢女，當國王出外遊獵遇見這個婢女時，她極爲善巧奉侍波斯匿王。那末利夫人眼光銳利，波斯匿王只要一轉頭、一舉手、一動身體，她馬上就知道波斯匿王現在需要什麼，然後就爲他準備得好好的，所以波斯匿王覺得跟她心靈相契，就向那個婆羅門要了這個婢女回去當夫人，就叫作末利夫人。所以因緣很難講喔！那這個末利夫人嫁給波斯匿王以後，生了個女兒醜八怪，非常地醜！那總不能把她殺了吧？還是要養啊。後來養大了，可是都不讓她出外，不讓人家看見，就把她養在深宮內院；只是女大不中留，總得要嫁人，又不好隨便嫁，畢竟是個公主呢。這位公主，不是像童話故事中每一個都長得很漂亮！波斯匿王想：「我得要去找一個人，要心性好、健康，但是他家貧窮；找這麼一個人來嫁給他，那我每一個月多給他財物，他一定就會娶我女兒。」

於是就喚大臣去找這麼一個年輕人來。波斯匿王就跟他明講說：「我女兒很醜，可是嫁給你以後，你生活無憂，我每一個月都會給你財物。」這個年輕人心性也好，就說：「既然國王這麼吩咐，我當然唯命是從。」就把她娶回家，照波斯匿王吩咐的，另外蓋個房子；這房子有七重門，七層圍繞起來，要進去都不容易的，那就把她養在最裡面。這個年輕人如果要出門，就用鎖匙把她鎖起來，讓她無法出門；連第六道門都出不來，誰都看不見，就這樣。這個年輕人因爲波斯匿王每月都給他財物，當然不會是少數，所以漸漸地就廣有錢財；於是跟那些大臣們就有往來，因爲大家知道那是國王的女婿，是駙馬啊，他又有錢，於是就有應酬往來。可是大家應酬往來都是帶著夫人，獨獨這個駙馬從來不帶夫人的。有一次又與這個駙馬相約應酬，這應酬的時候，大家趁著他不在，約定好：「我們把駙馬灌醉，偷他身上的鑰匙去看他夫人；一定是長得貌如天仙，所以才怕我們看見。」他們是這樣想的，於是就把他灌醉；灌醉了，從身上把鑰匙拿來，去到他家就要去開門。

可是正好這一天，波斯匿王這個女兒，結婚以後就是自怨自艾：「我丈夫都不讓我出門，連出這個房門都不行！」她就想：「一定是自己造了什麼業，導致這個果報。」那她就面向 如來所住的方向跪下來，祈求 如來開示。那 如來感應了，馬上知道她是甚麼來歷，隨即化身過去。祂不是飛過來，是從地下慢慢湧出。所以 如來紺髮相出現的時候，這個女兒至心歡喜，馬上頭髮就變得很光亮、很柔軟；那 如來的臉出現了，她看了心懷歡喜，臉又變得很莊嚴了。就這樣，如來漸漸出現，她就整個改變了，眞的叫作美似天仙哪！（大眾笑…）然後 如來就爲她說法，當然她也證果了。然後她很歡喜就安住著，自己整理法義等等。結果她丈夫的那一些朋友也剛好來到，把門戶打開，一看，「哈！這麼漂亮！怪不得不讓我們見。」（大眾笑…）後面問題又跟著來呀！他們看了知道了、寒暄了以後，繼續把門鎖好，又回到喝酒的地方，等到她丈夫醒來就告辭了。那丈夫醒來以後當然要回去，因爲這個應酬結束了，要回去見見老婆。可是門戶一打開，驚訝的問：「妳是什麼人？」不認得了！那這個夫人就跟他說：「我是你的夫人哪！」他說：「我的夫人不是長這個模樣啊！妳到底是誰呀？」然後她就爲他解說，才確信說：「喔，果然是自己的夫人！」

那麼波斯匿王聽聞了之後，就去請示 如來：「不知道我這個女兒爲什麼有這樣的因緣呢？」如來就說了：無量世前，她是一個大戶人家的女兒。當時有一位辟支佛，每天中午都來他們家受供、或是都來托缽，他們都供養他。可是這個辟支佛很醜、非常醜，這個女兒每天供養這位辟支佛，嘴裡就嫌他醜，說：「爲什麼這麼一個醜的人每天來我家托缽？」這麼嫌棄呀！可是她仍然繼續布施。那個辟支佛不會跟人家計較的，辟支佛都是這樣；阿羅漢也一樣，不會計較。有一天這辟支佛要入涅槃了，這是最後受供，所以他想：「這個女孩子這樣子，將來果報不好。受她供養那麼久了，總是要救她。」所以他受供之後，飛到天上十八般變化，然後再下來這女孩的面前。這女孩一看，「不得了！這是個聖者，我每天罵他。啊，這個罪大了！」所以就懺悔。那辟支佛也接受她懺悔。正因爲這個緣故，所以她轉生到這一世來，生在國王之家廣有錢財，可是很醜，是因爲她嫌棄那位辟支佛。這還不是嫌棄佛陀喔，只是嫌那位辟支佛而已，還不是嫌菩薩，那她得到那麼醜的果報。可是因爲她好幾年就這樣供養那位辟支佛，所以這一世的福報也不錯；而且最後還懺悔，辟支佛也接受她的懺悔；由於有這些因緣，所以感應如來爲她說法；那她就回復她原來應該有的福德，因此她就變得很莊嚴。這個醜女因緣就是這樣來的，這是末利夫人的女兒，她就是這樣的一個故事。

那這位末利夫人她自己生來無貪，她成爲佛弟子之後，她也持八關齋戒，所以她有她的功德，成爲波斯匿王的夫人；而波斯匿王很看重她，不是沒原因的。你想：這末利夫人不過是一個大姓婆羅門的一個婢女，波斯匿王討過來當夫人，當然不會是正宮；因爲國王都有好多個女人。不說國王，在印度男人都有三妻四妾，都正常；甚至你當菩薩了，也還可以有四個、五個老婆，最多不超過五個就可以，在印度是這樣。那習俗是這樣，佛法中的事相上也只能隨從地方上那個習俗。這個末利夫人在衆多夫人中，爲什麼被波斯匿王所特別看重？看得比皇后還要更尊重，這是有原因的。那這個原因呢，只能下回分解。

《大法鼓經》我們上週講到第二頁第七行「末利夫人」。「末利夫人」還有一個故事，大家比較少聞。她的故事蠻多的。她本來只是一個婢女，可以成爲波斯匿王的夫人，一定是有她的特質。那麼從她的另一個故事，也可以顯示她的特質，這個特質就叫作「菩薩心性」。這故事是說：當年有一個大商主帶領著五百個商人，以前都是這樣；那個大商主就是商隊首領，叫作波利。這波利入海求寶，遇到了海神。海神一定是很厲害的；開著船在大海裡行，不能不尊敬海神，因爲要不要翻船，都是他一念之間的事。那這個海神問他：「一掬水比較多，或者是大海水比較多？」一般人大概是答「大海水比較多」，顯然是這個答案，因不必思惟就知道了。但是波利的答覆不一樣，他說：「這一掬水比較多。」海神就問了：「你是什麼道理這樣講？」這個大商人波利說：「這一掬水遇到一個渴到快死的人，給他喝了，他就活命了；那大海水給他喝，他活不了命！所以一掬水比較多。」這海神聽了，「欸！有道理！」既然有道理，就不跟他翻船了，反過來還送給他一串寶物，那寶物叫作「香瓔」。一般人掛在胸前的那一串瓔珞不會香，因爲瓔珞沒有香的啊！但海神給的那一串瓔珞是香的，所以叫作「香瓔」，那就送給他了。他得了大寶，回家了。回家以後他想：「這一串香瓔天下所無，我沒有這個福德來佩戴啊。」這算他聰明！因爲如果他自己佩戴這天下寶物，哪一天，可能連命都沒了！

他想：「我應該要送給我的國王，他有資格佩戴！」當然有資格啊，他如果沒有國王保護，所有家財被人家劫奪了，也莫可奈何，就拿去送給波斯匿王。波斯匿王心想：「這麼好的東西！那我當國王戴在身上，好像也不很恰當。」因為一天到晚人家聞到他身上香香的，好像不很恰當。他就想：「那給我的夫人好了。」於是就叫人把所有夫人都找來，他要看看誰有資格得這一串香瓔。結果夫人們都來了，就差一個人——末利夫人。然後國王問啊：「她為什麼不來？」就有人回去問了，末利夫人回話說：「因為今天剛好是十五日，是我八關戒齋的日子，所以不方便去。」那波斯匿王氣起來：「嘿！為這麼好的事情，妳也有可能拿到的，為什麼不來？太不尊重我了！」生氣起來，就叫人去把她一定要拉了來。那末利夫人一聽，那就只好去了。

可是她出現的時候，一身素服，非常樸素！什麼配戴的莊嚴之物，包括頭飾全都沒有。持八關戒齋總不能搭配個什麼貴重的項鍊，然後還有臂釧等等，當然都不行啊！而且是過午不食，所以一身素服來到。結果呢，大眾都打扮得很漂亮，她卻一個人穿著素服出現，不施脂粉，就好像鶴立雞群，反而顯得她很獨特。那波斯匿王說：「末利夫人最出眾，所以這一串香瓔應該給她。」就當場要給她了。沒想到末利夫人婉轉回謝了，說：「我是一個學佛的人，這一串香瓔，國王您還是給別人好。」可波斯匿王就覺得所有夫人中，就只有她值得，他不肯送別人，一定要送給末利夫人，那就沒辦法解決了。

末利夫人就提出建議了，說：「那這樣吧，我是個學佛的人，不貪求這一些身外之物；那您又不方便送給別的夫人，不然就我們一起去見如來，藉這一串香瓔供養如來。那您的功德、福德可以大大地成就。」結果波斯匿王一聽，「欸！有道理！」就跟夫人們一起去晉見 如來，供養了如來。所以你看這末利夫人一點點的貪都沒有。世間就只有這麼一串香瓔，世無其匹，但她不要啊！結果勸王夫一起去供養 如來，這就是她的心性。要是一般的夫人，想方設法都要拿到手了，何況是推辭出去？她就是這樣的一個人，所以她的證量以解脫道來講，最少是三果人；三果人都不貪的！即使是品級最差的三果人也不會貪這個，五下分結斷了！這就是末利夫人的故事。

在 如來座下，三果人不算什麼啦，因爲阿羅漢都多得不得了。想想看：一千兩百五十位大阿羅漢，各阿羅漢座下還有許多的阿羅漢弟子們。所以末利夫人是不簡單的，應該說：最少是三果人。但也有可能是個阿羅漢。所以末利夫人也有許多的眷屬，跟她一起在學佛；她不是只有一個人在學佛，所以接下來說「各與無量大眷屬俱」。爲什麼說「各」呢？因爲還有毘舍佉鹿子母，前面還有差摩比丘尼等人，不是只有末利夫人一個人。說這一些人「各與無量大眷屬俱」。

諸位看看，既然可以稱得上「大眷屬」，她們的眷屬爲什麼可以稱爲「大」？一定證量很高啊！所以追隨她的那一些眷屬，至少也都是三果以上了，不然如何稱之爲「大」？那這些女眾部分說完了，還有個優婆塞——須達長者，就是給孤獨老人。給孤獨長者他也有許多擁護他的優婆塞，跟他一起在 佛前安住。到這個時候，表示法眾圓滿了，因爲法眾圓滿了就可以說法；那如果法眾不圓滿，說給誰聽啊？所謂「不圓滿」有兩個情況：第一、沒有聞法者，第二、聞法者的層次很低，不能讓你針對深妙法暢所欲言，這就是「法眾不圓滿」。

也許有人說：譬如像「生公說法，頑石點頭」，頑石也可以是法眾。那就有問題了！因爲頑石是無情啊，但保不定有鬼神依附在那邊。那麼頑石跟鬼神好不好成爲法眾呢？不恰當！生公說法的時候，頑石點頭到底是指什麼頑石？喚什麼作頑石？譬如哪一天有個因緣，在那一些六識論的法師、居士面前，我被逼得不得不說法，那我就跟他們談：「涅槃不是六識論可以成就的等等。」把那個道理解析給他們聽到懂，然後呢，他們聽懂就開始點頭，那就是「頑石」。所以，假使當生公說法時，當面沒有法眾，而那些頑固的石頭會點頭；那生公一定是落入幻覺裡面了！好，「頑石點頭」應當要作此解。

那麼鬼神呢，鬼神就是福報不夠才會去當鬼、當人間的神；若不是從忉利天下來、從四王天下來人間的神，都是福報不足的才會去當鬼神。鬼神之中保不定有個叫作耶和華的，那是福報不足的鬼神，心地不清淨，所以愛吃生鮮的血食。你們看《舊約聖經》，記載著祭拜上帝要用生鮮帶血的生肉；可想而知，他的層次到不了四王天，那就是福報不夠。如果是夜叉，夜叉的福報都比他好。所以，很多的夜叉跟夜叉王住在哪裡——楞伽山頂。楞伽山頂有奇花異草等，那是有福報的，所以 如來為他們講了《楞伽經》，是為楞伽王講了《楞伽經》。《楞伽經》是多勝妙的經典！一神教的上帝可以聽聞嗎？耶和華沒辦法聽聞的！他沒那個資格；那如果為這一類的鬼神講，那就是「法眾不圓滿」。

這些從十方來的菩薩眾們以及此地的大菩薩：文殊師利菩薩、大力菩薩、觀世音菩薩、彌勒菩薩等摩訶薩；還有大比丘尼以及大優婆夷，加上大居士給孤獨長者，還有他們的大眷屬都在現場，這就是說法的因緣圓滿了。因爲因緣圓滿了，所以這時 世尊在大眾中演說「有、非有法門」。現在終於帶出主題來了：世尊演說的是「有、非有」的法門。那這個法門一定是很深的，不然爲什麼十方諸佛會告訴座下的弟子們，要來娑婆世界聽 釋迦如來演說這個法門呢？這麼多人來，不見得每一個人都能聽受，所以接著就有後續的發展。我們再來聆聽經文怎麼說的：

經文：【爾時，波斯匿王從臥而起，作是思惟：「我今應往至世尊所。」念已即行，擊鼓吹貝，往詣佛所。爾時世尊知而故問：「阿難！以何等故，有鼓貝聲？」阿難白佛言：「波斯匿王來詣佛所，是其擊鼓吹貝之聲。」佛告阿難：「汝今亦應擊大法鼓，我今當說《大法鼓經》。」】

語譯：【這時候，波斯匿王本來躺臥於床上休息；如今就從床上起來了，心裡面這樣思惟著：「我如今應該前往到世尊的所在。」起了這個念以後就出行前往了。在路上，他的儀仗當然是又打鼓、又吹起貝聲，這樣聲勢浩大前往，到達如來的所在。這時候世尊明明知道是怎麼回事，卻故意問道：「阿難！是因爲什麼緣故，有這樣擊鼓和吹貝的聲音呢？」阿難回答佛陀說：「因爲波斯匿王前來，到達如來的所在，這是波斯匿王擊鼓以及吹貝的聲音。」如來告訴阿難說：「你如今也應該要擊大法鼓，我現在應當演說《大法鼓經》。」】

講義：這是說波斯匿王心中大概是感應到 如來，所以本來臥著休息，突然就爬了起來，想著要去面見 如來。他起念之後就立刻去作了，所以命令他的隊伍載著他前去面見 如來。國王出門，沒有一個人獨自前往的；古時候國王如是，現代民主時代總統也是一樣，都一定有個儀仗或特別的儀式，然後有一些人擎持著各種樣式的器物莊嚴，排成一隊，前呼後擁，國王都是這樣的。不說國王啦，說古時候中國小小的七品縣令，人家京官說那叫作「芝麻官兒」，好像芝麻那麼小；雖然縣令到京城時是很小、很小，在京城不論誰、哪個官都比他大很多；可是他在地方就是作威作福，所以這個芝麻官兒出行的時候，正式出行，那就有儀仗；所以前面四個人舉著如「肅靜」、

「迴避」等牌子，後面還有人騎著馬護駕，然後他坐在轎子裡面，就這樣出巡，那也是一個儀仗；除非他微服私訪，否則都一定有這個儀仗。那波斯匿王出巡，除了那一些，當然得要有聲音，讓人家遠遠地就知道國王來了，不要堵在路上，這樣他可以順利通行；所以又是打鼓、又是吹貝。貝類吹起來就是「ㄅㄨ——」，現在很少人聽見了，倒是道教辦的法會還是有人在吹。不曉得現在佛門有沒有人在吹？大概沒有了！通常都是道教裡在吹。那麼打鼓就比較平常了，這通常儀仗隊都有，告訴大眾說：「我來了！」

世尊明知故問，爲什麼說 世尊是明知呢？因爲諸佛如來都有一個功德，就是當祂見性的時候有「成所作智」，妙覺菩薩之所無，這是諸佛如來與佛性相應的功德。諸佛如來的佛性境界，乃至於十方諸佛世界，隨便你指定哪一個世界，說那裡正在下雨，現在下了幾滴雨都知道，這是諸佛隨順佛性的境界，初地菩薩之所不知；那如果是十住菩薩或者凡夫，根本更不知道。所以 如來一聽聲音，如來馬上會知道那是什麼。

關於聽聲音，譬如說：有一天 如來路上走著，看見骨頭，如來就說：「你們知道這個骨頭、這個人以前是怎麼回事嗎？」沒有人知道。彌勒菩薩拿了手杖，敲一敲那骨頭，聽了那聲音，就稟告 如來：這個人過去如何、如何。這還只是妙覺菩薩。不知道現代那個妙禪「如來」懂不懂這道理，我想他是搞不懂的！我看也眞的不是妙禪！捨報的時候他就知道了。所以要成爲「如來」不是那麼容易的，因爲 如來的十力，隨便哪一力的功德都不得了！他妙禪連一力也沒有，敢自稱「如來」，太大膽了吧？其實以前有人叫作「七力」，他是一力也無！也敢自稱有什麼法身、報身、化身，這都是由於對佛法無知才會搞出這些笑話啦！所以有智慧的人一聽就說：「啊！不值得評論，笑一笑就好了。」那諸位剛才笑過了，表示諸位有智慧還是沒智慧？對！這樣答才對，一聽就懂。

那麼 如來就是明知故問，那阿難當然也聽慣了波斯匿王的這個儀仗與吹貝、打鼓的聲音，當然會知道，所以就跟 如來稟告說：「這波斯匿王要來了，那是他們的聲音。」如來就藉機發揮說：「這個時候你阿難也應當要擊大法鼓。」不是普通的法鼓，是大法之鼓！那「大法」之鼓傳出來的聲音是什麼？就是世間第一法、最好的——函蓋世出世間所有一切法，這個法才叫「大法」呀。

談到大法，想起法輪功信徒們陽臺上掛的布條。他們信徒都掛在陽臺的「法輪大法好」布條，但我沒看見他們有法輪，也沒看見他們有什麼「大法」。所謂「大法」就是宇宙萬有的根源，宇宙一切法莫不從之生，這才是「大法」。若是沒有這個「大法」，所說猶如須彌山那麼大、那麼多也沒用！因爲言不及義，那都叫作「戲論」；一定是宇宙萬有之所從生，才能夠說那個是「大法」。這個「大法」函蓋三界一切法，否則不足以成其爲「大」。

這時也許有人想：「你所說的『大法』應該就是講如來藏了，可是我想，你剛剛講這如來藏包含了三界一切萬有，恐怕是有過失吧？」一定有人這麼想。可是我說沒有過失！從兩個層面來講：第一個層面，須彌山夠大了喔？我說還不夠大！因爲一切有情橫遍十方、連貫三世。想想看：十方虛空有多少須彌山？這才算大。可是這些須彌山之所從來，是這一切有情那個「大法」——如來藏所變生的，其實也是在如來藏裡面，不能外於如來藏啊！那你說如來藏大不大？大呀！

再從另一個層面來講，須彌山「仰之彌高，鑽之彌堅」，人類的肉眼還瞧不見呢，那麼高廣！可是，須彌山不就是由於眾生心的心想而產生的嗎？

再問：須彌山不就是存在虛空中嗎？有哪一座須彌山不是在虛空中？是啊。可是有一句經文講得好：「當知虛空生汝心內，猶如片雲點太清裡。」哪部經講的？《楞嚴經》！須彌山之所以能存在虛空，都因爲眾生的心想；而眾生之所以能夠心想須彌山，導致如來藏變生出來，是因爲眾生心中知道有虛空，虛空無窮無盡。可是虛空怎麼來的？虛空是在眾生的心想之中，如果沒有眾生的心能夠了知諸法，怎麼會有虛空這個法？而虛空不過是眾生心想中的萬法裡面的一法而已。那眾生想著要有什麼、要有什麼……於是眾生的如來藏就共同變生出來有須彌山、有欲界諸天、有色界諸天等等，就變生出來了；那這一些都不外於眾生的第八識如來藏。

所以一個三千大千世界的成、住、壞、空都不是自然性，有因、有緣；「因」就是共業眾生的如來藏，「緣」是共業眾生的業力，因此說：「有因有緣世間集，有因有緣世間滅。」就是這樣的，而這一切都不外於如來藏。那你想：一個三千大千世界如此，這個三千大千世界裡面有百億須彌山，這還不夠多，還有十方虛空無窮無盡的三千大千世界，那須彌山有多少？但都不外於有情的如來藏。那麼諸位想想：這如來藏這個法還不夠大嗎？眞的大了！這時也許有人想：「我都找不到如來藏啊！那我現在知道如來藏是遍滿虛空。」是嗎？不是喔？你們眞有智慧！所以値得當我的知音！所以如來藏有心性、也有物性。因此知道這個道理的阿羅漢寫了論，就把如來藏叫作「色識」，說祂是「物質識」，那是從另一個層面來講；因爲祂有「大種性自性」，能變生十方虛空中的地、水、火、風。

所以什麼法最大？如來藏！能夠轉如來藏這個法輪，他才有法輪功啦！轉不得這個法輪，那最多只是世間法的氣功，不能叫作「法輪功」。所以眞正的法輪功在正覺才有，他們根本就是有氣功而無法輪。每天在那邊亂轉、亂轉的結果，那不是轉法輪，結果就變成有氣功而無佛法，就只是練氣功，健身而已；假使不死心轉起法輪來呢，變成誤導眾生，乃至謗法、謗佛！因此，法輪大法眞的好，但是那個「大法」是指如來藏，又名眞如，以外無別「大法」。這個道理放之於十方三世而皆準，所以如來說：「汝今亦應擊大法鼓。」這擊大法鼓傳出的聲音，就是要告訴人家如來藏的妙義，所以如來說：「我今當說《大法鼓經》。」也就是說：「我要講的是大法，不是二乘小法。那我講了這個經典以後，聽聞的人，邪見就可以死掉；有緣的人，法身慧命就可以活轉過來，所以要宣說《大法鼓經》。」那麼接下來，再看如來怎麼開示：

經文：【阿難白佛言：「世尊！是《大法鼓經》名，我未曾聞。以何等故，名《大法鼓經》？」佛告阿難：「汝何由知？是諸來會大菩薩等，悉不能知此《大法鼓經》六字名號，何況於汝而得聞知？」阿難白佛言：「世尊！未曾有也。此法名號眞實難知。」「如是，阿難！實爾不異。阿難！此《大法鼓經》世間希有，如優曇缽華。」阿難白佛言：「非一切諸佛有此法耶？」佛告阿難：「三世諸佛悉有此法。」阿難白佛言：「若然者，彼諸菩薩人中之雄，何故悉來普集於此？彼諸如來何故自於其國不演說耶？」】

語譯：【阿難又向世尊稟白說：「世尊！這一部《大法鼓經》的名稱，我從以前到現在沒有聽聞過。到底是以什麼樣的緣故而名之爲《大法鼓經》呢？」佛陀告訴阿難：「你怎麼可能會知道呢？就算是現在從諸方來到這個法會中的大菩薩等人，也都不能夠知道這個《大法鼓經》六字的名號是怎麼來的，何況是你，怎麼可能聽聞而知道呢？」阿難稟白如來說：「世尊！眞的不曾有過這樣的事情啊！這個法的名號眞的讓我很難以瞭解。」如來說：「就像是你說的這樣，阿難！眞的是如此，沒有差異啊。阿難！這一部《大法鼓經》在世間非常的希有，就好像優曇鉢華一樣。」阿難稟白如來說：「難道不是一切諸佛都有這樣的法嗎？」佛陀告訴阿難說：「三世諸佛全部都有這樣的法。」阿難疑惑而稟白佛陀說：「如果是這樣的話，那一些諸方來的菩薩們都是人中之雄，他們都是什麼緣故，全部普遍地聚集到這個地方呢？那十方世界諸佛如來是什麼緣故，自己不在祂們的國度裡面演說這個大法呢？」】

講義：對喔！很多人可能一時間還沒有想到這個問題。阿難聽了，稟白世尊說：「這《大法鼓經》的經名，我沒有聽聞過。」是沒有聽聞過，因爲如來還沒有開講。那他就覺得疑惑：「這部即將要宣講的經叫作《大法鼓經》，那爲什麼把它命名作《大法鼓經》呢？」他覺得有疑問，就提出來請問。如來告訴阿難說：「你怎麼可能會知道？」一定是不知道才會提出來，如果知道的話，那一定是跟別的經類似，所以聽了就知道。不但阿難尊者不知道，如來甚至說：「這十方世界來的這一些大菩薩們，他們能來到這個法會裡都不簡單，可是他們也不能知道這一部《大法鼓經》的六字名號。」這《大法鼓經》翻譯成中文只有四個字，可是在印度，沒有翻譯之前是六個字，所以叫作「六字名號」。

然後 如來下了個註腳說：「連那一些十方來的大菩薩們，都不知道爲什麼叫作《大法鼓經》，何況是你呢！」那阿難聽了，當然只好讚歎哪！因爲 如來說的一定有所本，不會是妄說，所以就說：「世尊！未曾有也。」也就是說：「從來沒有遇過這個狀況啊。」因爲，已往聽到經名就大概知道是什麼內容，只是不知道詳細的內容而已，也沒想到這回聽到這一部經，不知道它的緣由，所以就說「未曾有也」，只好老實承認說：「這部經說的這個法，能夠有這樣的名號，這眞的是讓我難以了知啊。」不但阿難難以了知，其餘眾人也是難以了知。除非是 文殊師利菩薩、觀世音菩薩、彌勒菩薩或者大力菩薩等人，他們往昔多劫以來聽聞過很多如來講解過了。那阿難因爲還有胎昧，這一世追隨 如來，還沒有聽聞過，所以眞實難知。所以 如來說：「就像你講的一樣，眞正是很難以了知。」

因這《大法鼓經》提了出來，可是還沒有提示說裡面到底是要講什麼，所以當然無法猜測，如來就說：「此《大法鼓經》世間希有。」「希有」是怎麼個希有法？要拿個世間很希有的東西來作譬喻，才能說是世間希有。那世間最希有的是什麼？有的人說：那三千年、五千年的神木最希有吧！可是那能算是希有嗎？如果你活三千年，而你三千年中都看見它，還算希有啊？要不然聽人家一說，你搭了飛機、坐了火車或是開了車去，你總會看見，這還叫希有嗎？可以看得見就不希有！那如果是想看的時候看不見，有能力去，依舊看不見，那才能叫作希有啦！

也許這時候有人想：「**那最希有的是佛菩薩。**」這個想法也對啦，因為有時候好幾十劫都沒有一尊佛來人間，當然希有啊。要有佛來人間才會有菩薩出現，所以菩薩也是希有，這話是沒錯；不過佛菩薩不是世間法呢！有沒有人想佛菩薩是世間法？有沒有？都沒有嗎？我偏不信！因為如果不是世間法，為什麼兩千五百多年前，釋迦如來出現在人間、住在人間？那就是世間法啊！

諸大菩薩們呢，也在人間出現、追隨　如來，那怎麼說不是世間法？欸！問的也對喔？可是不說諸佛菩薩，單說阿羅漢就已經不是世間法了！因為他們都是有能力出離生死的人，怎麼會是世間法？那麼要證明說「世間希有」，就表示那是「世間」的東西；那阿羅漢現前存在，好像是世間的東西，可是他死後就永遠不見了，哪裡是世間的東西？他的本質不是世間法呀！所以要說是世間法的話，那就只能夠說那是凡夫菩薩才能叫作世間法，因爲不離世間。那麼要譬喻說《大法鼓經》世間希有，也就是說祂在世間出現的機會非常小，小到很難以想像，所以叫作「世間希有」。

那世間法有時候反而是希有的，有人也許想：「鐵樹開花很希有。」其實不希有，鐵樹十年開一次花，你只要好好照顧它十年，它就開一次給你看，不希有！所以，假使哪一天貼上網說：「誰家有鐵樹的請告訴我，我要去贊助你十萬元。」人家鐵樹開花，一定馬上就通知你了，不希有啊！花十萬塊錢就看見了。以前我家有一棵鐵樹很容易開花呀，其實不用十年，六、七年就開。那這裡講「如優曇鉢華」，優曇鉢華要開花很困難呢！有的祖師寫論，說它三千年一開；那問題來了，三千年一開，得要剛好生在那個時候；因爲它開花不會超過一年，它得要結果啊！但這還不是難，最難是怎麼樣？優曇鉢華的花開在果實裡面，你根本看不見。那到底是什麼花？就是無花果的花，顧名思義，無花果就是沒有花。對吧？對啊！

這個花很奇特，它剛剛長出來時一顆小小的，然後越來越大，它就會有一個很小的洞；那個洞很小，比那個立香的香腳還要細，它只容得那種很細小的蜜蜂可以進得去。那個蜂有沒有看過？類似寄生蜂。寄生蜂可以把牠的卵下在芽蟲身體裡面。芽蟲夠小了吧？牠把卵下在芽蟲裡面，可見牠的身體很小；只有類似寄生蜂那一類可以進入那個果實裡面，那花就開在裡面；牠去裡面採花蜜，然後就傳播花粉，所以你根本看不見它的花；從表相上看，就說它只會長出果子來，沒有花，所以叫作無花果。

所以優曇缽華就是無花果的花，花在果實裡面、包在裡面，只有一個很小的洞，比那個立香的香腳還要細，那寄生蜂才能過得去；所以你要看見它開花，只有一個情況：氣候異常，果實外翻，否則你看不見它的花開。那氣候異常到很厲害，它終於翻出來給你看見花，那機會很少。所以有的祖師就形容說啊：「優曇缽華三千年一開。」所以很難看見。說句老實話，三千年還不一定看得見；假使沒有很奇怪的氣候，導致它可能是基因突變或怎麼樣，其中有幾顆外翻出來，讓你看見它的花，否則你看不見。所以你們吃無花果的時候，咬到裡面有很多的種子。有沒有？它就是花在裡面，而種子就結在裡面，就是這樣。

所以我有一次去花市，看見一棵無花果，我就買回家種起來，種在盆子裡面；可是到冬天葉子都掉光了。它有兩顆果實，其中一顆比較大，另一顆比較小；我本來想：「熟了的時候記得要採收下來，至少拿來供佛也好，雖然只有一顆。」沒想到一忙就忘了，哪一天想起來，掉光了！一顆都沒收到，就只好等來年了。所以那個就叫作「優曇缽華」，賣的人也不知道。我就告訴他：「你如果以後再賣這個花，想要好賣，你就問問看人家有沒有學佛；如果他有學佛，你就告訴他這個叫『優曇缽華』，他就會跟你買。」他說：「喔，我懂了！」所以優曇缽華就是無花果，因爲它的花開在果實裡面，你永遠看不見。所以是不是三千年一開？不見得！搞不好五千年、一萬年都不開；除非某一個狀況，現在醫學名字叫作基因突變，或者氣候突變等，使其中某幾顆或者某一顆有那麼幾個外翻——變異了，外翻，你才能夠看見它開花。這表示什麼？優曇缽華那麼難見啊！

要聽聞這部《大法鼓經》也是這麼困難！那諸位也許想說：好像沒有困

難，因爲我現在就聽見了；可是不要不信邪，如來接著會解釋給我們聽。而阿難也覺得怎麼可能呢？所以他也要問，因此阿難就問說：「這些菩薩們從十方諸佛世界來到這裡，要聽這一部經，那難道不是一切諸佛都有這個法嗎？」好有一問，問得眞好！那一些十方菩薩們來這裡，顯然是在諸佛那裡聽不見這一部經。那諸佛知道 釋迦如來演述這一部經，告訴他們，所以他們來了。那就好像是諸佛如來沒有這個法，他們才要來娑婆世界聽聞，所以他提出這麼一問：「非一切諸佛有此法耶？」沒想到 如來告訴阿難說：「三世諸佛都有這個法。」這好像有點奇怪，「三世諸佛」不但是當下的十方諸佛，包括過去的已成諸佛以及未來諸佛，包括諸位；諸位將來成佛時也都有這個法，這樣聽起來不是很奇怪嗎？阿難就提出疑問來了：「如果像世尊您這樣講的話，那麼十方諸佛世界來的那些菩薩們，都是人中之雄，否則他們怎麼能夠來到這裡呢？其中有很多是憑自己的神通來的，不全部都是依據諸佛如來的神力加持。那如果諸佛如來都有這樣的法，那他們爲什麼全部都集合到這個地方來？」然後又問了個問題：「那十方諸佛世界的如來是什麼緣故，自己不在祂的淨土世界中爲大家演說呢？」阿難問的有道理呀！那我們

來聽聽　如來是怎麼開示的：

經文：【佛告阿難：「如有一阿練比丘隱居山窟。至時入村，方欲乞食，道見人獸諸雜死屍。見已生厭，斷食而還：『嗚呼苦哉！吾亦當然。』彼於異時，心得快樂，作是思惟：『我當更往觀察死屍，令增厭離。』復向聚落求見死屍，修不淨想。見已觀察，得阿羅漢果。如是他方諸佛不說無常、苦、空、不淨。所以者何？諸佛國土法應如是。彼諸如來為諸菩薩作如是說：『奇哉難行！釋迦牟尼世尊於五濁國土出興于世，為苦惱眾生種種方便說《大法鼓經》。是故，諸善男子！當如是學。』彼諸菩薩咸欲見我、恭敬、禮拜，故來會此。既來會已，或得初住、乃至十住。是故，《大法鼓經》甚難值遇；是故，十方大菩薩眾為聞法故普皆來集。」】

語譯：【世尊回答阿難說：「譬如有一個專門修『遠離行』的比丘，隱居在深山的洞裡面。他托缽的時間到了，進入村莊裡，才剛剛想要開始乞食，在道路上看見人以及獸類的各種死屍。看見之後，生起了厭離之心，於是斷除了食欲，而往所住的山洞回去了。心裡面想：『嗚呼！實在是痛苦啊！我將來也會像是這樣。』他在其後的另一個時間，由於遠離的緣故，心中得到了快樂，就這樣子思惟說：『我應當再一次前往那個地方，觀察各種的死屍，使我增加對於五陰的厭離。』於是又重新向聚落出發，尋求再看見死屍，方便他繼續觀修『不淨想』。他去到那個地方，重新看見人與各種動物的死屍以後，就繼續觀察，終於對飲食和五陰具足了厭離，而證得阿羅漢果。就像是這樣的道理，十方淨土中的諸佛，不演說五陰無常、苦、空、不清淨。為什麼是這樣呢？因為諸佛的淨土世界的法應當就是這樣。十方諸世界的如來為那一些菩薩們都這樣子說明：『非常地奇特呀！非常地難行啊！釋迦牟尼世尊在五濁惡世的國土中出興於世間，為苦惱的眾生們以種種的方便演說《大法鼓經》。由於這樣的緣故，你們這一些善男子！應當要這樣子修學。』那一些菩薩們因為聽了諸佛如來這樣開示，所以全部都想要看見我釋迦牟尼佛，前來恭敬、禮拜，所以來到法會這個地方。既然來到這裡互相聚會之後，或者得到初住位、二住位、三住位乃至於證得第十住位。由於這樣的緣故，說《大法鼓經》非常難以值遇呀！正因為這樣的緣故，十方大菩薩眾為了聽聞《大法鼓經》的緣故，全都來到娑婆世界聚集了。」】

講義：這一段經文 如來先作第一個部分的解釋：為什麼十方淨土世界的諸佛不演說這一部經典。那麼 如來就先說了一個譬喻：說有一個修遠離行的比丘，或者說修苦行的比丘；「遠離」就是遠離人間的種種享樂，這叫作「遠離行」。人間的種種享樂就是說：他具足了在人間生活所需要的一切資源。那如果人間一般都有的資源他事事匱乏、大部分都沒有；換句話說，他只是過著最基本的生活，那就是「修苦行」。為什麼說是苦行呢？因生活起來不充足、很匱乏，那生活是不愉快的。那最基本的生活是什麼？可以睡覺、不會餓死、不會挨凍、不會淋雨，這樣就是最基本的生活。如果可以吃得夠飽，那就不是基本生活；吃得夠飽就已經過分了！對啊！依苦行來講，吃飽就算過分了，所以只能夠維持不餓死，這是在吃的方面。至於好味道、裡面有足夠的油質，那已經是過分了；苦行是這樣修的，就是不會餓死的飲食上的基本。

那麼睡覺呢，不能要求說：我這個床鋪、這墊子最少要十幾萬元、二十幾萬元的。不可以這樣要求，可以睡覺就行。那麼可以睡覺，在古印度佛世的時候，修苦行的比丘可以睡覺的條件是什麼？是不潮溼，睡的地方夠柔軟就好。那也許有人想說：夠柔軟，那搞不好就是有個比較差的床墊吧？我告訴你：沒有床墊。是收集一些乾的樹葉，找個沙地鋪一下，那在上面睡得軟軟的，這樣就是最基本的臥具。那如果有個三件、五件僧伽梨，也就是僧服，那就把它鋪平；三五件鋪起來也睡得夠好了，這就是最基本的臥具，這才叫作遠離行——因遠離世間諸法。其餘的大致上依此類推，這就是遠離行。所以遠離行的生活是困苦的，因此又有一個名稱叫作「苦行」。所以「阿練若」其實說的就是「遠離行」，本意不是在說苦行，而是說他是「遠離行」，遠離世間諸法；因爲那種生活是困苦的，所以就叫作「苦行」。

這個修「阿練若」的比丘，他住在這個村鎮附近的山裡面。那山裡面因爲有時會下雨，所以應該要有山洞來住，就找一個山洞住下來。住山洞通常都是一人獨居，除非那個山洞很大。那麼比丘們古來是不生火的，都是托缽的，所以叫作「比丘」。比丘的本意叫作「乞食」，或者叫作「勤習」。乞食就是說：不論是食物或者法食，身爲比丘都要去乞求，這叫作「比丘」、叫作「乞食」。所以法上要求法食之時，就要向上位菩薩、向 如來或者向阿羅漢的師父——大阿羅漢乞求法食，所以叫作「比丘」。那麼「勤習」呢？有兩個意涵：一個就是精勤地修學熏習叫作「勤習」；另一個習是精勤地息滅煩惱，所以叫作「勤習」。

因此古時出家人都是不生火的，那是傳到中國來以後，百丈大師才設立有伙房生火；以前都沒有火，所以說出家人不食火食，也就是說要去托缽，自己不生火煮飯的。那百丈大師改變了這個規矩，是因爲中國出家人在名山、深山裡面，一上一下得要一天的時間，來往不是那麼方便，乞食很不容易所以才開伙；此後才有耕田種植的事，也才有居士奉獻了田地，把山裡面的田地奉獻給寺院；然後僧眾就「一日不作，一日不食」。是這樣來的。那麼比丘、比丘尼本來是不自己生火煮飯的，所以他們要去乞食。乞食的時間到了，譬如說快十一點了（就十點多將近十一點），那就要入村了，所以要到村莊裡乞食，因爲山裡面不可能有乞食的地方。他們修遠離行的人，在印度容易修「不淨觀」。

要修證解脫果，最困難的就是伏斷人間的五欲。五欲裡面最粗重的就是兩個：一個是精美的飲食，第二個就是男女欲，這兩個最難擺脫，其他的比較容易；因爲有的人、或有很多人他沒有想要擁有很多財產，他對名聲也沒有興趣，就是這兩樣最難遠離；所以男女欲跟飲食這兩個，是繫縛有情常住人間的最重要的因素，其餘倒也還好，比較容易斷。那修「遠離行」的人主要是針對這兩個部分，這兩個部分卻不容易修，特別是後代的學佛人。如來在世的時候，那時還好修，那時候窮人還眞不少。在印度，窮人家裡有人死了，沒有錢幫他買地埋葬，甚至於連幫他買一襲好衣服（我們中國叫作壽衣），連那個錢都沒有；不說古時候印度，現在印度都還有很多這種窮人，住在垃圾堆裡面；他沒有錢，家裡人死了怎麼辦？很辛苦、很辛苦存了兩、三年的錢，也才不過那麼幾文！就只好用他平常睡覺的草蓆捲一捲，把他裹起來；然後用個繩子綁了，雇個揹屍體的人，揹去棄屍林丟棄，這樣就完了。如果這家人跟他感情很好，積的錢稍微多一點點，就幫他買一些「白布」——沒有染色的布，這就比較便宜，當然不像現在漂白過那麼白，就是原色的布叫作「白布」；先把他包裹了，然後外面再用草蓆捲好再綁起來，雇個揹屍人揹到棄屍林去丟棄；在古印度這是很正常的事。

我二十幾年前去朝禮聖地的時候，還看見他們有一種房子很奇特，我也是今生第一次見到。因爲當時還沒有把往世的所知找回來，所以眞的是第一次見到。坐著遊覽車要去到另一個地方，那一段路途比較遠，所以白天也看見、晚上也看見。白天看見，不曉得那是什麼，以爲是什麼墳墓，因爲是一堆土這樣圓圓的，可是覺得奇怪，墳墓怎麼會開個洞？覺得怪，就是不懂。結果下午要到另一個地方去住飯店，車子走著越來越晚，已經到黃昏了，因爲我們去時已經是十一月（十月底十一月初），到五點多快六點的時候天晚了，看見野外有那個東西。欸！野外怎麼會亮？原來點蠟燭。啊！才知道：原來那看起來像是墳墓的土堆，是人家住的地方！一個個單身漢就住那種土堆中，都只能住一個人，因爲裡面暗就點個蠟燭，這樣過生活。那諸位想想：現在臺灣所謂的「修苦行」的人，生活都過得比那種人還好；但是修「遠離行」的人是連蠟燭都沒有，就三衣一缽，大不了加個戒刀就沒有了！

那麼修「遠離行」的人，那種生活其實就是這兩樣最難對治，就是「飲食」，好吃的，他忘不了；然後是「男女欲」。那有的人說：「欸！那些單身漢不都離欲的嗎？」不！他不是眞的離欲，他是討不起老婆，不是離欲。有人也許想說：「那老人不就離欲了嗎？」有嗎？所以離欲有一個定義，就是發起「初禪」，那才叫作眞正的離欲。那老人是因爲沒有性能力了，並不是眞正的離欲。所以離欲的定義就是「梵行已立」——清淨行已經建立，那就是已發起禪定作爲他的證明。

所以現代的人要修「不淨觀」、要離欲很難；但古印度修不淨觀很容易，因爲窮人很多；每一個市鎭都會有一個地方成爲棄屍林，沒錢的人把死後的家人就丟棄到那邊。如果要修「不淨觀」，就去棄屍林那邊看；看著看著，詳細地觀察了，然後閉起眼來再去觀想，觀想那個影像，讓自己生起對於這個色身的厭惡之心；接著進一步思惟：「色身之所從來是因爲飲食，如果沒有飲食，這個色身不能存在；那飲食吃進去以後，排泄出來是髒污不淨的；然後飲食之後縱使被身體吸收了，身體也是不淨的。」這樣來讓自己生起離欲之心，對於自我這個色身的執著就斷除了。所以這個「不淨觀」的九想如果修不成功，就去棄屍林，每天去那裡看；從這個青瘀想、膨脹想、膿爛想……等，這樣去觀察全部過程，一直到把一個屍體觀察到它變成白骨爲止。每天這樣觀察而不能成就「不淨觀」，天下沒這回事！那如果沒有屍體可以看，要修這個不淨觀就比較困難。

這個修「遠離行」的比丘入村想要乞食。人如果餓的時候，那飯、麵、雜糧都很好吃；不餓的時候就不會覺得很好吃。可是眞要餓得荒，什麼都好吃了；即使有一點臭酸味了，也很好吃；假使他三天沒吃了，只剩下那個，他也會覺得很香美。餓上三天，吃那個有一點餿的食物，保證不會瀉肚子，因爲吸收都來不及了！眞的這樣。所以你看那個流浪漢，說他餓了兩天了，他從人家那個餿水桶撈出來吃，他卻不會壞肚子。他就是不會！因爲吃都不夠了，這是事實。

那這個修「遠離行」的人如果因緣好，要去乞食，路上看見人獸諸雜死屍，那是他修行的好機會。眞的，是好機會！所以他在那邊藉此機會觀察，觀察了以後當然會生起厭心：「啊，原來再過幾年，我也不免如此！」他會這樣想。那飲食吃了，再怎麼香美，吃了也是一樣，他心裡面就想：「不要再吃了！再吃、繼續吃就越貪愛，越貪愛就會輪迴生死。吃是爲了照顧這個色身，那照顧這個色身，結果就是繼續輪迴生死。」就像有人看見車禍血肉模糊以後，回到家吃不下飯一樣，所以他「斷食而還」，心裡面想：「嗚呼苦哉！」「嗚呼」就是非常地感嘆，就講說：「啊，眞的是太苦了！」對呀，在人間修「遠離行」怎麼能不苦？如果住在王宮裡面享受，當然不苦；但是在人間修遠離行，然後又看見人獸的死屍，當然覺得人生是苦，馬上聯想到自己。「**當然**」，「當」就是未來，目前還沒有到的時候，將來也會是這樣子。所以他這樣想的時候，對於色身的執著就減輕了，那個負擔減輕了，對於飲食的執著也減輕了。

因爲這個煩惱減輕了，所以他覺得心裡面快樂，這表示修行進步了。所以他就想：「**欸！我心中得定了。**」於解脫之道的修行心中得定，不會再有很多像以前那樣的煩惱，於是在另外一個時間，他又想要去看。所以他得到快樂以後，心裡面的想法是：「**我應該再前往那個棄屍林，再去觀察那些死屍，來使自己的厭離心可以增加。**」這是他的想法，這才是眞正修行人的想法。可是如果是現在那一些密宗的喇嘛們，他們會怎麼樣？他們一定遠遠看見了，轉頭就走、掩鼻而行；因爲他們要追逐五塵之樂啊！所以他們一定說：「**唉呀！那個不好，趕快走、趕快走！**」但是修遠離行想要解脫的人呢，反而是要靠近去觀察；臭才好！不臭不能夠增長他觀行的成就，反而是要臭而且很醜陋。因爲首先是青瘀，皮膚變黃，然後有烏青色的斑點出現；接著就會開始膨脹，膨脹起來就很難看了！然後呢，接著就是爆裂……等，那會有許多的過程；接著會有蛇鼠來咬、或者野狗來咬，就是一片狼籍，骨肉狼籍等等。那個過程都是很臭又很難看的，那這樣子，他的這個「不淨觀」一定可以成就。

有的人不能成阿羅漢，問題就出在「貪欲」；其他的部分都對治了，可是貪欲沒有對治，所以他永遠不能成就。這時候，他只要這個厭離成就，藉著不淨觀修「厭離想」；厭離想成就，他就可以成為阿羅漢。所以成就阿羅漢的障礙有很多種：有的人對於世間名放不下，有的人對於瞋恚心捨不了……等各有不同；其他的部分都對治好了，但是這個部分對治不了，他就沒有辦法成為阿羅漢。所以有的時候有弟子來求見 如來，說他始終沒有辦法成就解脫。如來觀察他，知道他的問題是瞋心斷不了，其他都沒有問題啊，就只有一個瞋心。所以 如來告訴他：「**你得把瞋心斷了才行。好好去作慈心觀，把瞋心斷除了！**」於是他去修慈心觀成就的時候，瞋心斷了，他就成阿羅漢了。

所以不能從表相上來看，說：「**人家有的阿羅漢是斷瞋成就的，那為什麼很多人斷了瞋都不能成為阿羅漢？**」因為他的問題不在瞋，而是在貪！或者貪名、或者貪男女色、或者貪財產、貪其他的。有的人是因爲智慧不夠，而貪、瞋方面他都沒有問題，單單智慧不夠，那「五停心觀」裡面有一個「因緣觀」可以教他，他去修這個法以後就懂：「啊，原來五陰都是虛妄的！」他就可以成阿羅漢。所以「五停心觀」雖然是對治法，但就是對治他所無法突破的那個問題；所以「五停心觀」雖然是「助道法」，不是眞正的法，但是對於不能突破的人來說，五停心觀中的某一種就是對治法；就可以使他成阿羅漢，就成爲眞正的法。

那這個修「遠離行」的比丘就是這樣，他第一次觀察以後，煩惱減輕了，對自我的執著、對飲食的執著都減輕了，所以心得決定。他煩惱減輕時就覺得快樂，覺得快樂就心得決定。心得決定時就想：「**我應該再去深入觀察。**」所以他就會再去棄屍林觀察。那這個當然是眞正求道的人才會這樣，如果是現在一般出家人，你看外面有些比丘們、比丘尼們，如果有死人，他們會怎麼樣？逃之夭夭！還跑過去看？去看死人很容易斷除那一些貪愛，特別是什麼？車禍很嚴重的、血肉模糊的，看上一遍，保證你三天不想飲食。眞的！你說，有時候人家在鐵軌上臥軌自殺，火車輾過去……。我記得我小時候去看過一次：有人自殺，小孩子好奇就跑去看，然後三天吃不下飯！如果到那個棄屍林，屍體被野狼、野狗或者蛇、鼠咬過，血肉模糊的時候，比嚴重車禍或是臥軌自殺還要難看！一定可以斷貪欲。斷貪欲不單是斷飲食貪欲，男女貪也可以斷，這是絕對的；如果有機會你們去體驗看看。我說的是眞實語，不騙人！

那麼在古印度追隨 如來的時候，大部分比丘們都去棄屍林看過，這是事實。那這個人想：「**我應當前往再一次觀察死屍，使得我對於厭離心可以增長。**」他這樣想是正確的，所以又向聚落前往。在前往聚落的山下，快要到聚落的路程中，就是會遇到棄屍林，然後他就這樣子，再去找那些屍體去修不淨想。他繼續再深入觀察以後，他的定心就更增長，絕對不改易；所以更加深入觀察、定心更增長，他就把欲貪斷了，就成爲阿羅漢。

可是現在點出個問題來：十方諸佛淨土世界裡都不是人間這種色身，大部分屬於欲界天的世間；其中也有少部分是屬於色界天，譬如初禪天的世間，那種淨土世界不會看見死人的；就算死了給你看見了，也不會血肉模糊、不會骨肉狼籍。譬如說在「欲界天」五衰相現，所謂花冠萎悴、腋下出汗……

等，那五種衰相開始出現的時候，快死了；但死了以後就消失了，沒有屍體可以給你看，更不要說骨肉狼籍！所以那種淨土世界不可能修不淨觀的。

在那種淨土世界的日子好過啊！譬如說極樂世界好了，往生去極樂世界，除了上品上生、中品上生以外，都要待在蓮花裡面。那個蓮花寶宮寬十二由旬，要吃的有吃的，要穿的有穿的，要什麼都有什麼，那日子好過啊！他哪裡去見死人？那他每天飲食的時候，他會覺得那飲食是不清淨的嗎？不會呀！所以在那種地方要修不淨觀很困難，因爲連個死人都沒有。

那如果是欲界天那一種的淨土世界，雖然也有龍、有金翅鳥，可是牠們死了就不見啦！也沒有屍體可以觀察，所以修不淨觀很困難，因此諸佛不會跟他們講：「**這個五陰苦啊、空啊、不清淨啊、無我啊。**」雖然諸佛會爲天眾講無我，可是不會講不淨觀。但是假使我們地球所有學佛的人，以四王天的壽命來講好了，人間五十年是他們的一天，三十天是一個月，一年有十二個月，壽命五百歲；這樣等於人間幾年？一生等於人間九百萬年。好，如果你的壽命九百萬年，我跟你說：「**這個五陰無我啦、無常啦、苦啦、不清淨啦、終歸於空啦。**」聽不進去了！對吧？一定的啊！你想想看：人如果可以活九百萬歲，一定是生活資具充足，不虞匱乏，不會覺得是苦。那現在人類之所以覺得苦，還有一個原因，說：「啊，最疼我的爺爺怎麼突然走了！」那爺爺走了以後，再過個二十年、三十年，換他的父親、母親走了，所以他會覺得苦。他的父親、母親也走了，表示說他的年紀也開始有了，然後就有很多生活上的苦、愛別離等等都會有。

如果是可以活九百萬歲的人，一定是生活不虞匱乏，想要什麼就有什麼，他當然絕對不會覺得苦。你跟他說「空」，他說：「我擁有這兩三億元雖然不算很多，不過我一直都保持著，你爲什麼說一切都空？欸！我賺的這兩億元、三億元到現在都還在，我利息都吃不完呢。」你跟他講空，他不相應。你跟他說「不淨」，「哪有不淨？我每天吃香喝辣，身體洗得很清潔還噴香水。什麼地方不淨？」他聽不進去！在那種淨土世界，吃的飲食很精細，吃了就化掉了，沒有排泄物。你告訴他說食物不淨，他也聽不進去。而人壽九百萬歲，你告訴他說「無常」，他說：「我活了兩百萬歲，現在還很健康呢！」也聽不進去！所以說，在諸佛如來那種淨土世界裡面，不會告訴大家說：「五陰無常、苦、空、不淨。」當然會說「無我」，爲什麼無我，因爲是緣生緣滅。「緣生緣滅」的道理諸佛如來會告訴他們，讓他們理解、讓他們聽懂；可是懂歸懂，他就眞的接受「無我」嗎？不會接受啊，因爲他有九百萬歲的壽命呢。

那如果以忉利天來講的話，那個壽命又更長，不是只有加倍而已。所以在那種淨土世界裡面，諸佛如來不爲那一些菩薩說：無常、苦、空、不淨；因爲不淨看不見、苦也不覺得，想要找一個什麼叫作「苦」，還眞的難！除非他九百萬歲快終了，但這種人終究只是少數！那你要講「空、無常」都難啦！所以諸佛如來不說這一些法。好，今天講到這裡。

今天好像是春天到了，這叫作氣候暖化；眞正冷的日子應該是還沒有到來，應該到農曆年前後才會眞的冷。且不談它。上一週《大法鼓經》講到第三頁、倒數第六行、最後一句：「**如是他方諸佛不說無常、苦、空、不淨。**」好像講完了是吧？講了喔！可是爲什麼「他方諸佛不說無常、苦、空、不淨」？總得有個原因，俗話講「事出必有因」，我們學佛的人更應該瞭解：法界中任何事情都有其因，不可能無因而有。那麼現在 如來說出這個事情了，我們當然就要去探究：「**爲什麼諸方如來不說無常、苦、空、不淨？**」設法試想一下：「如果你所住的世界裡是純一清淨世界，沒有疾病、寒熱，也根本餓不著，而且壽命極長。」如果是這樣的話，告訴你說「生命無常」，一定聽不下去。因爲假使人壽是超過四王天的九百萬歲，那它的時間又特別長，因爲它的一天是人間五十年；你告訴他說：「人壽不長，不得堅住。」他想：「我都已經活過一百萬歲了，現在都還在這裡。怎麼會無常呢？」他沒有反駁你說：「我應該是永生不死的！」那就夠好了。

一神教的《聖經》不是說上帝是永生不死嗎？爲什麼他會這樣講？因爲他看著人間的人幾十歲死了，大不了一百來歲死了，然後認爲自己是常住的；因爲自己一直都在啊！所以他也不是故意說謊，他只是不知道自己有一天也會死。老實說，他的壽命有沒有九百萬歲那麼長？也難啦！因爲他上不了四王天，他住在須彌山腳下，所以信徒祭祀的時候，要用生鮮帶血的生肉。道教的神祇你如果供奉三牲、五牲，還得要煮過，不吃生的。可是那一神教的上帝他要吃生的，那你就知道上帝，不說忉利天，連四王天他都上不去了，到不了須彌山腰啦！那就是活在須彌山腳下的有情。

那他看著人類生了又死、死了又生，他就想自己是永生不死。可問題是：

他到底會不會死？會啊！他不過是比人類活久一點罷了，還及不上四王天的天人壽命呢！但他不是故意要說謊，是因爲他自己也不知道壽算有限，所以就很自大起來：「**我永生不死！**」這只要是一個懂三界悉檀的人、懂世界悉檀的人，跟他講講三界的境界，他聽了就會懂：「**啊！原來我算是短命的！**」那他們自己宣稱的永生不死，是不合邏輯的；因爲有生必滅，只有法爾而在、法爾而存的、不曾出生過的，祂才不會滅；只要是有出生過的，他就會死。可是上帝不懂邏輯，他認爲自己是永生不死的。

那諸位想想看：在須彌山腳下，活不上九百萬歲的人，都會自認爲永生不死。如果是生活在諸佛清淨世界的人呢？他們壽命很長，譬如說生在極樂世界，永遠不死。那麼永遠不死的人，你跟他說無常、苦，他信不信？在那種純一清淨世界，日子很好過，要什麼有什麼，不懂得什麼叫作「求不得苦」等等。譬如說：生到極樂世界去，蓮花還沒有開敷時，他在那個蓮宮寶殿裡面住，方圓十二由旬那麼寬廣，夠他玩了，又不虞吃穿；假設你能進入他的蓮宮寶殿中，你告訴他說：「**凡是有眷屬時，眷屬也是無常。**」他就不懂：「**我哪來的眷屬？我就一個人，沒有眷屬啊！**」你跟他講眷屬無常，他不能體會。

那你跟他說：「這五蘊的存在，本身就是個苦。」他不會接受的，他想：「我在極樂世界這大寶宮殿裡面住著，無憂無慮；我要吃臺灣的永和豆漿也有，我要吃它的燒餅也有啊，我要什麼都有；沒有什麼苦可講，也沒有求不得苦。」在那個狀況下，他也不可能求名求利，因爲不需要啊。求名求利一定是相對於別人才會有，但他孤家寡人一個，住在大宮殿裡面，要求什麼名、求什麼利？所以「求不得苦」對他而言也不存在。

那四王天以上的境界都不會生病，所以也沒有病苦。說八苦裡面，你要找到哪一個苦跟他講都很難呢。我們說五蘊熾盛之苦，對外人也是不容易講，得要諸位才能聽受；去外面講，人家還不接受。所以你跟他說苦，他們很難信受，跟他說：「一切本來都是有生之法，有生則必滅，終歸於空。」他們會這樣想：「我在這裡已經住了幾百萬年了，這宮殿好好的，那所有的器物也都沒有壞，怎麼會空呢？」他信不及。在那種諸佛純一清淨世界裡面，你跟他說：「唉呀！世界不清淨啦。」他說：「哪有？我連灰塵都摸不到！」跟他講說什麼身根不淨，「哪有？我這個身體很清淨啊！」在極樂世界都是蓮花化生，當然是清淨，所以你要跟他講這一些都很難。

這樣有一個道理，諸位就得懂了。為什麼持名唸佛而得到上品下生或者下品往生，在那個大寶蓮花宮殿裡面安住的人，要聽那個七寶池的水尋樹上下，演說「苦、空、無常、無我」要聽那麼久的道理。懂了喔？想想看：不說那個下品生，單說上品下生吧！生到那裡去，我記得是一日一夜花開，七天之中方能見佛，上品下生喔。那裡的一天是這裡的一個大劫，除了睡覺、吃他喜歡的東西，他最主要的事情就是耳根不斷地聽：「苦、空、無我、無常、四聖諦、十二因緣」，還要不斷地聽，聽一整天，等於這裡一個大劫；最後終於信了，然後才能夠花開見佛。

諸位！如果讓你聽上一個大劫，你覺得如何呢？我跟你保證：根性再差也會信！因為一遍不信的話，講十遍；十遍不信，講百遍；講一百遍不信，講一萬遍、一千萬遍，總歸會信啦。那如果一年的時時刻刻都跟他講，他不信，那就兩年、十年、一百年、一萬年、百萬年，這樣一直講下去，沒有人會超過一個大劫還不信的啦！諸位想想看哪，所以如果是下品生人，不管他是下品的上生、中生或下生，那得要聽更久；因為他的心性不夠好，所以「下品上生」在蓮苞裡面要住七七日，然後終於花開，見到佛菩薩的化身跟他說法，才終於產生信解，還要在那裡修行十小劫才能入地。那裡一小劫等於這裡多久？諸位把算盤撥一撥，看是娑婆世界的多久？但是爲什麼這麼困難？是因爲那個環境讓他很安逸，很安逸就無法去體會無常、苦、空、無我。

所以在這個人間，狀況有點類似。一個大富大貴的人，你跟他講「苦、空、無常、無我」，他不願意聽；假使一個窮乞丐，乞討三天還得不到一頓飽飯，那你跟他講「苦、空、無常、無我」，他一定信。就好像昨天或前天，那新聞報導說遊民，寒流來時太冷了，沒地方躲，就到銀行提款機那個小房間裡面，地上有個橡皮墊，就躺在那邊睡覺過夜。如果你拉了他，告訴他：「人生苦、空、無常、無我。」他一定接受。但是有的人不能體會他們的苦，還去檢舉說：「你看！怎麼睡到這個地方來？我們礙手礙腳！」可是我看那個影像，還有一段距離啊。他在寒冷的日子寒風刺骨，連個襪子都沒有，就睡在那個地方！怎麼不設身處地想一想說：「這個人很可憐喔！」我要說老實話：「你沒幫他買一件被子就已經夠刻薄了，你還去檢舉說他睡在那裡，讓你不方便！」還要找人來攆他走；所以那遊民你跟他說無常、苦、空、無我，他一定會接受。他覺得說：「啊！果然眞苦呀！」所以如果廣有錢財而又很容易就接受佛法，這個人一定已經修行很多、很多劫了，才聽得進去「無常、苦、空、不淨」等。

但是諸佛的純一清淨世界，不跟他們說無常、苦、空、不淨等法，也不跟他們講世界不淨、根身不淨，因爲他們的身體就是跟天人一樣，除非要捨壽了，才會有五衰相現。可是諸佛如來的清淨土沒有捨壽的時節，所以連五衰相現的現象也沒了，你要告訴他「不淨」時眞的很難呢；所以說：「他方諸佛不說無常、苦、空、不淨。」所以 世尊作了一個結論說：「所以者何？諸佛國土法應如是。」

就好像《無量清淨平等覺經》講的：「極樂世界大地，黃金鋪地，那地是軟綿綿的，不會說你走路走上兩個小時腳底板痛了，不會呀；那裡的生活一切具足，不需要憂愁，也不用朝九晚五趕著上下班；那裡不用賺錢，哪裡辛苦？要什麼有什麼。」所以不要想說：「我要生到極樂世界去，我要當大老闆。」沒有大老闆可以給你當啦！大家都不用賺錢，你當什麼大老闆？所以學法有的是時間，因此除了睡覺以外，統統在聞法；理論上講，這樣修行進步應該很快呀，可是因爲那個環境太好、日子太安逸了，所以修行反而慢。

這就是諸佛如來爲什麼不講「無常、苦、空、不淨」的道理。

在這種情況下，十方淨土世界的如來爲菩薩們這樣子講：「奇哉難行！釋迦牟尼世尊於五濁國土出興于世，爲苦惱眾生種種方便說《大法鼓經》。是故，諸善男子！當如是學。」諸佛如來總是慈悲到底，有這麼好的機會，就告訴座下的弟子們：「娑婆世界釋迦牟尼佛出現在五濁惡世，在不安穩的、不清淨的娑婆國土出現在世間；這時候即將爲苦惱眾生，用種種的方便來演說《大法鼓經》。正因爲這個緣故，所以善男子們！你們應該這樣學呀。」那十方世界的諸佛如來座下弟子們聽到了，當然要依教奉行，所以向諸如來請求送他們來到娑婆世界。因此世尊告訴我們說：「彼諸菩薩咸欲見我、恭敬、禮拜，故來會此。」因覺得很稀有啊，如果不是稀有，十方如來不會這樣講的。這是一個機會，這機會不是時時有。

有時候，大老闆們自己的孩子不自己教；要讓他來承接自己的事業之前，先把他送去給別的公司去教、去人家公司那裡學，一板一眼學上來，他就懂得公司的規矩是怎麼樣。因爲平常在家裡呀，他老是跟老爸吆吆喝喝的；進了公司呢，你叫他不可以這樣作，他也會跟你爭辯，講得好像他還比你更有理；就把他送去別的公司讓別人教，能不能賺錢是其次，要讓他學到那些規矩和公司的倫理、制度，所以規矩他得要先學會呀！然後讓他回來，一樣讓他從基層幹起；只是讓他升遷快一點罷了，這樣才有辦法維持自己這個大事業繼續興盛和存在。

他方世界淨土中的諸佛如來也是一樣，有些法不適合自己教；在那種純一清淨佛土裡面，你要跟他講無常、苦、不淨很困難啦！乾脆讓他們先去聽聽釋迦牟尼佛怎麼開示？先去看看娑婆世界的有情過什麼樣的生活？回來之後再跟他講這個道理，他就懂了；否則他都得憑想像而無法現觀，憑想像就無法如實信受，不信受就是「不忍」，所以故意告訴他們：「釋迦牟尼如來在五濁國土出現在世間了，祂要解說《大法鼓經》；祂會用種種的方便來演說，這是非常奇特的。講這一部經也不是容易的事情，你們應當去學！」所以他們聽了，產生了一個稀有之心，因此就請求諸方世界各自的如來送他們來到娑婆世界。

所以，諸佛如來之間沒有一點點的芥蒂存在，在人間可不同了！某甲大師的徒弟說：「我要去參訪某乙大師。」他一定說：「不用去啦！我教你的還這某乙也告訴他：「**不用去，我這裡的法已經夠勝妙了！**」都是這樣啊。我有沒有阻止你們去參訪什麼大師？那你們為什麼不去？為什麼不去？嗄？喔！他們沒有法，原來如此！諸佛就是這樣，自己有無量無邊法可以給弟子們，但諸佛如來也都如此互相心知肚明，所以諸佛如來們不會禁止弟子們去別的世界；甚至於釋迦牟尼佛還告訴我們說：「**到最後末法百年的時候，沒有辦法修學佛法了，那大家就去極樂世界吧。**」一點點私心都沒有！

所以 釋迦如來還告訴大家十方諸佛世界的事，那十方諸佛如來當然也會提到釋迦如來；因為很少有佛願意在人壽百歲時來五濁惡世之中。壽命短而且又是五濁惡世時，沒有多少如來願意這樣來示現的；但 釋迦如來就這樣來為我們示現，這當然值得十方如來讚歎了。

我剛說諸佛之間沒有任何隔閡，譬如說：觀世音菩薩是 正法明如來倒駕慈航，維摩詰菩薩是 金粟如來倒駕慈航；文殊師利菩薩呢？祂不只是「七佛之師」，祂也是 龍種上如來倒駕慈航來的；已經成佛了而願意來 釋迦如來座下扮演一個菩薩的角色；如果心有疙瘩，不可能的啊！所以修行到某一個地步以後，那些疙瘩都不會存在。就像我告訴諸位說，將來我如果成佛了，也會找個空檔再看看 釋迦如來現在在哪裡？我去當個妙覺菩薩也不錯啊；反正閑著也是閑著，就去配合演一場戲，也是作一種很微小的報恩之舉。所以諸佛如來互相之間沒有絲毫隔閡，現在有這個機會，可以讓他們來看看五濁惡世是怎麼回事，去聽聽 釋迦如來是怎麼開示的；因爲自己教已經教很久了，拉拔不起來，就把他們送去給 釋迦牟尼佛教一教。我孩子去你那邊讓你教，你的孩子派過來，我來教，道理是一樣的。

既然說：「**諸善男子！當如是學。**」所以他們就來了。他們就很敬仰 釋迦牟尼佛，想要來親見、想要來表示恭敬、想要來禮佛啊。不要小看恭敬和禮佛這回事咧。《觀經》裡面說：「**只要唸佛號一聲，滅卻多少罪？八十億劫生死之罪呀！**」諸位想想看，單單唸一聲佛號喔！那如果是禮佛一拜呢？這滅罪當然更多了！因爲每一個人都有無量的生死，以前經過無量不可計數的生死了，八十億劫生死中所造之罪想起來好像很大，可是你從無量生死來看只有一點點；雖然只是一點點，但是比起人們百歲人壽的現在來講，八十億劫生死那就很長了，所造的罪當然更是多了。所以恭敬諸佛很重要，禮拜諸佛更是重要。那他們想要來親見 釋迦牟尼佛、想要來恭敬 釋迦牟尼佛、禮拜 釋迦牟尼佛，所以藉著諸佛如來的威神之力，就來到了這個世界。但他們是純一清淨世界，不像我們在人間這個肉身很粗重，所以一下子就到了。

於是世尊就說了：「既來會已，或得初住、乃至十住。」那諸位想想：從十方諸佛世界來到這裡的那一些佛弟子們，他們都是從諸佛清淨世界來的，他們的證量高不高？高喔？世尊都講了：他們來娑婆世界聽了 世尊的《大法鼓經》以後，「也許得到初住位，也許二住、三住，最多可以到十住位。」十住位是什麼境界？就是我們會裡面「眼見佛性」的境界。那如果是初住，才是剛開始修布施行而已。換句話說，諸佛如來講六度波羅蜜，他們不一定信；只是因為那裡生活太好了，所以姑妄聽之、姑妄信之，還沒有打從心底信受啦。所以諸佛如來也是恨鐵不成鋼，唉！送去給 釋迦牟尼佛教教吧！希望他們來到娑婆世界看過了這裡的人們如何生存時，又聽聞佛法之後，至少可以超過十信位，進入初住位；搞不好有的人就開悟了，出到第七住位；搞不好有的人因此眼見佛性了，出到第十住位。多棒！

因為如果不是這樣，他們繼續住在諸佛如來的清淨世界裡，可能還要經過很多、很多劫，都還到不了初住位。那如果要再進入到十住位，可能他們那裡的時間要經過第一大阿僧祇劫。在這裡，一大阿僧祇劫過了就到「初地」了；他們一大阿僧祇劫能夠入「十住位」就要偷笑了，所以諸佛如來乾脆送他們來給 釋迦牟尼佛教導。可是 釋迦牟尼佛也沒有見怪說：「欸！你們不教，送來給我教？我幫你們『生兒子』喔？」沒有這回事，如來一定都是多多益善！所以諸佛如來都沒有計較眷屬這回事。

因爲每一個眾生可以親見很多尊的佛，如果這個人適合到某個世界，就告訴他：「你去哪一個世界。」諸佛如來都是如此的。那 世尊接著就開示說：「就因爲這個緣故，所以《大法鼓經》很難得值遇。」確實很難值遇。諸位想想看啊：中國千年菩提路來到今天，你們聽過誰講解《大法鼓經》？沒有！其實咱們往世講過、聽過，你們應該有不少人聽我講過，只是沒有記錄下來；至於其他的善知識，你要期待誰跟你講？那機會不多啦。所以即使釋迦牟尼如來已經講過《大法鼓經》，我們在這個娑婆世界法尚未滅，依舊不容易聽聞，所以 世尊說：「甚難值遇。」一點兒都不過分。

然後 如來就解釋說：「正因爲是這個緣故，十方大菩薩眾們爲了聽聞正法的緣故，所以普皆來集。」這表示甚麼？表示從十方世界來的菩薩眾之中也有大菩薩，不全然是十信位裡面的菩薩。因爲在清淨世界裡面，如來不講《大法鼓經》，是因爲《大法鼓經》所說的包括不淨法，把它函蓋在「非法」裡面，因此十方世界的大菩薩們有的或許以前聽聞過別的如來講過，就來溫故知新也不錯；也許以前沒有聽某一尊如來在五濁惡世如何講，就來聽一下也很好；所以那一些大菩薩眾也爲了要聽聞這一部經，也跟著一起來到了娑婆世界。接下來，阿難心中有他的想法，那我們來看阿難尊者怎麼說：

經文：【阿難白佛言：「善哉！善哉！一切善來，彼悉得此難得經法。」佛告阿難：「如是深經，非一切共。是故不應說言：『一切善來。』」阿難白佛言：「何故彼非一切善來？」佛告阿難：「此經典者，是諸如來祕密法藏，甚深微妙，難解難信。是故，阿難！不應說言：『一切善來。』」阿難白佛言：「非如波斯匿王臨陣鬥時擊大戰鼓，其聞聲者一切箭落耶？」佛告阿難：「波斯匿王擊鼓戰時，非彼一切聞鼓聲喜；有怯弱者，聞而恐怖，若死近死。如是，阿難！此《大法鼓經》名，是二乘之人不信法門。是故，阿難！譬如彼王至

鬥戰時擊王大鼓，此《大法鼓經》諸佛祕密，佛出世時爾乃演說。」】

語譯：【阿難尊者聽完如來的開示以後，就說：「非常好啊！非常好！一切菩薩們都來得好啊！他們都可以得到這個很難得的經中法義。」佛陀告訴阿難說：「像這樣的深奧經典，不是一切人共同都可以得法的。由於這個緣故，不應該說：『一切人都來得好。』」阿難稟白如來說：「是什麼樣的緣故，他們不能夠說是一切善來呢？」佛陀告訴阿難說：「這一部經典的內容，是諸佛如來的祕密法藏，非常深奧、極爲微妙，難以理解，也難以信受啊。由於這個緣故，阿難啊！不應該說：『一切菩薩們來得好啊。』」阿難稟白佛陀說：「不是就像波斯匿王面臨軍陣而要戰鬥的時候敲擊大戰鼓，所有人聽聞鼓聲的時候，是不是都害怕，箭都抓不住而掉落嗎？」佛陀告訴阿難說：「拘薩羅國波斯匿王敲擊大戰鼓而開始戰鬥的時候，並不是所有一切人聽聞到鼓聲都會起歡喜心的；有的人心性怯弱，聽聞大戰鼓的聲音，心中就開始恐怖起來，就好像死掉一樣，或者幾乎要死掉一樣。就像是這個樣子，阿難！這一部《大法鼓經》的名號，是二乘聲聞之人不信受的法門。由於這個緣故，阿難！就譬如波斯匿王到了戰鬥的時候，敲擊國王的大鼓，這個《大法鼓經》

是諸佛的祕密，佛陀出世的時候，那時才會開始演說。」】

講義：剛才聽完 如來的開示，阿難尊者心裡面想：「眞的是太好了！這一切菩薩們都懂得要來聽這一部《大法鼓經》。眞好、眞好！他們來聽了，一定會得到這個勝妙的經典說的法義了。」因爲阿難不看輕一切人，阿難一向慈悲；他都不會排斥任何人，他的心性非常好，他都從好的一方面去想。但問題是他這麼一講，如來潑了他冷水，就告訴他：「這樣的深奧經典的法，不是一切人都能得到。」「非一切共」就是非一切人都能夠證得，所以制止他說：「由於這個緣故，你不應該說：『一切善來。』」這有道理啊！因爲這部經講的法太深奧，有的人因緣還不具足，都還在十信位中，沒有辦法信受這一部經法。

這時候也許有人想：「既然如此，爲什麼十方世界諸佛如來要叫他們來？」一定有人這樣想。這其實也不奇怪，因爲有的人就像《佛藏經》講的，往昔曾經謗法或什麼原因，所以他要與正法相應是非常困難的。其實他們來了，沒有辦法得法也沒關係，至少讓他們來見見 釋迦牟尼佛、見見這裡的世界，讓他們聽一下《大法鼓經》這一部經的名號與法義也很好。一部經的名號並不是每一個人都能夠信受的，要不信的話，咱們提一下吧。譬如說：在娑婆世界這個年代，《華嚴經》講的是「大方廣之法」，來顯示佛法是多麼富麗堂皇與勝妙，所以才說是很莊嚴的一部經，叫作《華嚴經》。可是到這末法時代，有好多大師都不相信《華嚴經》是佛講的，都說那是後代佛弟子們創造的。

又如那麼勝妙的一部《楞嚴經》，那是諸佛如來的密因，是菩薩六度、十度萬行才能夠成佛的內容與依據。那麼成佛是依據什麼？依據這一部《楞嚴經》講的眞如佛性。可是竟然有好多人不信受《楞嚴經》，幾乎是異口同聲指責說那是僞經。如果不是我們把它講完了，也整理出版了，還會繼續有人指稱、指責說那是僞經。你看，要他們信受多麼難哪！

就像《楞伽經》，當年釋印順也講過《楞伽經》，但我覺得很難懂的就是：當他否定了如來藏，是怎麼講《楞伽經》的？那部《楞伽經》明講第八識如來藏！所以後來演培法師把他的演講錄音整理成書，寄來給釋印順，要求他寫一篇序文。那我就說，演培法師是糊塗了！他也不想一想說：「釋印順後來是否定如來藏、否定阿賴耶識的，心裡一定懊惱著說：『我以前為什麼要講《楞伽經》！』」他就沒想到這一點，還送來給釋印順，要求他寫序；結果釋印順會不會幫他寫序？不會啊！所以要請人家寫序，也得要去弄清楚。這演培法師也弄不懂什麼原因，結果就在書裡面自己寫了一篇序，且說明了這個原因，說釋印順沒有寫序。他也眞夠直心。他沒弄清楚釋印順後來是否定第八識如來藏的，連出版都不想，怎麼可能再爲他寫這一篇序呢？所以深奧的經典所講的法太勝妙、太深奧、太廣大，眾生不容易懂，那你要他信受是很困難的。

所以你看，釋印順後來不信《楞伽經》。他一定是講完之後，後來有一段時間改信密宗應成派中觀的六識論而改變心意，認定《楞伽經》是後代佛弟子們集體創作的，不是 如來講的，所以後悔講過那部經；可他沒想到我蕭平實不但把它講了，還把它整理了出版。雖然我的《楞伽經詳解》有一點文言化，其實也不全是文言文；但是印順的文學造詣不錯，他應該讀懂我的詳解，我也有寄給他。那他應該想：「欸！我以前講的《楞伽經》看來還是不錯，後面蕭平實也講啊。」可是他終究沒有覺得喜歡，特別是我從第三輯開始把他寫在書裡面辨正以後。

這是一位沒有得罪我而被我寫進書裡面的人，第二個就是達賴；只有這兩位沒有毀謗我而被我寫在書裡面；其他我寫進去都是因爲私下抵制正法而得罪了我，那我要救他們啊！我這不是報復。我如果要報復，簡單講一下，把他們摺倒就好了，何必講到那麼詳細？那這兩個人是沒有得罪過我，被我寫上去的；因爲他們對佛教的影響太大，我不能不評破！

話說回來，想想看《華嚴經》、《楞嚴經》、《楞伽經》，都是佛教中不能或缺的經典，不論缺了哪一部，佛教的法義就不完整；可是他們都不信，一天到晚掛在嘴裡說：「大乘非佛說。」顯然他們對大乘經那一些經名也不想聽。可怪的是，密宗喇嘛教那部《大日經》呢，釋印順是蠻有興趣的，這倒讓我百思不得其解！後來看看他主張的「常住法」是什麼？是意識啊！我才弄明白：「啊！他是明著貶抑密宗，暗著支持密宗；因爲他要使密宗的『應成派中觀』意識境界思想，可以繼續存在於人間，所以他對密宗是明抑暗褒、是獎助它的。」我後來知道這一點，心裡面就想：「原來他們是一丘之貉、同路人哪！他只是不支持密宗的雙身法罷了，所以他是支持密宗的六識論中觀。」因此大乘經凡是講解了義法的經典，眾生都不容易信受，更何況《大法鼓經》呢！

因為《大法鼓經》講的法是深妙法，所以他們不容易信受；得要經過很多劫的時間去聽聞、熏習，使得心中對於這些經典信受的信心漸漸發芽，所以讓他們來聽一下有這一部經也不錯；然後將來諸佛如來在淨土世界中，如果要講這一部經時，弟子眾們就會想：「**我以前去娑婆世界釋迦如來那邊，也聽過這一部經的名稱和內容。**」那諸佛如來講這一部經時，他們可能就會信，所以先讓他們來聽聞這部經的經名也不錯。所以說這部經「**非一切共**」，不是每一個人都能夠留下來聽的。因此說，來此世界的菩薩這麼多，也不是每一個人能留下來聽或全部信受；那阿難說「**一切善來**」，顯然就不對了！

但那個時候，阿難尊者還沒有想到這一點，所以 如來先提示了這一點：「**是故不應說言：『一切善來。』**」這時候阿難心中當然有疑惑，顯然大眾同樣會有這個疑惑。從諸佛清淨世界來到娑婆世界，那句成語說「千里迢迢」還不足以形容欸！（從諸佛世界距離娑婆來看，千里不算迢迢，那距離太短了！）所以覺得奇怪呀，大老遠來到這裡，竟然不是「**一切善來**」！因為他們是成就世間有漏法的禪定與神通才能來的，或是由諸佛加持前來的，所以 如來說「非一切共」，但阿難尊者當時沒想到這一點，覺得有點奇怪，所以就請問：「何故彼非一切善來？」

在佛法中，諸位如果把四阿含兩千多部經全部讀完，有時候也會讀到「善來比丘」，有沒有？「善來比丘」譯成中文就只有四個字，意思是：「來得好啊，煩惱息滅了。」他馬上就成為阿羅漢。為什麼？我剛剛也講過「善來比丘」，但你們沒有成為阿羅漢，是什麼緣故？（大眾笑…）那是《阿含經》的記載，其實那些人都是菩薩再來，所以說：「來得好啊！煩惱息滅了。」《阿含經》中的記載是立刻成為阿羅漢。比丘就是「息滅煩惱」，二乘人記載下來就變成阿羅漢。其實「善來比丘」講完了，他們就是地上菩薩了。你們已經在增上班，聽到這四個字就懂什麼意思了。如來告訴他說：「來得好啊，煩惱息滅了。」他們就回復往世的證量而入地了。其實是：他們本來就已經是地上菩薩，但因為有胎昧，所以如來這麼一講，他們馬上反觀：「啊！果然來得好！」於是立刻把往世的證量找回來了，煩惱就滅了，就這麼簡單。所以那是往世的修證，因為如來的機鋒，使他回復了往世的證量。所以一般人你跟他講一百遍「善來比丘」，他們也不會成為阿羅漢，因為不懂道理；

爲什麼來得好？他們不懂啊！那你們增上班的同修現在當然就懂了。

那「一切善來」表示什麼？他們來聽了，當然都會成爲阿羅漢，不然不能叫作「善來」；不但成阿羅漢，還要入地呢！善來比丘的實質都是地上菩薩再來，很多人有一個錯誤的觀念：釋迦如來座下只有 文殊菩薩、觀世音菩薩、維摩詰菩薩，他們是大菩薩，其他人都是阿羅漢而已；不管他們是五百大弟子、十大弟子全都是阿羅漢。其實那是錯誤的想法，釋迦如來所度的弟子，在祂來這裡示現成佛的時候，是每一個階位的弟子都要有的；那 文殊菩薩、觀世音菩薩、維摩詰菩薩都是本來成佛的聖者，不是 如來這一世所度的弟子。所以一千二百五十位阿羅漢，除了扣掉那四、五十位定性聲聞之外，大部分是很多劫以來就追隨 釋迦佛的菩薩；只是因爲五濁惡世度眾生，先要從解脫道開始講；所以解脫道的二乘菩提講完了，大家回復往世的解脫證量了，然後再宣演大乘法。可是在三轉法輪的過程中，有的菩薩未離胎昧，那麼來到這個人間；那是配合 釋迦如來的弘化，事先下生在人間來等著；當他們聽到 如來出世，於是來求見，如來知道他們往世的證量，就說：「善來！比丘！」他們當然就恢復往世的證量了。那你如果還沒有破參，想要知道爲什麼「善來比丘」四字就可以恢復往世的證量，你就好好努力呀！禪三破參後你就會懂了，這事兒我就不方便公開講，因爲這是十方如來所說「大法」的密意。

所以 世尊說的是誠實語：「**彼非一切善來**」，這個勝妙法也「**非一切共**」。那阿難尊者一時間沒想到，所以就提出來問了。那 如來當然就得解說：「**這一部《大法鼓經》所講的內容是諸佛如來的祕密法藏。**」當然諸位現在都知道：諸佛如來的祕密法藏是什麼，三句不離本行，欸！應該改爲「三字」不離本行——如來藏。這個諸佛如來的祕密法藏，不是容易懂得的；假使是容易懂得的，這四、五百年來不應該失傳了，不應該只有覺囊巴在傳這個法，應該大家都傳。假使是容易懂得，二十世紀末、二十一世紀初就不應該只有正覺在弘揚這個法，應該是每一個道場都在弘揚。可是他們都沒辦法弘揚，證明這個 如來的祕密法藏甚深微妙、難解難行。

「**甚深**」是不容易理解，因爲這個不是世間法。可以「理解」的一定是世間法，譬如說哲學，哲學可以理解嗎？你聽聞人家演說，你就懂得：「喔，原來如此！」玄學呢，玄學容不容易懂？嗄？玄學就是連講者都不懂，（大眾笑…）所以才會叫作「玄之又玄」！能夠弄懂就不玄了。那我們正覺弘法之前，有人說禪宗是「玄學」，但是我們出來講：禪宗是義學。因爲祂的眞實義是不可推翻的，而且是可以實證、可以現觀的；並且不是只有一個人可以實證、現觀，而是許多人可以再三證明祂可以實證、可以現觀，所以是義學，不是玄學。既然是玄學，連講的人都不懂了，所以聽的人當然也跟著不懂，然而那不可以叫作「甚深」；因爲那是子虛烏有、想像、妄言；是想像來的、不可證實的才叫作「玄學」。

譬如說「太極」是道家最高的境界，所以太極分陰陽；然後又說陰中有陽、陽中有陰，這道理眞好呢！但能不能實證？不能！可是來到我們正覺呢，可以實證！太極就是如來藏的異名，所以眞中有假、假中有眞；不就是陰中有陽、陽中有陰嗎？對呀！太極在每一個人的身上啊！所以每一個男人也有女性的一面，每一個女人也有男性的一面。因此有時候想想：未來世我改當女人好了。這是因爲他看見人家燙頭髮了，畫眉、點胭脂、撲粉了，又穿漂亮的衣裳，他喜歡。可以啊，下輩子去當女人哪！這不就是陽中有陰嗎？那女人也是一樣。所以那些同性戀不是有一號跟○號嗎？一號就是陰中有陽，她下一世可能就投胎當男生去了，○號就反過來；這就是太極，其實就是如來藏，在如來藏中函蓋一切法的自性。可是道家講「太極」道理很好，卻沒辦法實證！來到咱們正覺，輕而易舉啦！

對我們而言，太極、如來藏同樣是甚深微妙，但是可以實證；祂是義學，不是玄學。可是對於當代佛教界各大山頭、各小山頭而言，甚深極甚深、微妙極微妙，所以求證不得。想一想，眾生還眞可憐哪！心嚮往之，可是求不可得，這就是末法時代的現象，而且是普遍存在的現象。爲什麼甚深、爲什麼微妙，因爲祂令人難以理解！一定要「實證」了以後才會有勝解，理解眞的很困難。說得白一點：理解根本就不可能！一定是實證以後起了勝解，才能夠眞正地理解祂；否則單憑閱讀、聽聞這個勝妙法而要去理解祂，永遠都會落在比量裡面；在比量中大部分成爲非量，不是現量，因爲他們沒有勝解。所以這個勝妙法，不管祂叫作祖父、大梵天、或者大梵王、或者叫作上帝、造物主，叫作父母未生前的本來面目、或者叫作道、或者叫作太極，不管祂叫什麼，祂就是「如來藏」的異名；建立的理論正確，但是沒有現觀，落於玄想之中，所以永遠無法眞正的理解，導致所得到的理解大部分落入非量之中。那如果沒有眞正的善知識出世弘法，來教導大家跟著「實證」，一般善知識依著經典來「依文解義」的結果呢？信受的人很少，很難信受啦！

你們很多人學佛以來，學了很多法，一直都沒有很大的歡喜心；直到聽說有「如來藏」這個法，聽到這三個字眼睛就亮了。對吧？你們是這樣啊，聽到說：「**那裡有在講『如來藏』！**」眼睛亮了，於是趕到正覺來，再也不走！我知道你們有很多人沒有急著求悟，心裡面想的就是：「**我只要在正法裡面安住就好了。**」很多人這樣想，都沒有想要求悟。有人來了同修會十幾年，沒有報過一次禪三的，心裡面只是想：「**我只要能夠在正法裡安住就好，不要學錯了法就好。開悟，開悟是別人的事！**」就這樣想，所以沒報名過禪三的人還眞不少。這表示什麼？「信」具足了！信具足當然很好，但是還得要再進一步，把自己應該補上的趕快補足了，勇敢地去報名！

那外面很多人爲什麼不信？特別是「六識論」的那一些大法師、小法師、大居士、小居士們，他們爲什麼不信第八識眞如心？因爲這個法太深奧、太微妙；他們怎麼想，都認爲世間根本不可能有這個法，他們無法相信。比如說，咱們說這如來藏出生了我們的五陰，他們心裡想：「**我這個五陰是父母**

生給我的。你亂講！」不信啊。又譬如一神教，告訴他說：「你們這個色身、你們這個覺知心，都是你的眞如心所生的。」他不信，他說：「你亂講！我是上帝生的。」然後終於有一天學佛了，並且受了菩薩戒，然後你告訴他：「你這個五陰，就是你這個色身跟你這個覺知心，都是你的如來藏生的。」他還是不信。

那些六識論的法師、居士們都是這樣，都不信啊！然後我們正覺發行了好多書，把這個道理講給他們聽，他們想一想：「哪有什麼不生不滅的？不生就不可能存在，怎麼會不生？因你沒有出生，就不可能存在過！」他們是這樣想的啊。你告訴他說：「你這個沒有道理，祂是法爾如是的。」可是他不信啊，他說：「既然是本然存在，那應該是別的也可以是本然存在，我們五陰也可以本來存在。」他就這樣跟你講一堆的歪理，聽起來好像也有道理。爲什麼好像也有道理？因爲旁邊的人聽了也說：「你講得有道理，他的好像也有道理。」啊，沒轍！因爲太難相信！

所以你跟他講這個不生不滅、不來不去、不垢不淨，他再怎麼想都想不通，說：「世間哪有這樣的東西？不清淨就一定是髒，不髒的一定就是清淨啊。」他永遠都這樣想：「有什麼東西是不清淨又不會髒的？」他怎麼想都想不懂，他就想：「欸！世間沒這種東西啦。你亂講！」可是問題是：這個「法」本來就不是世間的東西，祂是出世間的、不屬於世間法；那他們硬要用「世間法」來套到這個「出世間法」裡面，永遠都不可能找到一個世間法可以符合這個出世間法的！所以他們的邏輯不通，可是他們都不承認自己邏輯不通，還認為自己相當聰明。所以你跟他們講這個法，多方譬喻之後，他們依舊不信。為什麼他們不信？因為難以理解啊！

所以 如來說的是至理之言：「非一切共。」想一想：我們正覺弘法二十幾年了，書也出了一百多本了，可是不信的人依舊那麼多。這個就證實了 如來說的是事實。那因此 如來就說了：「是故，阿難！不應說言：『一切善來。』」也就是說，阿難尊者講「一切善來」，這是不對的，因為「善來」兩個意涵：一個就是說他本來過去世已經實證了，所以來到這裡一聞法，他就回復他往世的證量了，這才叫作善來；那另外一種「善來」的意思，是說他聞法之後，他第一次可以實證，那也叫作善來，但不是每一個人都能這樣。

所以《阿含經》裡面有不少善來比丘。《阿含經》的記載說 如來跟他說：

「善來比丘！」然後他就「鬚髮自落」。「鬚髮自落」就是出家人了。但出家人不可以留鬍子，鬍鬚不可以留！如果出家人留鬍鬚，那是因爲他一個人在遠離處，索然獨居修苦行，沒有刮鬍子；可是他若是要回到佛教界來，鬍鬚必須要剃掉，而且頭髮必須剃掉。所以「善來比丘」這表示什麼？三千煩惱絲斷了，就是煩惱斷了。「鬚髮自落」不是說他回復往世證量，馬上就光頭、鬍鬚就掉了；不是這個道理，不能依文解義。

所以「善來」譬如說：往昔玄奘法師才十來歲，聽人家講了《攝大乘論》，接著他就可以講實相般若了，講得比教他的人還講得好；聽人家講《大般涅槃經》，他馬上就可以講見性的事，人家講的都不如他，因爲講的人是依文解義，但他聽聞之後馬上就有現觀，把往世的證量找回來了，十幾歲就可以上座爲人講經；然後大法師們在座下聽，那就是「善來比丘」。所以「善來」這個名詞不能亂用。那阿難認爲說，既然他們是從十方諸佛世界來聽聞這一部經，當然是善來呀，應該都可以得法；沒想到　如來說：「不是一切善來，這個法也不是一切共。」

如來解釋完了，阿難也許是爲了大眾的緣故，又向　佛陀稟白說：「既然是《大法鼓經》，不就是猶如波斯匿王面臨兩軍對陣的時候，即將要戰鬥了，所以敲擊大戰鼓。那一些對陣想要射箭的人，聽聞到這個大戰鼓的聲音，是不是都害怕，箭都拿不住就掉到地上去了？」當然有人解釋說：「那射來的箭就掉到地上去了。」其實是現在這個說法比較好，就是說：「因為聽到大戰鼓的聲音，心裡害怕，打哆嗦，於是抓不住那隻箭；本來想要射箭，抓不住了，就掉到地上去了。」意思就是說，既然他們來聽聞世尊您演說《大法鼓經》，那麼那一些煩惱等等不是就應該心裡害怕而全部都抖落了嗎？那就是應該實證了，煩惱就斷了。

可是佛陀說了：「拘薩羅國的國王波斯匿王，他敲打戰鼓的時候，並不是所有的人聽到鼓聲就起歡喜心的。」也就是說，波斯匿王是個很強盛國家的國王，他的軍隊很強，當他敲擊戰鼓的時候，對方陣營的將士當然心驚膽戰；可是自己的將士應該很歡喜吧！應該是這樣。譬如說如來宣說勝妙法的時候，降伏諸外道時，那佛弟子們應該都很歡喜啊。是不是？可是外道很害怕。然而不一定是這樣，敵對國的將士們，聽到波斯匿王的戰鼓敲擊了，鼓聲傳來，心中害怕：「啊！要跟最強盛的軍隊打仗了，可能有危險了！」

可是波斯匿王自己的軍隊裡面，也不是每一個人都信心滿滿，所以有信心的人聽到戰鼓很歡喜：「嘿！要把敵人摧伏，現在要開始了！」很歡喜喔。可是有的人怕死，就想：「噢！大家都拼命，我也不得不跟上去，搞不好我會戰死！」他不一定歡喜，道理是一樣的。

所以　如來講《大法鼓經》的時候，不是所有佛弟子都歡喜。有的人會想：「講《大法鼓經》以後，可能有很多師兄弟們實證了；而我沒有辦法實證，我聽了可能還是癡癡呆呆，什麼都不懂！」他就生起煩惱，不會生歡喜心。就好比：我如果拿這部《大法鼓經》去別的道場講，他們會允許我講嗎？大致上不會啦！因為那一些大師和他們座下的主要幹部、執事人員一定會事先去讀一讀：「糟糕！這個我們不懂。看來蕭平實來講了，我們也是讀不懂；萬一講完了，人家問我的時候，我該怎麼答？」所以他們害怕，不如就先跟你回絕。所以我這「大法鼓」敲擊起來的時候，他們也不會來聽的。你如果去勸他們來聽，他們心裡面一定想：「我去到那邊，一定坐得好像個傻瓜一樣，什麼都不懂，在那邊鬧笑話！」所以這一部經「與他們不共」，這部經只能與諸位共。

如來就講這個譬喻：「非彼一切聞鼓聲喜。」眞的如此啊！因爲即使在自己的軍隊之中，有的人心性怯弱，聽聞到自己陣營裡面的鼓聲敲擊起來了，反而覺得恐怖；因爲已經要跟對方打仗了，不是虛張聲勢而已；眞的要上戰場了，搞不好自己會戰死，他害怕啊！所以有的人如果心性很脆弱，聽到鼓聲敲擊起來，他先昏倒了（大眾笑⋯⋯），對啊！「若死近死」啊！只有心志雄猛的人，他才可以很歡喜地上陣去。他想：「我這一上去就可以建功了！」他對自己很有信心，可是有的人怕死。

你們想想，佛教界不也是這樣嗎？想要在佛法上建立戰功，就表示要先把煩惱砍死；可是你想要砍死煩惱並不容易呢，那過程就像一場戰爭，而且都是打很久的戰爭欸。想想看：「我們出來弘法二十幾年，告訴大家說五陰的內容是什麼，這五陰的每一個部分、十八界的每一個部分都是生滅法，都講過了。」可是他們肯不肯死？不肯！要不怕死才能建立戰功，怕死就無法建立戰功；戰場就是這樣啊，佛法中也是如此。

他們怕五蘊、五陰虛妄，所以五陰十八界不願意死，那就無法建立戰功。什麼叫作佛法中的戰功？就是證悟明心啊！有功，是有什麼功？是般若智慧生起，這就是功。但是爲什麼有的人證得如來藏以後退轉？就像《菩薩瓔珞本業經》裡面講的：無量劫前，舍利弗、王子法才等三人，他們證悟了，可是後來懷疑，又沒有善知識攝受，所以退轉；退轉之後無惡不造、墮落，就是蘊處界沒有死透。如果願意死，一旦證悟時法身慧命就活過來了。所以學佛得要「不怕死」，就像上陣跟敵人廝殺，得要不怕死才能夠殺掉敵人；如果老是怕、老是怕，一直退卻就被煩惱所殺了。那我們在「斷煩惱」這個戰場上，煩惱就是敵人；我們要勇猛去對付煩惱，才能把對方殺掉，需要不怕死；那死了這個「我見」，法身慧命就活過來了。

可是如果心中害怕，不願意死掉蘊處界，那就永遠把五陰、把十八界抱得緊緊的；一聽到善知識說：「五陰得死掉、十八界得死掉；先要把他們否定，說自己是虛妄的、是假的！」他心裡面想：「嘿！我還是不要。」甚至於心中有一點不歡喜說：「是可忍，孰不可忍？連我都可以否定掉，那我算什麼？」他還心裡面跟你嗆：「我算什麼！」他就不知道：自己眞的根本就不算什麼，因爲是「生滅法」呀！

但他不信哪，偏要說：「我最大！」就像世俗人有些話講：「我眼睛生來就是要看的，你爲什麼叫我不要看？我生來就是要聽，爲什麼叫我不要聽？你講什麼離見聞覺知？」他不信！直到有一天來到正覺說：「法離見聞覺知，不妨礙你覺知心的見聞覺知。」然後他就問：「欸！這是什麼道理啊？」你終於能告訴他說：「你要證得那個『法』，祂是離見聞覺知的。祂出生了你，那你來證悟祂，因爲祂不會反觀自己呀，所以由你來證悟祂；證悟以後發現你跟祂並行存在，祂繼續離見聞覺知，祂也不妨礙你有見聞覺知。」他這麼一聽，後腦杓一拍說：「早知道如此，我就來學了。你幹嘛不早跟我講？」然後你就跟他說：「我都跟你講好幾年了！只是你沒有聽進去。」他說：「是這樣喔。好啦！我明天跟你去！」才終於願意走進來。

所以要捨得死，很不容易啊。大家都把五陰「我」抱得緊緊的：「我有覺知心，這是我；我處處作主，這個是我，這才是眞實的！」要他喪身捨命，他不願意啊。但我們只是「在見解上」要他喪身捨命，又不是眞的要他喪身捨命，他就是不願意。所以你看，到現在哪一個佛教道場承認五陰虛妄、十八界虛妄的？最多只是講個名詞說：這是虛妄的。可是眞告訴他說：「你五陰中的識陰就是能見、能聞、能嗅、能嚐、能覺、能知等。」他說：「這個不可以死喔！這個不可以說是虛妄，『我』是眞的咧。」原來誤會一場！他以爲的五陰，不是你說的五陰；他以爲的十八界，也不是你說的十八界。他所知道的五陰是名詞上的五陰、是名詞上的十八界，等到你把眞正的十八界、眞正的五陰告訴他說：「這是虛妄的！」他就不接受了。所以，要不怕死還眞的難啦！那不怕死，才能夠走進正覺同修會來；否則縱使進來了，不久又會離開呀。那我要問諸位：「你怕不怕死？」（眾答：不怕！）喔，不怕！眞是漢子。今天就講到這裡。

《大法鼓經》今天要從第四頁第一段倒數第三行講起：「**如是，阿難！此《大法鼓經》名，是二乘之人不信法門。**」說這部《大法鼓經》是二乘之人所不信受的法門，因爲這部《大法鼓經》講的是「大法」，所以這法音宣流就等於那個大鼓敲擊了起來之後的音聲，那就是「大乘般若」之聲。這大乘般若之聲不是二乘聖人所能理解的，所以二乘聖人聽了會信受，但不能理解；如果是二乘法中的凡夫呢，他們聽了很不喜歡，會覺得很厭惡，因爲他們不信。這意思是說，二乘聖人與二乘凡夫之間有個差別：二乘聖人聽了不能理解，但是會信受；二乘凡夫聽了不能理解，他們完全不信受，所以會出言反對，當場退席也就不在話下。所以就像《法華經》如來即將開演的時候，五千聲聞退席，那場面很壯觀咧。

諸位想想看，五千人是多少人？我們現在六個講堂坐滿也不到五千人，坐滿了只不過一千多人。一個講堂就算能坐三百人好了，六個講堂是一千八百，還不到五千人的一半呢，還差遠了！那你想五千人退席，那場面多壯觀！講《法華經》當時，那又不是水泥地、柏油路，五千人當場退席離開，應該是塵土飛揚吧！所以那很壯觀咧。當然啦，也許有人想說：「**那我們每週也不過一千八百人，這也不算什麼！**」是不算什麼，可是自古以來，你找得到什麼地方、什麼時間、哪個道場是每週講一次經，每次有一千多人來聽的？你也找不到啊！所以也別小看自己。但是反過來也別妄自尊大，說我們好厲害；沒有什麼厲害，是「法」厲害。

那就是說，二乘聲聞人、學緣覺的人，只要是凡夫，他們都不信這個「大法」。那麼聲聞、緣覺的聖者爲什麼信？如果你們讀過我《阿含正義》寫的，就可以如實瞭解了。也就是說，二乘聖者之所以能成爲聖者當然有其原因；這個原因就是：因爲他們相信「如來常住」，於蘊處界一切法空。所以我在

《阿含正義》書中特別舉證出來，《阿含經》裡面說：「名色由識生」，說名色是由另外一個識所出生的。那名色的「色」就是我們這個五根身，加上六塵，這就是「色」，色不外乎這十一個法。「名」就是眼、耳、鼻、舌、身、意六個識，頂多再加上一個意根，總共七個，這就是「名」。而這六識加上意根，意根也是心，這七個心都是由另一個「識」所出生。所以 如來說：「假使沒有這個『識』入胎，名色能出生嗎？」阿難說：「不行。世尊！」如來又問：「假使這個『識』入胎後，中途離開了，名色能增長嗎？」阿難回答說：「不行。世尊！」就這樣一直問到出胎以後，「這個識出胎以後離身而去時，名色能增長嗎？」「不行。世尊！」換句話說「名」與「色」都要靠另一個「識」來出生、生長，然後才能出生及成長，才成其為一個人。那麼顯然這個「識」不在七識心之內，而是能生色身及七識心的另一個「識」，那就是第八識。

那麼 如來跟二乘聖者開示說：「這個『識』就是涅槃中的本際。」所以阿羅漢們或者緣覺們願意把自我十八界全部滅掉，知道涅槃不是斷滅空，還有一個眞正的「我」存在；而那個「我」沒有我性，五蘊之性、六入之性、十二處之性、十八界之性都不存在；祂沒有我性，方便稱之爲「我」，因爲祂是常住的。所有的因緣法、聲聞法的聖者，都信受有這一個「識」常住，所以他們不畏懼蘊處界滅盡後的空；因爲知道滅盡一切蘊處界，入無餘涅槃之後不是斷滅，所以他們信受解脫道的涅槃寂靜境界。這就是我在《阿含正義》裡面舉出來的阿含部經文說的：「**二乘凡夫『因內有恐怖』、『因外有恐怖』**。」「**因外有恐怖**」是什麼？是因爲外法這五蘊、十八界全部都要滅掉，他覺得恐懼呀；「**因內有恐怖**」呢？是因爲聽到　如來說解脫生死是要滅掉蘊處界一切法，聽說滅掉以後，還有一個「識」是常住的，叫作「本際」，又名「如來藏」，恆存不滅；而我不能證得這個「識」，我不能證實這個識是否眞的存在，我不能證得；那這個「內識」我根本沒有辦法相信，因爲我無法證得，所以我對這件事情有恐懼——「因內有恐怖」，接著要滅掉外法蘊處界時就不敢滅了，就成爲「因外有恐怖」；這是《阿含經》講的，那我舉證在《阿含正義》裡面了。所以二乘凡夫之所以成爲二乘凡夫，就是「因外有恐怖、因內有恐怖」。他們想：「**如來是這麼講、我的上師阿羅漢也這麼講，可是我不能證實這個『識』究竟在不在呀！而我不能夠只聽如來一句話，說祂是存在的，我就相信；可是我又證不到，無法證實祂眞的存在，那就有恐懼了。」有恐懼就不能斷我見，就繼續成爲凡夫。

「信」具足的二乘人不然，如來說了他就信，信了就願意滅掉蘊處界，然後捨壽入無餘涅槃；「因內有恐怖」、「因外有恐怖」的事情都與他無干，這就是「二乘聖者」。所以二乘凡夫與二乘聖者之間是有差別的。但是呢，也有少分的二乘聖者，就是一部分的、極少分的二乘聖者，對於 如來所說「佛地的境界迥異於二乘聖者的境界」，他們心中不很信受，特別是講到「十方諸佛淨土的境界相」時他們不能接受，但這是極少分、極少分的聖者。表示這一些二乘聖者，是 如來到這個娑婆世界、五濁惡世示現的時候，度化菩薩們時偶然撿到的。路上撿來的就不是眞的親生孩子，對不對？對啊！就隨意養一養，死了就入涅槃去，就是這樣子，所以 如來說他們叫作「焦芽敗種」；說他們的佛菩提芽已經焦了，種子燒壞了就種不起來；或是說他們的佛菩提種已經腐朽了，種不起來！如來是這樣講他們的，這個訶責是很嚴厲的！對吧？如果誰被我說是「焦芽敗種」（大眾笑…），他以後就甭來了，也不必想上禪三啦！我就是絕不幫他；因爲幫他悟了，他也是入無餘涅槃，那我幫他證悟幹嘛？他只要把蘊處界滅掉就好，證悟般若的事情與他無干。因此二乘聖者於 如來語絕對信受，一絲懷疑都沒有！

可是如來後來在《法華經》裡面說：當年那一些穿著僧服的諸大弟子們，外表看來是聲聞人，其實大部分人都是菩薩，已經追隨 如來很多劫了，那不是一大阿僧祇劫而已。所以二乘凡夫絕對不信受《大法鼓經》，所以世尊演說《大方廣如來藏經》、《無上依經》、《佛說解節經》，這些都是在講第八識如來藏，他們絕對不信。所以 如來假使把這《大法鼓經》敲擊起來，那個鼓聲他們能聽嗎？一定不能聽。所以 如來事先聲明：「**這個《大法鼓經》的名號，是二乘凡夫僧所不信的法門。**」所以 如來作了一個譬喻說：「**是故，阿難！譬如彼王至鬥戰時擊王大鼓。此《大法鼓經》諸佛祕密，佛出世時爾乃演說。**」《大法鼓經》講的是諸佛的祕密。那諸位來正覺學這麼久了，當然知道諸佛的祕密就是「如來藏」。三句不離本行，永遠是這個法，這才叫作「大法」呀！若沒有這個法，都只能叫作小法，要不然就是世間法或邪法。

在佛教界，假使被我們說那是小法，那還算是恭維他們。真的！這是恭維。「小法」就是二乘菩提的實證。目前放眼天下，有哪一個道場可以讓我恭維說他們弘傳的、修學的、實證的是小法？沒有！因爲都落在「識陰」的境界中，同於外道常見一樣，沒有一個人是外於識陰的。假使有的道場能夠外於五塵境界、外於五識境界而落入意識，那已經算是好的了，當然也還不值得我恭維呀！他得要能把意識給推翻了，至少要能夠證得「初果」見地，然後也傳授他的徒眾們同樣去「斷三縛結」，這樣才值得我讚歎他是小法。

可是現在放眼天下，沒有一個道場是這樣的，因爲到目前爲止，他們都還在主張「意識」是常住的啊！差別只是：密宗主張「五俱意識」是常住的。那些所謂的禪宗道場主張「粗意識」是常住的，說「一念不生」的離念靈知就是開悟、就是眞如；那有的比較會狡辯的「六識論」道場，他們主張「細意識」常住，從來都沒有離開過意識；不論哪個道場都沒有離開過識陰「六識」的範圍。那我只能夠說：「那還是『常見外道見』！」假使他們不主張說：粗意識、細意識或者五俱意識就是眞如，那我還可以讚歎他們，說他們把二乘菩提依文解義來弘傳，是二乘法中的凡夫，但沒有誤導眾生，我還是可以讚歎他們；可惜的是目前還沒有這樣的道場啊！都認爲粗意識或者細意識，或者五俱意識或者離念靈知意識就是眞如，那是在誤導眾生啊！

所以你眞要跟他談到說，有「第八識如來藏」，時時在展示著祂的眞如性，他們不信受的。所以如果不事先過濾、事先聲明，讓他們決定要不要聽，然後就直接開講；那會嚇壞他們，他們可能聽聞以後就開始毀謗了。所以如來說：「就好像拘薩羅國波斯匿王，他到了要開戰的時候，與敵軍對陣時，把那個大鼓敲起來。有人聽了很歡喜，那叫作菩薩；有人聽了很不歡喜、很痛苦，那叫作定性二乘聲聞凡夫，也就是不迴心的二乘聲聞凡夫。」如來又說：「這個《大法鼓經》是諸佛的祕密——諸佛最大的祕密，也是宇宙中最大的祕密，就是第八識如來藏；這個眞如心亙古亙今、永遠不變、常住不壞、性如金剛；祂的心性永遠眞實而如如，無可改變，這就是諸佛的祕密。」

然而《大法鼓經》要在什麼時候，世間才會有人出來宣說呢？得要有 佛出世才會有人來說；假使沒有 佛出世，這個「大法」永遠不會出現在人間。也許有人今天第一次來聽經，聽到我這麼講，心裡可能想：「現在不是沒有佛在世嗎？那您不是講了嗎？」他這樣想也不能說他錯了，可是我要說的是，現在固然沒有佛出世，所以由我來講，但我卻是兩千五百多年前追隨 如來親證，延續到這一世來講，也還是由 佛講出來的呀！

實際上，世間沒有佛法的時候，當佛法可以弘傳的因緣成熟了，一生補處菩薩就會來人間成佛而弘傳；但是在這位菩薩來人間示現之前，往世追隨過他的弟子們就要先來人間受生，但是沒有人敢出來弘法；因爲大家都心知肚明：要等到祂出世弘法之後，我們再來追隨。這個道理要學一學，可別哪一世，你修到了妙覺位，看看說：「**現在人間因緣成熟了，我先出來講。**」那你就壞了大事！因爲你還沒有成佛，只是在妙覺位，也還不是一生補處的菩薩，成所作智也沒有現前。哪一天，一生補處菩薩來成佛了，要把你戳穿了，結果變成了一個漏氣佛！對呀，一定洩氣啊，大家心知肚明。

其實，聽到外道在講那一些法的時候，菩薩們都知道他們講錯了，但大家都很能忍，忍辱行修得很好。三大阿僧祇劫的忍辱行還修不好，那叫什麼妙覺菩薩？所以 釋迦世尊成佛的時候，文殊菩薩來了、維摩詰菩薩來了、觀世音菩薩來了，大家都來當弟子了。但是 釋迦如來還沒有示現成佛之前，他們沒有能力出來講佛法嗎？他們沒有能力出來講這部《大法鼓經》嗎？有啊！但是不行！因爲因緣是這樣安排的，必須要遵守，這個道理大家也要學；現在學了，將來一生補處菩薩預定要出現人間之前，你當妙覺菩薩，你就不會出來宣稱這個佛法怎麼修、怎麼證了。一生補處菩薩還沒有成佛之前，如果有哪一個人說他是妙覺菩薩，而在無佛法住世的時候，他出來演說佛法，那個人一定是個凡夫！因爲三大阿僧祇劫修到「妙覺位」了，竟然會不懂這個道理，佛法中沒這種事情！所以這個《大法鼓經》是諸佛的祕密，只有佛出世的時候才會演說。那麼 如來這樣開示之後，接著是怎麼發展的呢？我們再來聽聞：

經文：【爾時，世尊告大迦葉：「此諸比丘清淨純一，眞實強力離諸糟糠，堪任聞此《大法鼓經》不？」迦葉白佛言：「若有比丘犯戒違律，是大目連之所訶責；有如是比，我不同行，況復世尊？今此會衆，如栴檀林，清淨純一。」佛告迦葉：「今此會衆雖復一切清淨純一，然於隱覆之說，有不善解。」迦葉白佛言：「云何名爲隱覆之說？」佛告迦葉：「隱覆說者，謂言：如來畢竟涅槃，而實如來常住不滅，般涅槃者非毀壞法。此修多羅離覆清淨，明顯音聲百千因緣分別開示。是故，迦葉！當更觀察此諸大衆。」】

語譯：【這時候，世尊告訴大迦葉說：「現場這一些比丘們心地清淨而且純一無雜，都是擁有眞實的、堅強的力量，而遠離了種種的糟糠，堪任於聽聞這部《大法鼓經》否？」迦葉稟白如來說：「如果有比丘違犯了戒或律，而是大目犍連尊者之所呵責的話；有這樣一類的比丘，我就不跟他們同行，何況是世尊您呢？如今在這個法會中的大眾，猶如清淨芬芳的栴檀林一樣，心地都是清淨而純一無雜的。」佛陀告訴大迦葉說：「如今在這個法會中的大眾，雖然一切人都是清淨而純一；但是他們對於如來隱覆密意之說法，還是有許多人不能善於理解的。」大迦葉稟白佛陀說：「如何是名爲隱覆的說法呢？」佛陀告訴大迦葉說：「隱覆的說法，這個意思是說：如來已於畢竟無餘的涅槃，而其實如來是常住不滅的；般涅槃的境界並不是毀壞之法。這一部經是離於遮覆而清淨的，而這一部經有非常明顯的音聲，在百千因緣之中，不斷地爲大眾分別、不斷地爲大眾開示。由於這個緣故，迦葉啊！應當再次觀察這個法會中的所有大眾。」】

講義：如來這一段開示，我這樣語譯，諸位聽完了，有沒有覺得很熟悉啊？《金剛經》講過「此經」，《法華經》也講過「此經」，現在 如來又說「此修多羅」這一部經「明顯音聲百千因緣分別開示」。諸位應當想：「這一部經一定是時時刻刻都很明顯的，時時刻刻都在百千因緣之中，不斷爲我分別、爲我開示啊；可我怎麼沒看到『此經』呢？」如果你有這麼想，那你就是聰明人；如果你沒有這麼想，是因爲你已經親證了、現觀了，那我說你就是智者；如果沒有這麼想而且又非親證呢，那麼你今晚來聽經，白來了！如來不二語，如來說誠實語。如來敢在大眾之中如此說，就表示：『此經』如來藏大法一定是以明顯音聲、百千因緣分別開示，時時刻刻都在說法呀！」也許有人第一次來聽經說：「奇怪！您這麼講了，但不論我怎麼看，就沒有聽到誰在說法呀！我怎麼看、怎麼聽，就是您蕭平實老師在座上說法呀。」可是我明白告訴你：「你如果只聽到我蕭平實在說法，那就沒有聽到『此經』說法了；因爲蕭平實在這裡說法，是有情說法；可是你如果有『慧眼』，就可以同時聽到蕭平實這個『無情』說法。」問題是：「怎麼說是『無情』說法？」有情說法有可思議之處，「無情」說法不可思議；但這「無情」說法才是眞正的大法！

所以諸位今晚聽經完了，回家可以去做一個「正覺大法好」的布條，把它掛在陽臺。人家要是按了電鈴來問：「正覺大法是怎麼好？」你說：「無情說法，妙哉！妙哉！」他如果問你說：「我只看到你在為我說法，哪來無情說法？」你就跟他講：「哈！原來你不懂無情說法，好好再去學吧。」這樣就夠了。等他悟了，他就知道：啊！原來你說的無情說法是這樣。於是儘快趕到你家來好好頂禮三拜，表示他懂得「此經」了。所以要聽聞「此經」不容易呀！世尊怎麼可以隨便就講呢？當然要先過濾。這就是為什麼我去到外面都不提佛法，我跟人家講的都是世間法。他們說：「欸！今天天氣不錯耶！」我說：「對呀！今天可以出門運動喔。」他說：「欸！你今天氣色不錯。」我說：「你的氣色也很好啊，怎麼保養的呢？」等他三十年後，如果在佛法中悟了，那時候他才會知道我什麼地方為他演說勝妙大法。你看佛法厲害吧？多麼厲害！

可是一般人呢，總是依文解義說：「你看！如來說的就是這部《大法鼓經》，多麼好！然後眞實地離覆、眞實地清淨。然後如來用明顯的音聲、百千因緣分別開示完了。」這樣便叫作依文解義。如來說的不是這回事！如來講的這一部《大法鼓經》，講的就是第八識「此經」，就是《法華經》說的「此經」、《金剛經》說的「此經」、《大法鼓經》說的「此經」，就是第八識如來藏。所以呢，如來說：「二乘之人不信這個法門，因爲他們無法想像，別說實證。」所以從表相上看來，諸比丘是「清淨純一」的，理該有因緣可以聽聞這部《大法鼓經》，因爲他們向道之心非常堅強；他們道心很堅固、求道的力量非常之大，都不是糟糠！「糟糠」就是違犯戒律，一天到晚攀緣外法；可這些比丘們不是這一類人，所以叫作「清淨純一」。

雖然如此，「堪任聞此《大法鼓經》不？」如來有此一問。大迦葉在他的立場看起來，大家都聚精會神，想要聽聞 如來說法，當然是「清淨純一」之眾，所以他提出來說：「假使有比丘犯戒違律，是大目犍連尊者所訶責的；那我不跟他同行，何況世尊呢？如今這些會眾都很清淨，都是以清淨心來準備要聽如來開示的。」他是這麼想的。在佛世的比丘有沒有違戒犯律，都逃不過大目犍連，因爲他神通第一，誰想瞞他都沒用。那他想：「現在這些大會眾坐在這裡，大目犍連尊者沒有出來指責誰違犯戒律，顯然是大目犍連尊者所接受的法眾；除非被目犍連尊者驅趕出去，否則我當然接受他們。所以在我看來，這時的大眾如栴檀林，清淨純一。」這是他的看法。

可是 如來有不同的看法，所以 如來說：「現在這個法會上的大眾，看起來雖然是全部都清淨純一，但是對於我釋迦牟尼所要講的隱覆而說的道理，其中有許多人是聽不懂的；他們不能善於理解，他們聽聞以後會產生誤會。」如來一念之間能知一切事，當然可以知道是這樣。那大迦葉這時當然就要問清楚了，為什麼「此修多羅」這一部經要叫作「如來隱覆之說」？這一定有道理啊！如來不二語，不會講兩種不同的話，所以前後所說如一，於是他就問：「云何名為隱覆之說？」如來就明著告訴大眾：「隱覆密意而說的道理就是：『如來畢竟涅槃，而如來其實常住不滅，般涅槃法也不是會毀壞之法。』」

這就牽涉到三個道理了：「如來畢竟涅槃。」這個道理我已經在《正覺電子報》的《涅槃》一書的單元中連載完了。這部《涅槃》，我前幾週編輯好了上、下兩冊，每一冊四百多頁，順便打廣告。現在在作第二次的校對，四百多頁，賣三百五十元，就這樣。還沒有要出版，因為還沒有校對完；校對的工作太多了，他們忙不過來。什麼時候出版？不一定，等他們校對好了，那時候才出版，就是上、下兩冊。我們會分兩個月，分為兩次來出版。那書裡面我說了：如來具足四種涅槃。二乘涅槃不是畢竟涅槃，那是　如來為急求解脫生死的人方便施設，所以二乘涅槃不是「畢竟涅槃」。

在這裡我們可以作個簡單的說明，畢竟涅槃要具備四種：第一、就是菩薩七住位開始所證的「本來自性清淨涅槃」，就是增上班所有的同修們都已經親證的涅槃。第二、入地之前依於非安立諦三品心，而進修安立諦的九品心、十六品心，證得慧解脫果或者俱解脫果，或是三明六通大解脫都行，至少得要證得慧解脫，此時證得有餘及無餘涅槃；然後發無盡的十大願，起惑潤生、入地，捨棄二乘涅槃而回歸本來自性清淨涅槃。這時是有能力入無餘涅槃的人，他是證得有餘、無餘涅槃的，但是把它捨了，「起惑潤生」，繼續行菩薩道，所以他的第八識就不能改稱爲「異熟識」。也就是說，祂其實仍然是異熟識，但是再度發起一小分的阿賴耶性才能繼續受生，所以仍然通稱爲阿賴耶識；可是他並不是沒有智慧力滅除阿賴耶性，只是起惑潤生，所以他是有能力取證有餘、無餘兩種涅槃；但他起惑潤生，依著十無盡願繼續邁向佛地，到成佛的時候，證得「無住處涅槃」，同時具有二乘涅槃。

所以七地以下菩薩，雖然仍然稱第八識爲「阿賴耶識」，其實他們是每一世都可以入無餘涅槃的，只是起惑潤生，所以繼續稱爲阿賴耶識。到八地初心，滅除阿賴耶名，第八識只名為異熟識；接著是要斷除變易生死，那都是無記性的種子。而七地心之前、入地心之後，要斷除三界愛的習氣種子隨眠；然後到佛地，大圓鏡智圓滿，妙觀察智、平等性智圓滿時，還要多加一樣，就是成所作智發起了，一時圓滿；這樣變易生死滅盡，這時才能夠說是「畢竟涅槃」。

定性聲聞、緣覺證得二乘極果，可以入無餘涅槃；可是三界愛的習氣種子隨眠尚未滅除，那得要整整一大阿僧祇劫去滅。但他們還沒有明心，所以還要回到六住位去設法證得七住位的眞如，然後加修非安立諦三品心；縱然這一些完成，入地了，他還有三界愛的習氣種子隨眠，要歷經一大阿僧祇劫才能滅盡。終於進入八地心了，此時八、九、十才三地心，卻是要一大阿僧祇劫去把「無始無明上煩惱的隨眠」滅盡；這樣來成佛，才能夠四智圓明，才叫作「畢竟涅槃」。這是簡單的說明。

所以，那一些二乘法中的凡夫們，口口聲聲說阿羅漢就是佛。我說他們都是愚癡人！因為不迴心阿羅漢連菩薩第七住位都不是。進入第七住以後也還在三賢位中，三賢位有三位：十住、十行、十迴向位。如今他們連十住位裡面的第七住的眞如都還不懂，憑什麼就說他們阿羅漢已經成佛了？就算眞見道而證了七住眞如，也只是七住菩薩罷了；連入地都還早著呢，何況能夠說他們成佛了？所以我說那一些高聲齊呼「阿羅漢就是佛」的人，全部都是凡夫！不離意識境界；因爲只要證得初果、只要斷三縛結，他們就絕對不會這樣主張，所以 如來的「畢竟涅槃」不是一般凡夫之所能知。

但是話說開來，無住處涅槃、有餘涅槃、無餘涅槃都依第七住位所證的本來自性清淨涅槃而施設、而建立；外於第八識眞如，沒有任何涅槃之可言。因爲本來自性清淨涅槃亦復依於第八識如來藏的眞如法性而施設、而建立，也是親證第八識的所有菩薩都可以現觀的事實，這才是畢竟涅槃的道理，所以畢竟涅槃的境界難可了知啊。諸位看，我那個《涅槃》的連載，單單講初地眞如，要作那麼多的辯證。本來我的構想：《涅槃》這本書是只要一冊、五百多頁就可以了。結果現在呢，沒有辦法成爲一本五百多頁的書，要成爲上下兩冊各四百多頁，合起來就是九百頁的書。爲什麼會增加那麼多？因爲對於什麼叫初地眞如、什麼是入地？這裡面所發生的眞見道、相見道以及見道的通達位，那個法義牽扯太龐雜了，末法時代有人弄不清楚，所以不得不增加這麼多的篇幅。

本來我是有點困擾：「講涅槃就講涅槃，爲什麼要扯上這麼多呢？」那時候覺得是備受干擾——被人干擾了！我心裡面想：增上班都學這麼久了，還會有這個問題？到後來寫上兩三週以後，心念一轉說：「現在他會有這個問題，看來未來的佛弟子們依舊會有這個問題，不是親證了眞如就沒事。」所以想想，還是快快樂樂把它寫完，就變成上下兩冊了。因爲我如果這一世沒把這個問題給解決，未來世他們還是會有問題；一定也有別人跟他一樣會有問題呀，不如借他的因緣，等於爲大眾先打了預防針，那未來世我再來的時候，可以混在親教師裡面，不必出頭忙得這麼辛苦。所以涅槃是否畢竟？不是簡單的一回事啊。（編案：這是二〇一八年元月講的，《涅槃》套書是在二〇一八年九月出版完畢，但後來二〇二〇年的琅琊閣、張志成等人依舊陷入同樣的邪見泥淖中不能自拔。）

所以二乘涅槃其實是很粗淺的，縱然這麼粗淺，但是到末法時代，已經令那些大法師們都弄不懂了，還得要我寫《阿含正義》、再寫這一部《涅槃》來爲大家說明。那如果要講到「畢竟涅槃」，他們純粹只能想像。對啊！因爲連本來自性清淨涅槃，他們都得用想像的。所以想像了很多年以後，聽說有部派佛教遺緒的六識論者出家人，到現在還寫書在主張說：「解脫道比佛菩提道更勝妙。」唉！聽到了這件事，我都覺得額上三條線，可是對方自己還洋洋得意，這樣公然主張，還寫在書中呢！眞是不知道怎麼救他們？所以「如來畢竟涅槃」，這不是二乘定性聲聞的凡夫們所能信解，不論「信」或者「解」都難啦！

然後接著說：「如來畢竟涅槃，而實如來常住不滅。」這麼樣講，好像衝突矛盾呢。從文字表面、從語言表面的意涵來看，這是非常衝突，好像以己之矛攻己之盾一樣。既然「畢竟涅槃」那就是一切滅盡，可又爲什麼說：「如來常住不滅」？這個道理難可思議啊！只有如實證解二乘涅槃，並且如實證解大乘涅槃之後，才不會覺得矛盾；這也就是我十幾年來一直在講的道理。解脫道是依於現象界裡面的蘊處界等法的滅盡，不再接受後有，永遠不現於三界中，這樣來說二乘涅槃，這就是有餘依涅槃、無餘依涅槃。可是般若的實證是要證得「此經」，「此經」名爲第八識如來藏；而「此經」如來藏時時刻刻、刹那刹那都在顯示祂的眞實而如如的法性，這個眞如法性就是本來自性清淨涅槃，而這個眞如心常住不滅、無生無滅，當然「如來常住不滅」。

如來依於此心爲大眾傳授二乘解脫道，也依於此心爲大眾傳授佛菩提道，這是《阿含經》中具載的事實。而此心第八識常住不滅，並且已經證得四種涅槃之後，如來就不需要入無餘涅槃了。假使你證得本來自性清淨涅槃，然後現觀二乘涅槃也是依本來自性清淨涅槃所施設，因爲阿羅漢滅盡蘊處界，入無餘涅槃之後，還是這一個第八識心的常住不滅啊！還是第八識心本有的無生無滅境界。那麼這時候，如何須入無餘涅槃？如果再繼續進修而把習氣種子隨眠滅盡，繼續進修而把異熟生死種子的隨眠、變易生死全都滅盡，也就是滅了變易生死，成佛了；這時候還需要入無餘涅槃嗎？不需要啊！所以沒有一尊如來成佛之後會入無餘涅槃。因爲從成佛的時候往前追溯，在兩大阿僧祇劫之前，就可以入無餘涅槃了；那時候就已經取證有餘、無餘涅槃，可是都不取無餘涅槃；當然是具有那個能力了、當然是具備那兩種涅槃了，否則沒有辦法入地呀！那麼入地後又進修到成佛，成就了無住處涅槃，所以涅槃的一切應斷、應證都已經具足了，這時候還需要入無餘涅槃嗎？所以對一個親證的菩薩來講，入無餘涅槃已經沒有必要了，但不代表沒有證得無餘涅槃啊。

老實說，無餘涅槃的境界，在你現在五陰仍存的時候就已經存在了。我不是這一世才講的，往世在天竺時寫的論裡面，就已經講過這個道理了。這不是玄想、不是玄學，這是義學；是我親證之後，我可以傳給大家，大家也可以親證、也可以如是現觀，這不是空口白話。因此說 如來講的「**如來畢竟涅槃，而實如來常住不滅**」，這是眞實語，一點點欺誑都沒有、一點點的矛盾或衝突都沒有！但這個一定要你先親證了第八識，現觀祂的本來自性清淨涅槃，才能夠依我所說隨聞入觀。你如果親證了，我一面講、你一面聽聞、一面作現觀，一定會證實說：「**果然如此！**」所以 如來提出第三點來，諸位就可以接受了：「**般涅槃者非毀壞法。**」那些六識論的二乘凡夫都認爲說：「**般涅槃就是毀壞法。**」可是對「般涅槃是毀壞法」他又不全然接受。

他們首先依於《阿含經》的字面意思去理解，就說：「**入涅槃就是把五蘊、十八界、十二處、六入全部都滅盡。**」從字面意思這樣來理解，可是又生起恐懼。怎麼恐懼呢？他心想：「**那我把蘊處界入全部滅盡之後，豈不是成爲斷滅空？**」於是又不敢滅盡蘊處界了。不敢滅盡，只好想方設法不落入斷滅空，於是就施設了一個「細意識常住不滅」，就回墮於生滅不住的識陰中了，依舊無法斷薩迦耶見。釋印順就是這樣，他的門徒就跟著這樣走，結果依舊落入意識裡面，與常見外道沒有差別。

老實說，古時候常見外道比他們更厲害；因爲人家證得初禪、二禪、三禪、四禪或者四空定，釋印順及他的門徒們連未到地定都沒有，他們那個「細意識」能跟人家比嗎？不行！其實只是欲界人間的粗意識。這就是我剛剛舉例《阿含經》講的「因外有恐怖、因內有恐怖」，因爲「內」這個如來藏他沒辦法證實，心中懷疑，這就是疑根不斷。這個疑根叫作惡根，不是善根；善根深厚的人無疑，只要 如來說了就算數；疑根不斷的人呢，如來講了，他當場聽了半信半疑；拜別了 如來、離開 如來以後，他就根本不信，連半信都沒！

所以後來理解說：「阿羅漢入無餘涅槃，是把蘊處界入全部滅盡，不受後有，一法不存。」他就覺得很恐怖：「啊！原來要把自我全部滅盡！」於是不敢滅了，所以想方設法要把這個蘊處界入其中的一部分至少要留下來啊，那就是「細意識常住」的主張。所以「般涅槃不是毀壞法」這個道理，末法時代的佛教界都不信；因此有的人嘴裡相信說：「般涅槃是要滅盡蘊處界入。」但心中其實不信，只是嘴上講一講說他信；問題是他信了以後，爲什麼還要把意識抽出一分來，建立說「細意識常住不滅」？又說「細意識就是眞如」？然後自己說話又顛倒過來說：「滅相不滅就是眞如。」這不是自我矛盾嗎？自己掌嘴了還不知道痛，才眞可悲！所以「般涅槃不是毀壞法」，證涅槃不一定要入無餘涅槃。

如果證得涅槃的人都要入無餘涅槃，十方世界中的佛就越來越少，到最後沒有人可以成佛，連成阿羅漢都不可能；因爲都入無餘涅槃去了，所以這三個法難信、難解啊。但是對諸位而言，不難信、不難解；因爲我實證了，也教導很多人實證了。如果二十幾年來就我一個人講，沒有人實證，諸位大可懷疑說：「你說的啊，只是一家之言，自說自唱，騙人的吧？」絕對可以這樣講啊。可是我不是這樣，我也幫助許多人證了，然後大家共同來證明：「果然如此！」這麼多人證了以後，回頭來閱讀聖教的時候，發覺　如來所說眞實、如來之言眞誠不二，你沒有辦法把它改變；這三個難可思議的道理，你沒有辦法去改變其中的一個；不要說改變三個，連一個都不可改變。

所以二乘聖者入無餘涅槃的時候，不是斷滅空，你也不能說他們證得的是毀壞法。既然如此，又何必入無餘涅槃？當你證得本來自性清淨涅槃的時候，你來現觀：阿羅漢把他的蘊處界滅盡，成爲無餘涅槃時，那無餘涅槃中的境界，就是第八識如來藏本有的本來自性清淨涅槃。既然如此，生也在涅槃中生，死也在涅槃中死；一世又一世，死而復生，生而復死，連綿不斷，結果都在無生無死的如來藏裡面啊！而如來藏本來無生，又何必滅了蘊處界去達到無生呢？所以 如來在大乘經典裡面說得很好：「**生即是無生之性。**」不正是這樣嗎？之所以有一世又一世的生死，是因爲這個從來無生無死的如來藏存在；而無盡的生死都是在這個「無生」的如來藏裡面呢！那你又何必要滅掉這個生死？這就可以發起大願來度化一切有情。

這樣現觀的結果，將來成佛了，也就不需要滅盡蘊處界；因爲你可以隨意主宰，而主宰的時候都是解脫的：究竟的解脫！畢竟的涅槃！這是在正覺同修會裡面實證之後都可以現觀的。這不是我蕭平實一家之言，因爲古時候的聖教諸經以及菩薩的論裡面都講過了，所以可信爲實。如果我這樣說明了，聽完了還是不信，那麼那個人大概就應該想說：「**啊！那我是二乘之人，**

一定是二乘凡夫啦！」所以那個人大概是下週二不會來了。那下週二如果我還看見你，就表示你不是二乘之人。

接著如來說了，重點來了：「此修多羅（修多羅就是『經』，就是說『此經』）離覆清淨。」「此經」就是如來藏，永遠都沒有遮覆、永遠都是清淨性。假使誰要不信，遇到咱們增上班的同修們隨便哪一位，你就抓了他說：「欸！這個如來藏眞的沒有遮覆嗎？」他一定會告訴你：「你的如來藏從來沒有跟你捉迷藏，每天都在你眼皮底下來來去去。」套一句古時候章回小說叫作「眞實則個」，說祂非常分明，不騙你，每天在你眼皮底下來來去去。你卻說：「欸！怎麼沒有？我怎麼都沒看見！」因爲你向外追逐，當然就看不見。所以，祂沒有遮覆！

對於還沒有實證的人來講，他說：「我已經參了十幾年、二十幾年，都還找不到。如今八十好幾了，我快走了，如來藏！你也拜託跑出來給我瞧一瞧吧。」可是如來藏無語，一句話也沒講。一句話都沒講，是不是都藏著、躲著？不！祂是個啞巴，祂成日裡在你眼前來來去去，從來不開口說：「嘿！我在這裡呀。」所以祂是離覆的。也許有人心裡面很想要問我說：「蕭老師！

你說祂離覆，**可我怎麼看不見？**」我就回答你說：「因爲你沒有慧眼嘛！」那當然一定要追問我了：「**那我爲什麼沒有慧眼？我要怎麼樣才能擁有慧眼？**」答案很簡單：把禪淨班學完了，進階班再學一學，然後多上幾回禪三，我就送給你慧眼。

以前西藏密宗有一個喇嘛，寫了一本書解說天眼，說天眼在哪裡？然後指著眉心說在這裡！這樣。那個作者叫作什麼羅桑倫巴、還是什麼名字？我大約忘記了！天華出版社出版了他一本書是這樣講的。我說那叫胡扯！天眼依心而有，不是固定在這個地方的；慧眼亦復如是，依心而有。所以假使誰說：「**欸！我只要把你玄關一點，你就悟了。**」那叫作欺世盜名！爲什麼要點玄關這裡才會悟？緣熟了，我望你腦袋瓜一槌敲下去，你也悟了。喔？玄關變成在頭頂啊？所以無論天眼、慧眼、佛眼都是「心」！不是肉體。那這個慧眼只要證得如來藏就出生了。那麼「**此經**」從來不跟你捉迷藏，任何一刹那都不曾躲藏過，時時刻刻大放光明。那 如來又說：「**此經清淨**」，不單是離覆，而且清淨。因爲當你證得這個心以後，你發覺祂無貪、無瞋、無癡。

有情爲什麼會起貪？因爲住在六塵境界中，所以有許多可愛、可樂之事可以追逐、可以安住、可以享受其中的韻味，所以起貪。爲什麼起瞋？因爲所求不得，或是遇到違心之境，所以起瞋；或者求得之後被奪走了，所以起瞋。這個瞋是因貪而有的，叫作「貪瞋」；如果是因爲執著我所，或執著自己，而被傷害了就起瞋，那就叫作「我瞋」。推究瞋的生起，還是因爲在六塵境界中有了「我和我所」；所以我的名聲被損害了，我要告死你、我要殺死你。如果離開六塵境界，還有什麼可瞋的？

至於愚癡或無明，愚癡、無明是相對於有智慧，相對於「明」而說愚癡、無明，因此笑人家笨，說：「你怎麼老是學不會？你好笨！」閩南話還有一句話說：「笨到不會抓癢。」形容他太笨。可問題是：不管是哪一種笨，都是因爲在六塵境界裡面，與別人相形之下就說他笨。譬如，相對於一個笨到不會抓癢的人來講，說那個會抓癢的人就是聰明；相對於世間法很伶俐、很聰明的人，說那個世間法學不好的人叫作笨、愚癡。同樣的道理，相對於無法實證三乘菩提的人，說他叫作無明具足；那是因爲他相對於三乘菩提能夠實證、有智慧光明的人，才說他叫作愚癡。但是證得三乘菩提，難道能夠離開六塵境界而證嗎？不行！所以證得三乘菩提、發起智慧了，也是在六塵境界中證得、在六塵境界中說有智慧；相對於這個有智慧的人，說他叫作無明、愚癡。可是「此經」從來不住在六塵境界中了別，哪來的愚癡？所以「此經」永遠都沒有貪、瞋、癡，當然祂是清淨的。

那祂一天到晚在你面前晃來晃去，可是你放著祂不看，老是在看五蘊、六入等，始終不離六塵境界，所以就像老趙州所說：「這個如來藏妙心卻像個販私鹽漢，挑著私鹽來來去去；那守城門的官吏老是沒看見祂。」唉！他講的眞棒啊！也許你們之中有人想說：「嘿，奇怪！這如來藏倒變成賣私鹽的漢子了？」不！那只是一個形容。販私鹽的漢子不被守城門的官吏看見，只有兩個原因：一個就是故意視而不見；另一個，就是他根本眼盲了所以看不見，或者私鹽販子可能穿了哈利波特那個隱形斗篷。

就是這樣啊，祂從來離覆，永遠清淨，但每天在你眼皮下來來去去；你如果有慧眼，也就瞧見了。這時候打破貪、瞋、癡，有智慧了！那麼有這智慧的時候，相對於你還不知道的部分，就說你愚癡、無明。對吧？所以明與無明是同時存在的，只是不同的層次有所差別罷了。到什麼時候只有明而沒有無明呢？成佛！那時才叫作「常、樂、我、淨」。所以 如來一點兒都沒有矇人：「此修多羅（此經）離覆清淨。」這是誠實語，今天我們來爲如來證明。

如來又說：「明顯音聲百千因緣分別開示。」因爲這一部經也就是如來藏很明顯的音聲，在百千的因緣之中爲諸位分別、爲諸位開示。我們講《法華經》、講《金剛經》時，有說到受持、讀誦，有沒有？對啊！但不是依文解義那個受持、讀誦。證悟以後，你每天都在讀這一部經；有時候會發覺：「欸！祂竟然是這樣；有時候又會發覺：欸！祂又是那樣。」那你就是在閱讀「此經」啊！閱讀之後，爲有緣人來講，那就是誦，把祂誦出來；這樣合起來叫作「讀誦」；「此經」用很明顯的音聲，爲大家分別、爲大家開示，可是一般人沒有慧眼就是讀不到。

那麼這時候一定有人心裡面想：「喔！那到底『此經』在什麼地方發出了聲音？我怎麼老是沒有聽到呢！原因在哪裡？」很簡單啦！因爲你沒有六通！有人又想：「嗄？想要證得『此經』先要學六通、要修六通喔？哇！那我要修到何年、何月？」不用啦！你只要有慧眼，就有六通了。怎麼叫作六通呢？因爲「此經」在你六根之中互相通流，那就是六通。

所以有人問廣欽老和尚說：「老和尚！聽說你有神通咧。」他說：「對啊！我有吃就有通。」欸！他還眞會開玩笑喔。但他說的是誠實語，有吃就有通，是哪一通？就是「此經」！所以這個「明顯音聲」，不要把祂當作世間音、世間聲來解讀。諸位坐在這裡聽經、我在這裡講經，這時候不論是你的「此經」，還是我的「此經」，同樣都用很明顯的音聲在爲大家分別、爲大家開示。也許聽到這裡還不太清楚，那我就借禪宗祖師的話來講：「此經開示的音聲，此經開示的分別音聲，爲我們分別的音聲，你要用眼聽，不要用耳聽。」一朝會了，拍案叫絕：「啊！如來說得好啊！」從此對 如來一切言說完全信受，依教奉行。

那麼爲什麼說「百千因緣」？「此經」怎麼說個「百千因緣」的道理？其實呢，一覺醒來，你這覺知心剛生起，「此經」就已在用「明顯音聲」爲你分別、爲你開示了；然後一直爲你分別、爲你開示到你晚上躺上床，祂還在爲你開示，直到你睡著；當你睡著了，不爲你開示了，祂只管自己的事，不管你了。所以 如來說的是誠實語，因爲這是每一個人證悟之後，都可以如實現觀的。「現觀」懂嗎？叫作現前觀察，不是想像的。

你看，這樣今晚來聽這一部《大法鼓經》，有沒有值回票價？（眾答：有。）對啦！不單車票錢值回來了，十百千倍的回收都有了。如果我要是依文解義的話呢，諸位甭來了！也就是說，要把如來所講的眞實義呈現出來，這樣講經才有意義。如果哪一天大家都聽不懂，該我講經，我還是會這樣講；聽不懂，也得這樣講，因爲不能加以曲解、不能加以淺化，至少講完了可以世諦流布，大家讀了說：「嘿！原來如來的意思是這樣。」雖不能證，心嚮往焉；這樣也種下「佛菩提種」啊！所以我永遠都不會用世俗的、依文解義的層面來講；即使沒有人可以隨聞入觀，我也得要如實講，這樣大眾可以種下未來證悟的種子；至於會被人嘲笑或什麼的，那當然不在話下，但是也不在我的考慮之中。

那麼如來這樣開示完了，作個結論：「是故，迦葉！當更觀察此諸大眾。」如來的意思是什麼？是問大迦葉說：「在這個法會裡面的大眾，大家都能夠這樣信受，都能夠這樣勝解嗎？所以，迦葉啊！你要再一次觀察大眾啊！」言外之意是：「你都觀察好了，確定大眾都可以接受『此經』了，然後我再正式開始講《大法鼓經》。」原來現在還沒有開始講！（大眾笑⋯⋯）可是，你認爲已經講了還是沒有講？（眾答：講了。）對啊！諸位厲害！厲害！如來眞的講了，這就是總說，只是十方諸佛世界前來的菩薩們大部分人沒聽見。

如來先講一個大概，先把「此經」捧出來跟大家相見了；但是要細說呢？得要看法眾能不能接受。其實呢，如來說還沒有開講時，就已經講完了！可是如果這樣就講完了、就下座，後人怎麼能理解呢？所以 如來還得再辛苦講一講。不但自己辛苦，還要再勞動大迦葉等人再辛苦一下。辛苦幹嘛？要過濾，避免法緣不足的人聽聞之後，生起煩惱、毀謗「大法」。所以這個「大法鼓」不隨便敲擊，就是要好好地過濾一下，如果大眾果然清淨、果然純一，全都是菩薩種姓了，那時候再正式開講。正式開講就要細說了，就不是講總相了；所以到此爲止，只是講一個總相。那麼接下來，這部經的發展又如何呢？我們再來聽聞：

經文：【時大迦葉即復觀察彼諸來者云何而來，時剎那頃，下信眾生及聲聞緣覺、初業菩薩自惟不堪，生退捨心。譬如王家力士衆中，有名千力士者，從座而起，擊鼓唱言：「誰能堪任與我鬥力？」其不堪者默然而住，心自念言：「我不堪任與彼鬥力，或能傷損以致失命。」於彼衆中無敢敵者，乃名勇健難伏力士，建大勝幡。如是，下劣衆生及聲聞緣覺、初業菩薩作是念言：「我不堪任聽受『如來已般涅槃而復說言常住不滅』，於大眾中聞所未聞。」從坐而去。所以者何？彼人長夜於般涅槃修習空見，聞離覆清淨經故，從坐而去。】

語譯：【這時大迦葉就再一次觀察，從各處來到法會中的這一些人是怎麼樣來的；這時，一剎那之頃，那一些下信的眾生以及聲聞、緣覺和初修菩薩道正業的菩薩們，自己思惟，覺得不堪領受，生起了退卻棄捨之心。就好比國王家中的力士大眾之中，有一個人名號是「有一千個大力士的力量」，他從座位上站起來，擊鼓高聲地說：「誰能堪任與我比鬥力氣？」這一些力士之中，自覺不堪的人就不敢開口應答，默然而住，心中自己起念說：「我不堪任與這個名爲千力士的人比鬥力氣，也許我會被他傷害而損及身體，乃至於失去了生命。」於是在這些力士之中，沒有人敢出來與他敵對。像這樣的千力士才能說是很勇猛、很雄健的、難伏的力士，他算是建立了大勝利的幢幡。就像是這個道理，下劣的眾生以及聲聞、緣覺和初修菩薩道業的菩薩們，他們心中這樣子想，就這樣子自言自語說：「我不堪任聽受『如來已經般涅槃，而又說如來是常住不滅』的這種說法，在大眾中是聞所未聞哪！」於是從座位上站起來就離去了。爲什麼會這樣呢？因爲這一些人在無明的漫漫長夜之中，對於般涅槃都是修學、熏習「一切法空」或是「緣生性空」的邪見。聽聞到「此經離覆清淨」之說法的緣故，他們不堪領受，所以從座位上起立就離開了。】

講義：如來早就料定了！因爲 如來一念之間可以知諸眾生心；如來有宿住隨念智力，不必用神通去觀察，一念就知了！這就是大圓鏡智跟成所作智的功德。所以大迦葉聽聞 如來說：「當更觀察此諸大眾。」他就開始觀察，觀察所有大眾：「這一些來到法會現場的大眾是怎麼樣來的？他們是爲什麼來的？」當然要這樣觀察。如來一定是早就知道了，所以《大法鼓經》不輕易宣講。假使 如來剛剛說：「此修多羅離覆清淨」等，結果在座的菩薩們拍手微笑，如來當然就知道：這是法眾！如果大眾「瞠」目結舌，那就不是法眾了。所以一定要先瞭解法眾。那你把總相捧出來了，他們看不見；當大部分人都看不見、不知道、聽不懂，那就表示不是適合的法眾。因此說法不能隨便講，要因時、因地來決定你說什麼法。像這樣講經，到外面去講，人家說你神經病，沒有人信我，就會說：「唉呀！那是蕭平實一家之言，不是如來法。」乾脆就否定。如果這樣害他們造口業，結果我也要分擔一分口業，何苦來哉！好，今天只能講到這裡。

《大法鼓經》上週講到第五頁第二段的第一句，今天要從第二句開始講：「時刹那頃，下信眾生及聲聞緣覺、初業菩薩自惟不堪，生退捨心。」在我們這個娑婆世界，想要聽聞《大法鼓經》也不容易！至於十方佛土的純一清淨世界，還沒修完六度的人，那就沒得聞了。臺灣佛教復興大概有將近五十年了，前面那些時候有誰講過《大法鼓經》？也沒有啊！那我們正覺就有一個特性，專講別人不講的經。且看我們以前最早講的一部經叫作《楞伽經》，那部經釋印順倒也講過，不過他依文解義之外，所講的內容也是錯誤連篇。那我們又講了《優婆塞戒經》，也是末法時代沒人願意講的，然後我們又挑了一部很多人都罵作偽論的《起信論》來講。然後特別還選了一部沒人要講的《楞嚴經》，自古以來沒多少善知識敢講《楞嚴經》，這部經剛好也被釋印順等人當作偽經。那我們陸陸續續又講了一些經典，其中就是最後一部的《佛藏經》更是沒有人願意講、也不敢講，因爲他們講的時候都會覺得自己被 如來罵在裡頭了。所以我們講的經其實都很重要。

由於這些大乘佛教中最重要的經典，卻必須要證悟以後才有能力講；特別是《楞嚴經》，要是沒有「無生法忍」，縱使悟了，很多地方也是霧裡看花——有讀沒有懂。我們在早期講《成唯識論》，那時候其實太早講，大部分人聽不懂；因爲那時候我把大眾估計得很高，沒有悟的人一樣可以聽。以前講《成唯識論》沒有限制先要明心以後才能聽，所以大部分人聽不懂；至於其中證悟的同修們就都能全部聽懂嗎？也只是聽懂少數內容，這就是我們正覺的特異性吧！後來二〇〇三年開始講《瑜伽師地論》，現在是二〇一八年，都十五年了！我從五十九歲講到七十四歲，還沒講完！但是我相信根本論——這部《瑜伽師地論》講完了，緊接著增上班講《成唯識論》，就會有大多數人聽懂了；因爲很多人不但證悟了，而且還聽過《瑜伽師地論》了，現在也限制證悟後在增上班中才能聽，這就容易懂了。

所以我們講的經論只能在正覺同修會裡講，去到外面沒有知音的。其實比較淺的這一部《大法鼓經》，佛教界也沒有人願意講啊！對他們而言，可以說是不知所云。可是正因爲難得聽聞、難得眞正理解，所以我才要講；如果大家一讀就懂，我就不用講，大家自己去讀就好了。那麼這部經應該一兩年內就講完了，接著就講《不退轉法輪經》，我最近開始作經文斷句了。那部經諸位也別太期待，因爲剛開始講信行、法行，你眞還會覺得有點兒枯悶；可是等到天魔波旬來幫忙，演出了這一齣「無生法忍」大戲的時候，只要你有觸證到如來藏，你一定是一面聽、一面很想鼓掌；可不能鼓掌，怕影響到大眾的熏習，可是免不了你聽到後面了，一定會心一笑。

這就是說：了義的經典不容易得聞，而這個現象是自古以來本就如此；所以古時候，了義經典的深入演繹，那是要觀察法眾適合才講的。因此古時候禪師幫助弟子們悟了以後，也得要弟子們自己去讀，禪師不再跟你解釋經典的。所以有一句話很流行：「師父引進門，修行在個人。」但我們不是！我把你們引進門了，後面修行還用繩子拖著你，繼續往前走；這樣速度才會快呀！可是就辛苦。諸位辛苦啊！我的辛苦不算什麼，諸位就是辛苦！好在你們不怕辛苦，所以我也就不覺得苦，還是樂在其中，繼續講。這表示：非依文解義的、了義的解經是不容易的。那我們終於把《法華經》也講完了、

《佛藏經》也講完了；來聽這一部經，應該速度就要加快，聽起來應該會覺得比較法喜。當然我也知道諸位以前聽《佛藏經》，聽到後半部的時候，心裡老是覺得很沉悶；但那無可奈何，因爲 如來講的就是末法時代的破戒比丘們；好在諸位捱過那一段覺得沉悶的時光了。

現在回來說這部《大法鼓經》，是不是每個人都聽得進耳？「**聽進耳朵裡，從另一個耳朵跑出去。**」這是很多老師會罵學生的話：「**你總是右耳進、左耳出！**」可是我告訴你，這部經，二乘之人連聽都不想聽；不要說右耳進、左耳出，根本就聽不進去！就好像 如來即將宣演《法華經》的時候，五千聲聞當場退席，因爲他們聽不下去，完全不信 如來要說的境界。那這部經講的內涵也是一樣，談到「有與非有」二乘人不信，因此 如來要宣講之前，先要確定在場的法眾合不合聽？不合聽，就得施設方便讓他們走人；因爲說法的時候法樂無窮，也希望聞法者法喜充滿，不要讓人家坐在那裡，聽到後來說：「**早知道我就走人了！**」可是不好再走了，那他要忍很久的。

假使是「法」上的忍，那是很好的，可是不喜歡的忍，這忍就不好了！所以 如來得要吩咐大迦葉：「**你再觀察、觀察法眾，這些法眾合不合聽？**」

如果這些法眾不適合聽，那就不應該講。那大迦葉因爲如來的吩咐，所以就觀察各個地方來的、以及從十方世界來的這一些法眾。當他開始觀察了，這個時候，大家發覺大迦葉尊者在觀察，在場的下信眾生（現在這一句講的下信眾生，是在這個娑婆世界、這一個地球上的「下信眾生」），以及聲聞、緣覺，或者剛開始修菩薩道，這六度萬行才剛剛在修「布施度」還沒有完成——這樣的初業菩薩「自惟不堪，生退捨心」。因爲如來已經說明：「這部《大法鼓經》即將宣講，而這部經不是二乘凡夫所願意相信的法門，也是初學大乘的菩薩聽不懂的。」所以他們會想：「那如果不迴心的二乘之人都不願意聽，那我還要留下來聽嗎？」這時候，他們自己認爲不堪聽受，因此就產生了退捨心，就準備要離去了。

諸位善根深厚，覺得：「蕭老師講這個經很好啊！我很喜歡聽。」可是諸位看看釋印順那一派人，以及信他的那些大山頭法師與信眾，有哪個人喜歡聽？很少數、很少數啦！當他們聽到你說：「確實有如來藏這個第八識眞如，眞實可證。」他們扭頭就走，不願意再聽第二句，完全不信，但是這裡講的「下信眾生」就不一定像是他們那一種人；那種人除了不信，還要否定你，可是「下信眾生」不會否定你，但他會想：「這經太深了，大概我聽不懂；繼續聽下去一定會很痛苦。」這叫作「下信眾生」；但他相信　如來講的一定對，只是聽不懂，所以生退捨心。那麼不迴心的聲聞、緣覺，不管他是凡夫或者是阿羅漢都一樣，他們都不喜歡聽，所以他們也會離去。

也許有人想：「那二乘聖人既然證得阿羅漢果、緣覺果了，為什麼他還不想聽？」我舉個例說，阿含有四大部：《長阿含》、《中阿含》、《雜阿含》、《增壹阿含》。這四大部阿含是由五百位聲聞人結集出來的。據《阿含經》自己的記載：這五百人裡面有四十位是阿羅漢，其他的就是三果、二果、初果以及凡夫，總共五百人。他們結集出來四大部阿含，總共兩千多部的經典中也有提到如來藏的，但是證得如來藏之後，如何進修才能成佛？完全沒有提及！可是他們卻命名作《阿含經》。「阿含」這兩個字的意思是什麼？寓有成佛之道的意涵。那麼依著《阿含經》去修，成阿羅漢以後，假使智慧夠深利，也只是明心而已；可是明心距離佛地是多麼遙遠哪！他們竟敢命名為《阿含經》！當時　文殊菩薩聽完結集內容時當場抗議也沒用，那五百人不改就是不改。文殊菩薩當時抗議說：「你們結集出來這些經典，有的是大乘經，可是原來的内容不是像你們結集的這樣，要改啊！」他們也不聽，就堅持說：「結集已經完畢了。」所以 文殊菩薩最後只好撂下一句話說：「吾等亦欲結集！」說：「我們也要結集！」才會有後來的本緣部、般若部、方廣部……等經典，就是七葉窟外的千人大結集所結集出來的。所以你看：那其中至少有四十位阿羅漢，不正是聖者嗎？爲什麼他們不願意改？所以不要認爲說：這裡講的聲聞、緣覺，那一定全都是凡夫位的聲聞、緣覺，這可不見得！

二乘人如此，那「初業菩薩」呢？如何定義初業菩薩？菩薩總共五十二個階位。以菩薩自居，宣稱爲菩薩的人，其實還是以十信位居多。十信位是從初信到十信，即使修到十信，還沒有滿足十信心之前，他們對三寶都還是疑多信少，這就是標準的初業菩薩。那如果努力在修六度了，修布施度，像慈濟那些人在修布施了，可是沒有眞修菩薩六度，因爲被邪見誤導了，所以有布施而無得度；那其中有的人善根不錯，眞修菩薩六度了，現在還在布施度中。而他們去受戒的人多不多？很多嗎？有超過一半嗎？或者有超過五分之一？我不知道咧！他們受菩薩戒是不踴躍的。不信，諸位去人家傳戒的戒場看看：有多少人是從慈濟去受戒的？因爲他們都以身爲慈濟人自豪，不屑於去別的寺院受菩薩戒，那你說他的持戒度修好了嗎？

至於精進度就不用講了！據證嚴比丘尼她自己的書上講的，她所謂的「心靈十境」書中講的就是十地菩薩境界，但她說的初地菩薩都還會打麻將。對啊！義工作完了，就打電話：「三缺一啊！你趕快來呀！」是她自己書中講的啊。有這樣的初地菩薩，無怪乎現在是末法時代。那你說她們持戒修得好嗎？有人受了菩薩戒以後，還去打麻將的嗎？不管它一臺多少錢，一臺一塊錢也是賭博啦！那你說她們持戒有沒有修好？沒有！因爲她們的「初地」菩薩還會邀三缺一打麻將，所以他們那些人都要歸類爲「初業菩薩」，因爲菩薩六度萬行她們才剛剛開始修，全都是有布施而沒有波羅蜜。然後佛教界有很多人去受了菩薩戒，也還算是初業菩薩；至少得要忍辱度修過了，依舊繼續再精進才行。

所以只要人家有說大乘經典，是了義的法，不是依文解義，那就一定想方設法要去聽；這樣修上一段時間，就不再說他是初業菩薩了。這樣，要請問諸位：「你們是不是初業菩薩？」（眾答：不是。）嘿！很有把握！果然不是。因爲這麼勝妙的、深奧難解的了義經典你們願意聽，甚至你們還有人是每週搭飛機來聽，眞的不容易啊！表示你們不是初業菩薩了。

初業菩薩於《大法鼓經》不堪聽受，才剛剛聽說這部經講的是「有與非有」，是很深奧的法，諸佛世界不容易聽聞；心裡面就開始害怕、開始退卻了，老想著：「**我大概聽不懂吧？**」這就是初業菩薩。因此有三類人不堪聽聞，就是：下信眾生、聲聞緣覺、初業菩薩。可是也許有人心裡面想：「**爲什麼談到下信眾生？聲聞緣覺、初業菩薩倒也合理，哪來的下信眾生？**」這也得要知道。

以前 如來講經的時候，聽眾不一定都是佛弟子，所以尚未歸依三寶的人，或許是外道、或許是他還沒有開始修行，都有；但是這一類人還不到熏習了義法的時候，就是「**下信眾生**」。這三類人「**自惟不堪，生退捨心**」，這是正常的事。所以臺灣佛教界，我們出來弘揚八識論的正法二十幾年了，依舊有許多人不信受第八識，只是不敢開口反對罷了；那他們漸漸轉變，就是偷偷去書局買了我的書，回家等到安板以後偷讀，免得被堂頭和尚知道了處罰，就是這樣啊。

所以「了義法」不是每一個人都能信受的，那麼這時候就有一個譬喻來說明。譬如國王他總是養了一群力士眾，因爲國王他身邊的那些衛隊（也就是身邊的侍衛），一定要孔武有力；這些力士大眾一定其中有一個最厲害的。那國王這些力士大眾裡面有一個力士叫作「千力士」，表示他的力氣猶如一千個人那麼強壯。那這個千力士從座位上站起來而且去擊鼓，因爲他希望更多的人注意到他講什麼，所以擊了鼓，然後大聲講出來：「你們誰有能力，自認爲可以跟我來鬥力氣的？」就這麼一句話。這時所有力士們心裡面想：「你是千力士啊，我們大不了是三力士、五力士吧！我們不足千力啊。」於是心裡面想：「我不堪任跟那個人鬥力氣，一定比鬥不了啊！」當然默然而住。

他們的想法也很簡單：「因爲千力士的力氣跟我這個小力士的力氣比起來，相差太多了；他的力氣多過我好幾倍啊！我萬一跟他鬥了起來，假使被他扭斷了手腳，這還是小事；一個不好，把我的命也給賠進去了。」他們都這樣想，所以力士眾之中，沒有一個人敢出來跟他敵對，於是這一名千力士就稱爲「勇健難伏力士」。所以當他這一次擊鼓唱言完了，就等於高舉了一根大旗幟一樣；那大旗幟上面就寫著：「勇健難伏力士」，就等於這個意思。

這也好像咱們正覺，有點類似喔！我往臉上貼一點金箔吧。我們出來弘揚第八識如來藏正法，我們剛開始時處處與人爲善，結果處處遭受打壓：有的說我是邪魔、有的說我是外道……，什麼樣的罵法都有。既然如此，一不作、二不休，乾脆我把那些人都給拈提了，看他們怎麼回應？結果有頭有臉的人都不回應，倒是引來一個跳梁小丑回應，在三大報上刊登半版廣告罵我。然後，接著就沒有人敢寫文章或者出書來說：「**你正覺講什麼如來藏，那是外道神我等等。**」就沒有人敢講了，那我們就像建立了「大勝幡」一樣。所以臺灣佛教界後來變成一個說法流傳出來，這徒弟請問師父說：「**師父啊！我也很想開悟，您幫幫我吧！**」師父拉到旁邊去說：「**你去正覺！別說我講的。**」欸！這好像眞的有一支無形的「大勝幡」。那爲什麼這樣？想一想，我個頭不大，聲音也不是絕頂響亮，爲什麼佛教界會害怕？那是因爲法道不同——法不同、道不同，我們修行的方法不一樣，我們說的法也跟他們的意識境界不一樣；這就是「道」與「法」都跟他們不同，那他們無可抵敵啊！

完全不忍受人家評論的釋印順，竟然對我很多本書指名道姓評論他，而終生保持默然，修養眞好！這當然是有原因的，就是因爲這個「法」大；這個法大過他講的所有法，可不只是力士與千力士的差別，那是百千萬倍的差別啊！所以自從正覺出來弘法之後，釋印順開始過那二十年不愉快的生活，悶悶地過日子，只好這樣子了；不是因爲蕭平實這個人孔武有力、魁梧莊嚴，不是這樣；是因爲這個「法」大，而他無可抵敵，所以只能默然，這個道理是相同的。

所以說：「如是，下劣眾生及聲聞緣覺、初業菩薩作是念言：『我不堪任聽受〔如來已般涅槃而復說言常住不滅〕，於大眾中聞所未聞。』從坐而去。」我們剛出來弘法時，說無餘涅槃不是斷滅空，因爲無餘涅槃中有本際常住不壞。我們也說：「釋迦如來示現般涅槃，其實沒有入涅槃，仍繼續在十方世界利樂有情；也仍然住持這個娑婆世界的正法。」釋印順他們讀了、聽了，老大不爽，可是能奈我何？沒辦法！因爲我講的是事實！可是我當年講出來的時候，整個佛教界對這種說法都是聞所未聞。他們熏習釋印順的邪見久了，都認爲：「唉！釋迦牟尼佛入無餘涅槃去了，那就等同灰飛煙滅了。」說就像稻草燒成灰，又被風吹散了，連灰也不見了。如果成佛是這樣，豈不等同「斷滅空」？可他們這樣相信哪！但我出來講的跟他說的完全不同，於是他們才會抵制說：「欸！如來藏是外道神我。」也沒想到我從很多的層面來證明第八識如來藏不是外道神我，反而證明他們的「細意識」才是外道的神我，於是他們只好默然。

「下信眾生、不迴心的聲聞緣覺以及初業菩薩」都是如此的，但是有一部分初業菩薩不會毀謗第八識妙義，不迴心的凡夫位聲聞、緣覺往往都會毀謗；他們這樣想：「我不堪任聽人家說：『如來已經般涅槃，而又說如來是常住不滅。』這樣的說法，我不能接受；而且以前我在大眾中，從來沒有聽聞人家這樣講過。」他們不接受。不接受，但明知道 佛陀要這樣講，他們還坐得住嗎？當然心裡面老大不高興：「唉！佛陀一定要亂講，我不聽啦！我要走了。」於是「從坐而去」。

我講經二十年了，從坐而去的人是偶爾才能看得見，很難看得見；大概一年可能會有一個、兩個吧！沒有說一整批人就這樣走掉的；但是我一向風度很好，我都裝作沒看見，不要讓他覺得難堪。也就是說，依表相上來看，如來已經般涅槃了；可是 如來般涅槃之後，假使就像灰飛煙滅一樣，那成佛有什麼目的？成佛又有何意義？等於成佛之後就拋棄眾生而去，也成為斷滅空了！不是嗎？那要請問：成佛之後，難道就把入初地時發的十大願給捨了嗎？那這樣就要叫「十有盡願」，不叫「十無盡願」了！那十大願是每一個願都說：「虛空有盡，我願無窮。」嘿！現在成佛了，就把眾生捨了？虛空都還沒有盡呢，你的願就先盡了！有這個道理嗎？

所以那些人就是對成佛之道的內涵與次第完全無知，或者完全不信受，才會說：「如來般涅槃就是灰飛煙滅了！」那他們的主張就是說：「大乘佛經就是因爲佛弟子對如來的永恆懷念，所以才寫出來的。」但現在有個問題了：大乘佛經是不是遠遠勝妙於四阿含？是喔！這是無可推翻的事實啊！那是不是他們在指控說：「後代的佛弟子比如來的智慧更好？」這可是謗佛！所以這些人眞的叫作膽大妄爲！那種膽一百個全都借給我，我一個也不敢用啊！當你對佛菩提道通達了，你就不敢這樣講。

所以當年我說：「如來證得究竟佛果，然後示現涅槃，其實不是眞的入涅槃；祂是依無住處涅槃，繼續在十方世界利樂有情。」他們不信！當年我講的《邪見與佛法》，我說：「阿羅漢沒有證得涅槃，證涅槃是如來方便說。」臺灣佛教界還好，因爲我把那本書壓後一年再出版。我先寫了《宗通與說通》

出版後，過一個月才出版《邪見與佛法》，所以臺灣還好。大陸可就有趣了，有的大陸同修拿到書說：「啊！這講得太好了！」趕快去印了兩千冊，大陸各寺院都寄。沒想到大家群起而攻，說臺灣出了個邪魔外道。其中有一個法師，前些年往生了（是河北一個大禪寺的方丈），當年他燒書燒得最厲害，可是十幾年後命終前告訴徒弟們：「我那些講禪的書都不要再出版了，剩下的都燒掉。你們以後都不要再評論蕭平實了，他是有證量的。」我說這樣好，他至少可以來世保住人身。這表示他一定已在 佛前懺悔過了，無妨保住人身，來世繼續出家，當個好的修行人。

這表示什麼？表示我們講的這個法，一般人聞所未聞，難以信受！從表相來看：「明明釋迦老爸就入涅槃去了，你卻說祂還在十方世界利樂眾生，我怎麼相信呢？」他們是這樣想的。可是問題來了：每一尊如來度化，或者說住持佛法的世界，是一個三千大千世界；三千大千世界有很多、很多的小世界，難道一尊佛只在其中一個小世界示現成佛，入涅槃後就不理其他小世界的有情嗎？有這個道理嗎？所以我說釋印順是個老糊塗啊！他說：「釋迦牟尼佛的成佛只是人類史上的一個偶然。」意思是說：「因為或然率的關係，突然出現有一個人成佛了。」那表示什麼？他不相信三大阿僧祇劫五十二個階位的修行次第與內涵，他不相信，所以才會主張說：「阿羅漢就是佛。」如果阿羅漢就是佛，那佛世就有許多佛了？唉！太棒了！一千兩百五十位的大阿羅漢座下，還有很多阿羅漢，數倍於那一千兩百五十位，那不是諸佛滿天飛了？但是不可能！

一個三千大千世界只有一尊佛，這尊佛在一個小世界示現八相成道、示現入涅槃之後，是不是這個三千世界其他的小世界，都還等著祂去示現？是這樣的！所以那一些人眞的是從聲聞法剛開始要修學大乘的「始業菩薩、初業菩薩」。所以你看釋印順活到一百零一歲，他二十九歲就出家，你看他的戒臘多高！有史以來能夠比他更高的，除了趙州老和尚、虛雲法師，還有誰？大概也找不到幾位了；可是戒臘這麼高的人，仍然要叫作「初業菩薩」。凡是對於「如來已般涅槃而復說言常住不滅」不相信的人，都是「初業菩薩」；因爲他宣稱他修的是菩薩道，否則就要說：「他是聲聞、緣覺道的凡夫！」

我爲什麼指責他是凡夫？因爲他沒「斷我見」，他執著「細意識」常住啊！還誣賴禪宗祖師們證悟的就是「細意識」或是直覺。所以他說的細意識是什麼？是直覺。但直覺哪有細？直覺還在六塵中運行，具足五塵哪！「細意識」少說也得二禪等至位的意識吧？應該是非想非非想定中的意識才是眞的細意識。二禪等持位的意識都還不能稱爲細意識，他連這個都沒有！因爲他那是「五俱意識」，連初禪的證量都沒有，所以我要說他是聲聞凡夫冒充菩薩！表相上他是個「初業菩薩」，本質上是個聲聞凡夫！整個佛教界大概只有我敢這樣指控他，誰要敢寫一篇文章出來這樣指控他，一定被他那一群徒弟們罵慘了。

所以「初業菩薩」不信這個說法，聲聞、緣覺的凡夫就別提了，那麼「下信眾生」更不用說了！這一些人心裡面想著：「你說如來已經般涅槃然而卻又是常住不滅的，這我沒聽人講過啊！你教我如何相信？」在末法時代就是這樣，你想要跟人家講解眞如、講解如來藏，難啦！所以那位祖師是誰？是寒山，不是寫了一首偈嗎？說：「教我如何說？」眞的啊，太深奧了！要怎麼去跟那一些「下信眾生」們講？所以今天我可以坐在這裡講這部《大法鼓經》，有諸位很信受，我就應該覺得很幸福吧？對吧？因爲有你們，我才幸福啊！要不然我對著空氣講，法喜何來？所以說老實話，我得感謝諸位呀！

講到這裡，沒有一個人「從坐而去」（大眾笑…），眞棒！

那爲什麼那一些人（這三類人）會「從坐而去」呢？總得有個道理吧！所以說：「彼人長夜於般涅槃修習空見，聞離覆清淨經故，從坐而去。」你們看看釋印順那一派人是不是這樣？他們眞的住在無明長夜裡面，不論你怎麼跟他們講，他們都不信的，這叫作無明長夜。無明長夜眞的是漫漫無際，永遠是漫無邊際，太長久！什麼時候才能夠見光明？很難講！只要邪見一天不改，那就永遠都是漫漫長夜。他們就在這種無明長夜之中，去修學般涅槃。

其實每一個人都在無明長夜之中修學般涅槃，但是有的人呢，他是乍見曙光；是唸作「東」光還是「暑」光？現在我都不會唸了！因爲學校的課本常常改。可是有的人永遠不見曙光，爲什麼呢？因爲他們修習「空見」。打從我們出來說法開始，就說「空性」不是只有空，空性是眞實法，所以祂具足了空、有兩法；因爲一切三界「有」莫不從這個「空性」出生，所以祂既有「空」性，也有「有」性。

可是當年佛教界很少有人願意信受，所以我剛出來弘法的時候，還沒有成立正覺同修會，有一段時間人少到可憐；以中央信託局佛學社來講，平常都是四十幾人共修以及聽我的課，講到最後剩下六個人！然後才又慢慢增加起來。因爲我講的法跟他們以前熏習的法不一樣，他們沒聽過，心中懷疑；後來也正因爲懷疑，所以才會有正覺那前後三次的法難。他們都還跟著我一段時間，還會發動法難，不信受這個法，可見這個法眞實而難信。

那一般人修學佛法大約一年、一年半以後，心裡面就會想：「啊！佛法我都懂了啦，就是苦、空、無我、無常，就是四聖諦、八正道、十二因緣，就這樣而已；我全部都學過了，沒有了！所以佛法我都懂了。」在咱們正覺出現之前，佛教界大約是這樣。然後有的人比較聰明，後來想到說：「可是『禪』我就不懂！可見還有我不懂的法，不是只有苦、空、無我、無常、四聖諦、八正道、十二因緣。」那就去學禪了。

可是學禪學到後來，心裡面又想：「欸！這個禪到底跟佛法是相干、還是不相干？」有的人又會懷疑，因爲到處講的禪都是要求證「一念不生」；可是一念不生的時候，跟苦、空、無我、無常有什麼相關？剛開始講的時候想：「喔！可能有啦！因爲坐在這裡，腿會痠、腰會痠，然後又不許打妄想，眞的很悶。果然是苦！」就類似這樣的想法，可是聽到人家證悟了以後說：

「噢！原來就是要一念不生！一念不生時就是涅槃。」欸！終於會一念不生了。極少數人終於可以一念不生時，禪宗公案請出來看，又不懂了！那這個「一念不生」跟禪宗的祖師公案有什麼關係？

可是祖師公案講的也很奇怪啊！「如何是佛？」「喫茶去！」、「如何是法？」「洗鉢去！」這跟佛法有什麼相干呢？想一想：「嗯！可能禪是禪，佛法是佛法。」所以就有一個說法了：「宗門是宗門，教下是教下，宗門與教下不相干！」這個說法就出來了。也就是說：「禪歸禪，佛法歸佛法。」不就是這樣講的嗎？所以這些人佛法都弄不通，他們大多數人修行就是討論苦、空、無我、無常。想一想：「佛法難道只有這樣嗎？」不信邪！去買《妙雲集》、《華雨集》好好來讀，「聽說那很深呢！可能還有我不懂的地方，我來看看佛法到底怎麼回事？」買了回來讀，不懂！眞的讀不懂！然後就想：「佛法果然很深哪！這個沒辦法啦！」正覺出現於佛教界之前都是這樣。

那《華雨集》、《妙雲集》跟你講的都是苦、空、無我、無常，然後回頭說：「欸！這樣會成爲斷滅空！斷滅後的滅相不會再被壞滅了，非常非滅，這就是眞如。」於是眞如成爲斷滅空，他們就認定成佛後入涅槃時就是斷滅空，所以 釋迦如來就是灰飛煙滅而不存在了。想一想，有些不對，眞如怎會是斷滅空呢？所以趕快再把意識拉回來，分析出一個部分叫作「細意識」，都說：「這個細意識是常住不滅的，所以佛法不是斷滅。」可是他沒想到的是：離開了斷滅一邊，現在回來意識境界中又變成常見了，跟常見外道合爲一流！當初，正因爲看見他們這個現象，所以我才會寫了那個《眞假開悟之簡易辨正法》，就是這麼來的。

可是那本小冊子發行出去，沒有一個人來問過說：「這到底是什麼道理？」但他們很清楚知道，我這個《眞假開悟之簡易辨正法》一出來，他們所謂的「開悟」都沒得提了，都變成沒有悟了！他們心知肚明，可不敢來問。所以咱們說的：「如來已經般涅槃，而其實是常住不滅。」這個說法他們完全沒辦法信受，因爲他們長夜修習空見，說一切都是「緣起性空」，提出來主張說：「只要你懂得緣起性空，一切法都是藉緣而起，其性本空，那你就懂佛法，你就是開悟了。」其實他們說的「緣起性空」只是「緣生性空」，談不上「緣起性空」。但是我要請問：「三家村裡的老人們，一天到晚也都在講：無常、苦啊，所以有生必有死啊！你看張三不又走了嗎？明天搞不好，輪到我走了，你們要來跟我送別吧？唉呀！人生果然無常，果然都歸於空。」那這樣看，那三家村裡不識字的老人們，不也都是開悟佛法了嗎？依照釋印順的邏輯就是這樣。

所以大家都這麼講：「長夜熏習般若成爲空見。」大家都這麼說，眾口鑠金。但我出來說：「禪宗開悟就是證得第八識如來藏，現觀祂的眞如。」整個臺灣佛教界把我罵翻了，因爲他們不信！我說：「如來現在依舊常住不滅。」他們也不信。那我問諸位：「你們上禪三前，是不是夢見過如來給你機鋒？」好多人夢見了！可是在夢中傻傻的，不知道如來爲什麼這樣，好像如來一直吝於開口。結果悟了以後才知道：「嗨！原來如此！釋迦老爸對我還眞夠好！」那麼你爲什麼能夢見？爲什麼一神教徒、基督徒一直都夢不見？偏你們能夢見！釋印順一生都夢不見，爲什麼你夢見了？因爲你們與佛有緣！所以來跟你提點一下。

所以這「如來常住」，只有眞正證悟了以後才會懂；沒有證得如來藏之前，根本就不懂爲什麼如來般涅槃以後，結果是常住不滅的。那麼這三類人：下劣眾生、聲聞緣覺、初業菩薩不信受這樣的說法，想到說：「釋迦如來開始要講這個道理了，我沒辦法接受。」於是就「從坐而去」了。

其實，我這樣的說法才是眞正的佛法，演說這種義理的經典都叫作「離覆清淨經」。也許有人想：「像這種法的經典都是遮覆密意來講的啊，你爲什麼說是『離覆』？」一定有人這麼想。但我要說：「這樣的經典確實是離覆。」沒有跟你遮蔽什麼，都是跟你明講的。就好像一大群人在太陽下走著，有人看見太陽、有人看不見哪，因爲他還沒有開眼，生來就是盲人，當他開眼就看見了；太陽並沒有遮覆，沒有人拿著大雨傘幫他遮著；但是因爲他還沒有開眼，所以他看不見，道理是一樣的。那麼對於證悟的人來講，如來在這一些《大方廣經》中說的這個「自心如來」，一向都沒有遮覆。再從另一個層面來講，假使哪天你證悟了，你會覺得好笑，笑自己以前笨，一定會敲自己腦袋說：「這麼笨！那如來藏從來都沒有跟我捉迷藏，都在我眼前哪！我就是以前笨，看不見祂。」所以眞是「離覆」，才說如來藏「此經」永遠離覆。

有一個名爲玄機的比丘尼爲道往參雪峰禪師，雪峰問：「日織多少？」也就是問她如何是佛？她說：「寸絲不掛！」意謂如來藏連衣服都沒穿，怎麼會有遮覆？如果躲藏在一件大衣服、大斗篷裡面，你才可以說祂躲起來，可是祂連衣服都沒穿哪，你怎麼說祂是遮覆的？今天我提出新的說法喔，這個說法以前你們沒聽過吧？對啊！我還能舉出禪師的這個聖言量，禪師也說祂寸絲不掛。也許有人想：「欸！禪師怎麼說這個黃色笑話啊！」（大眾笑…）其實不然，他說的是老實話。可是呢，假使有人聽了這句話，很高興說：「哦！那我一定可以找到祂。」那又不見得，祂之所以寸絲不掛，是因爲祂無形無色，你哪根絲可以掛在祂身上？可是祂又分明顯現，所以永遠離覆。證悟之後，假使哪一天打了妄想說：「哼！我見了某甲，他也證悟了，那我要遮住我的如來藏，不讓他看見。」行不行？不行！諸位答對了。所以只要有慧眼都看得見，所以說祂是離覆。

那爲什麼又說祂清淨呢？因爲祂從來不起貪瞋，單說貪吧，不管對欲界法或者對色界法、無色界法祂都無貪。那如果你說：「原來祂都無貪，那我就剝奪某一些法不給祂，看祂是不是眞的沒有貪？我要檢驗祂一下。」我告訴你：「檢驗不得！因爲祂的境界中無一法可得，你無法剝奪祂什麼法。老實說，你還是從祂來的，你哪有能力剝奪祂？」所以祂從來無貪。你說：「欸！『此經』第八識也太奇怪了吧！這個如來藏好生奇特，可是我參禪始終找不到祂，祂也太搞怪了！我得要罵祂，我這一罵，搞不好祂就跳出來，我就看見了。」好！你儘管罵，祂來個不見不聞。「罵」這個法到不了祂的境界，祂根本不會生氣，永遠不起瞋。

那些密宗外道們喜歡罵我，上網去不斷地罵，我也學如來藏來個不見不聞；他們儘管罵得痛快，我根本不會生氣啊。老實說，我已被罵兩千多年，也很習慣了。所以不管人家怎麼罵，我都不會動氣。飯照吃，覺照睡，法照樣弘揚，無所阻礙，根本不會生氣；因為我轉依如來藏了，我氣什麼呢？往世被人殺死，對那個殺我的聲聞人都沒有生氣了，現在他們罵幾句又算什麼？所以現在有好多人知道說：原來罵蕭平實他不會氣，不太想罵了。那他們不想罵，我就歡喜嗎？也不歡喜！我如果有歡喜，就是禪三之後，嘿！又出生了幾頭獅子，就只有對這個歡喜。

禪三之後一個月，陸陸續續收到了見道報告，讀起來真歡喜！就這個歡喜，可是我的如來藏根本不歡喜。那你不要誤會說：「那是不是蕭老師的如來藏對我有意見？」不是的，祂從來不瞋、也不歡喜，這是一貫的，永遠都不改其性。那遇到該歡喜的，是五陰在歡喜，祂不懂得歡喜；該生氣的，是五陰在生氣，祂不懂得生氣，那顯然如來藏很愚癡吧！是吧？不是喔！諸位很有智慧了，可是有智慧的是意識心，不是如來藏；因爲如來藏「離一切法」，然後又「即一切法」，在即一切法裡面又離一切法，所以奇特。

有智慧相對就有無明，懂的那個部分便叫作「智慧」，其餘不懂的部分就叫作「無明」，所以智慧與無明是一體的兩面。智慧與無明以什麼爲主體？以「意識」爲主體。意識能了知這個，但就有不了知的那個，所以智慧、無明是一體的兩面，直到成佛的時候沒有無明，純屬智慧，那叫作「常、樂、我、淨」。妙覺位以下，有智慧時就有無明，差別只是多寡而已；可是如來藏永遠沒智慧，也永遠沒有無明；那表示祂永無貪、瞋、癡。這樣是不是清淨心？絕對清淨啊！所以假使有人證悟以後求名求利，我就說他轉依沒有成功，我就要把他的證悟收回來。那金剛寶印我就收回來，他抓也抓不住；因爲這個金剛寶印是無形的，我說收回來就是收回來了，我說了算，他也無可奈何。所以說，「此經」如來藏永遠是清淨的。

那麼經上這裡說是「離覆清淨經」，果然無欲，確實是這樣的。那一些人於無明漫漫長夜之中，努力修學出三界不生不滅的法；然而問題是他們修學的、熏習的都是空無之見，都說一切法空掉以後就是證悟了，有時則說空掉一切法以後就是涅槃了；當他們這樣熏習久了，信以爲眞，聽到如來要講說：「如來已般涅槃，但是永遠常住不滅。」他們覺得不能接受。這表示什麼？表示佛陀住世的時候，誤解佛法的人就已經很多了，不是末法時代才這樣，所以才會有很多人無法信受。那麼聽到這一部「離覆清淨經」的緣故，才會「從坐而去」。

他們坐不住了，因爲他們認爲繼續聽下去一定很痛苦，所以坐不住。那諸位始終都不肯離開，是因爲什麼？聽得歡喜啊！否則一定坐不住。偶爾有人假裝要去洗手，他其實是要走人的。對吧？那麼現在「從坐而去」的這些人是哪裡的人？當然是指原本住在這個世界裡的人，也就是人類之中的「下信眾生、聲聞緣覺、初業菩薩」。講完屬於這世界裡的人類，可是這一部經文前面有說到，還有他方世界藉著佛力而來到這個世界的其他人，那這一些有情反應如何呢？我們就來看下一段經文怎麼說：

經文：【彼十方來聲聞、緣覺、初業菩薩，百千萬億阿僧祇分，餘一分

住；謂彼菩薩摩訶薩信解法身常住不變者，爾乃安住受持一切如來藏經，亦能解說安慰世間、解知一切隱覆之說；善觀一切了義、不了義經，悉能降伏毀禁衆生，尊敬承順清淨有德，於摩訶衍得大淨信，不於二乘起奇特想。除如是等方廣大經，不說餘經，唯說如來常住及有如來藏，而不捨空；亦非身見空，空彼一切有爲自性。】

語譯：【從十方世界來到這裡的聲聞、緣覺和初業菩薩們，把他們分作百千萬億阿僧祇分來說，到這時候只剩下其中的一分留下來。這也是說：那一些留下來的菩薩摩訶薩們，信受以及理解法身常住不變的人，然後才能夠安住而受持一切如來藏經，也能夠解說和安慰於世間有情，讓世間有情理解或者知道一切隱覆之說啊。他們善於觀察一切了義的以及不了義的經典，全部都能夠降伏毀禁的眾生；他們都能尊敬、承順於清淨有德之人，對於大乘之法已經獲得了很大的清淨信心；不會對於二乘小法生起奇特之想。除了像這樣的方廣大經以外，他們不爲別人演說其他的經典，純粹只有演說如來常住以及眞實有如來藏，而同時不棄捨於空；也不是身見空，來空掉其他一切有爲的自性。】

講義：前段是說，這世界法眾中的「下劣眾生、聲聞緣覺、初業菩薩」不信受這個「離覆清淨經」，聽到 如來要演說這一部「離覆清淨經」時，不能安忍，因此「從坐而去」。那麼從十方來的「聲聞緣覺、初業菩薩」也是其數無量無邊，但是把他們分成百千萬億阿僧祇分時，這到底是分成幾分呢？這個數目眞的是分成太多、太多分了；可是分成這麼多分以後，每一分都成爲很少的人，這時候只剩下這麼一分留下來。想想看，留下來的這一分菩薩們是不是很稀有？跟諸位一樣，都叫作稀有動物！

你們看臺灣佛教界，他們很多學佛人都知道：臺灣從北到南各地的正覺講堂，週二都在講述或者播放出來這種勝妙法。他們都知道，可是有沒有人滿爲患？沒有啊！且不說臺北以外是放 DVD，但說臺北，我來看看，欸！有的地方還是有一些些空位呢。第五講堂，第五講堂就算是坐滿了。第六講堂，我看見女眾還有一個空位（大眾笑…）。其他講堂呢，大約是坐滿了！可是，也只是坐滿而已啊！沒有人滿爲患，沒有到「爲患」的程度。「人滿爲患」就好像我們剛搬來這裡，那時候只有九樓，講《大乘起信論》時，有人去數過鞋子，最多的一天七百十五雙鞋子，那才叫作人滿爲患呢！

你看！我們現在六個講堂坐滿，走道也都還空著可以行走，沒問題啊！可是學佛的人這麼多，那信佛的人不用講，學佛的人少說也有一、二十萬人吧！可是爲什麼沒有努力地擠進來聽？表示他們很難信受這個法。那十方世界來的無量阿僧祇的菩薩們，到這時候留下來的是「餘一分住」；分成百千萬億阿僧祇分以後，只剩下一分留下來。你們看，留下來的是那麼少！這表示留下來的人，一定是對於「如來法身」的常住有很深刻的信解；他們也相信每一部談「如來藏」的經典都是眞實無訛，才能夠留下來呀。

以前剛講《法華經》的時候，我心裡面一直想著說：如實講解而且將來整理成書本，在佛教界流通之後，可能銷路很差吧？因爲我把《法華經》的眞實義講出來，說「此經」——這部《法華經》就是如來藏。我在想：「可能很多人不願意信受吧。」沒想到銷路倒也正常。我說：「原來臺灣佛教界的水平又提升了！才聽得進去。」不過我剛剛念頭一轉說：「現在只不過流通到十幾輯，還沒有到二十輯、二十一輯，所以現在可能還不準確吧！」因爲像我這樣講《法華經》，有佛教史以來不曾有過。但事實上曾經講過，只是沒有文字記錄罷了！而我往世講過，你們之中也有人聽過，才不會起疑！

因爲這部經典不可能來到這一世才講，我過去世都不講，不會這樣吧！所以偶爾有兩、三世也講過，有人也聽過，這也算正常，只是有文字記錄的不存在。那我們就好整以暇來看看，現在十五輯、十六輯發行了，來看二十輯以後的銷路如何？就知道佛教界的水平是否眞的提升了？有沒有到達我所希望的那個水平。

那麼「**此經**」如來藏深奧卻眞實、勝妙卻廣大，所以唯證乃知，很難勝解啊！那還沒有證得的人，一定要先信受「**如來法身常住不變**」，否則不會起心動念想要去親證「**此經**」如來藏。因此十方世界來的菩薩那麼多，最後只留下百千萬億阿僧祇分之一分，這就顯示：「**凡是不信受如來法身常住不變的人，縱使他眞的在修菩薩道了，他也是『初業菩薩』。**」那這樣諸位要想一想：「**自己是不是初業菩薩？**」不是喔！答得這麼有把握。有把握才好！因爲「初業菩薩」就像「廣論」團體那個日常法師講的，是一壺永遠燒不開的水，所以才會永遠在「廣論」外道法中混。那你現在就知道自己也許半開了、也許七八分了、也許九分了、也許再燒一分鐘就開了，應作如是觀。

那麼對自己有信心，也不能盲目地信，那檢驗的標準呢？就是這個「**如**

來法身常住不變」、「**如來已般涅槃，而實常住不滅**」，這就是第一個檢驗標準。以這個標準檢驗過教授師的法，自己再來檢驗看看：「**我這菩薩六度修好了沒有？**」證悟進入「第七住位」常住不退之前得要修六住之行，那就是布施、持戒、忍辱、精進、禪定、智慧（或者說靜慮、般若）；這六度修完了沒有？這「六度」就是什麼？就是那一壺水下面的六根木柴呀！第一根布施木柴快燒完了，接著燒第二根叫作持戒，一直燒到第六根般若，這最後一根木柴要化為灰燼之前，水就一定會開。如果只燒了兩根，那就繼續燒，燒了四根就繼續燒；這六根木柴都燒好了，水就開了，就離開六住位，進入第七住位。所以前提是要信受「**如來法身常住不變**」、要信受「**如來已般涅槃而常住不滅**」；信受了以後，才會起心動念去探究：「**如來般涅槃以後，為什麼常住不滅？**」

說到如來的法身，到底什麼是「法身」？聰明人就會想到說：總不會是我們一般人都知道的意識心吧？有智慧的人就會想：人死了去到下一世，既然可以去到下一世，就表示人是從上一世來到這一世；從上一世來到這一世，如果是同一個意識，那應該一出生就懂得人間的生活了，不用再學習！

小學都不用上了，更不要說中學、大學，因爲往世都上過了，這一世還要上什麼學？所以就會想到一點說：「啊！這個意識不是從前世來的！」所以這一世出生以後，一切要從頭開始學。那中國人很聰明，早就想到這一點，可是又很不願意承認這個意識是這一世才能存在，不是從前世來。想要建立意識是從前世來到這一世，所以就弄了一個說法，眞棒！就是因爲死後喝了孟婆湯，所以重新投胎以後再出生了，就忘記過去世的事了。

中國人聰明！洋人就是無知，所以他們沒辦法主張，只好說：「人只有這一世，是上帝創造出來的。人只有一世，所以人沒有過去世。」他們感恩上帝說：「是上帝給我的這個身體與覺知心。」可是信仰一神教的父母們，不會罵那些孩子們：「你們明明是我們生的，爲什麼說你是上帝生的？眞不孝！」他們也不會，所以一神教徒的父母子女都很愚昧。他們還有一點沒想到：既然人可以從這一世往生到下一世去，那就表示這個人不是上帝生的，一定是從前世來的！能往生到下一世，就表示也可以從上一世往生到這一世來，那何必上帝來生？所以洋人不明事理。

那我們學佛，學的是智慧，要有智慧去分辨某一種說法的是非，以及另一個說法的是非，要能夠分辨。那學佛要學的是智慧，但是智慧有世間法的智慧，也有出世間法的智慧；世間法的智慧只要學習與思惟就可以通達，出世間法的智慧卻不是意識思惟之所能到；所以三乘菩提不是靠思惟來的！淺如二乘菩提的智慧，也是要由 如來在人間示現說法之後，才有人能證得；更何況世出世間法的般若智慧，乃至一切種智的智慧，當然更應該是不可思議的。所以開悟的智慧不是每一個人都能夠證悟的，不是說每一個人來學佛，靜坐個三、五年就可以開悟；如果這樣就可以開悟，不用 釋迦如來降生人間了。所以學佛的第一件事，就是要信受「**如來已般涅槃，而實際上常住不滅**」，也就是要相信：「**如來有常住法身，性如金剛，永不可壞。**」這是學佛的第一個要件。

那也許有人想：「**如果我學阿羅漢，應該不用信吧。**」但我告訴你：「**學阿羅漢也是要信。**」因為如果學阿羅漢想要入無餘涅槃，一定要知道無餘涅槃是滅盡五陰、六入、十二處、十八界，是滅盡一切法的，一絲的有情成分都不許存在。問題來了，那不是斷滅空嗎？可是信受 如來說：「**入無餘涅槃之後一切法斷滅，有『本際』常住不滅；這個本際叫作『識』，就是出生名**

色的『識』。」那這樣就可以入無餘涅槃。所以這一個「信」是無論你學二乘、學大乘都必須要信的，這就是前提。所以一定要信解「法身常住不變」，於三乘菩提方有其分。好，今天講到這裡。

《大法鼓經》上週講到第五頁倒數第一段，就是此頁的第三段。上週說到：他方世界來的「聲聞、緣覺、初業菩薩」共有「無量阿僧祇」之多，把他們分成百千萬億阿僧祇分之後，留下來的只剩其中的一分，可以說少之又少了。也就是說，在十方來的那麼多菩薩之中，或者那麼多的聲聞、緣覺之中，只有已經證得如來藏的人名之為「摩訶薩」。就像《楞伽經》裡面說的，證得如來藏阿賴耶識以後就是「菩薩摩訶薩」。那麼十方來的這一些「聲聞、緣覺、初業菩薩」之中，只有已經證得如來藏這個法身常住不變的人，才能夠安住，才能夠受持「一切如來藏經」。假使還沒有證得如來藏，不論是哪一部講如來藏的經典，他們大多不敢信受；心中懷著疑惑，總是想：「既然入無餘涅槃，是要滅盡一切法、滅盡一切七識，再也無一法留存，那怎麼又會說有一個法，或者說有一個心、一個識，說是常住不壞的呢？為什麼說那就是如來的法身呢？」他們心中總是有疑，而這個疑很難滅除。

就好比臺灣佛教界尊奉爲導師的釋印順，乃至他現在還有不少門徒，都還不相信「如來常住」，都還是繼續認定釋迦如來入涅槃後就是灰飛煙滅了；因此說，「如來法身是第八識如來藏，諸如來常住不滅，是因爲有個第八識如來藏常住不滅」，這對他們來講，認爲這個是矛盾的；他們想，既然說一切法緣起性空，那一切法緣起性空就表示沒有一法實存，他們如是認定。但他們沒想到的是：一切法緣起性空，難道是單憑眾緣就能無因而起嗎？一定是有個能生的常住法爲因，藉著眾緣而生起，才能稱之爲「緣起性空」。而如來所說的緣起性空的這一些「緣起法」（也就是「緣生法」）是指什麼？是指有情眾生的有生之法，說這些有生之法緣起性空；不是講能生名色等一切法的如來藏緣起性空！那他們弄不清楚這個大前提，因此佛法再怎麼修行，都沒有入手處；自以爲懂佛法了，其實卻是一竅不通！所以學佛的人一定要先弄清楚這個大前提，就是佛法函蓋「事」與「理」，即是「法」函蓋「非法」。

二乘菩提也有說到事與理，但實證上只要在事上得證就行，不必證理；而大乘法不但在「事」上觀行求證，而且在「理」上也要得證。「理」就是能生名色等事相法的那個第八識心，名爲如來藏，又名無名相法、無分別法、阿賴耶識、異熟識、無垢識、心、所知依，有無量的名稱。菩薩雙證理與事，羅漢只知道有此理即可，不需實證，只要實證事上的蘊處界等法生滅不住即可。那學佛如果弄不清這個大前提，學上百千萬億阿僧祇劫也沒有用，永遠不可能入門，而我們正覺出來弘法就特地點出這一點。不幸的是：現在臺灣仍有少數的六識論者繼續懷疑、不信、毀謗、否定大乘，那都是無可救藥的人。至於大陸的大法師們，他們談不上法，連臺灣這一些「六識論」的法師們的學養都沒有！他們只考慮名聞利養，每天早上寺門一開，便是作生意營生；然後信徒如果請法，就說一些言不及義的世間法，就像二十年前的臺灣佛教界一樣。

所以不弄清楚「理」與「事」這個前提，學佛法是不可能入門的；即使單修二乘菩提，不修大乘般若，也一樣要弄清楚這個前提；因爲如來在二乘菩提聲聞法中說「名色緣識生」，也說「識」離開了，名色即滅。「名」就函蓋七個識了；「色」就講色陰——五色根，有時深一點，就再加上六塵；但這些名與色全都是另一個「識」所生，那不就是說「理」嗎？而且說「名色緣識生」，說名色是緣於這個能生的「識」而出生的。阿羅漢信這個理，所以能捨盡事相上的十八界自我，無一留存而入無餘涅槃。緣覺也一樣得信這個理，所以 如來在《阿含經》中，解說「十二因緣」之前，先講了「十因緣」，先講了十因緣的自品法（也就是逆觀之法），追溯到名色之所從來時，說「**名色緣識生**」，說名色緣於識；也說「**齊識而還，不能過彼**」，所以總共就只有十支因緣法，這不就是說「理」嗎？那麼二乘聖者與菩薩之所以不同，差別只在於證和不證這個「理」，但同樣都要信這個「理」；如果對這個「理」不信，事上再怎麼修，終究徒勞其功。所以十方來的那麼多三類的佛弟子，此時「**百千萬億阿僧祇分，餘一分住**」，剩下那麼一點點留下來，其餘絕對多數的人都各回自己的佛世界去了；而留下來的這一些極少數菩薩們都叫作「**菩薩摩訶薩**」，因為他們已經證得如來藏了，所以他們能信受也能理解，因此對 如來的「**法身常住不變**」有所勝解，有了勝解就能夠完全信受。

譬如有的人生來沒見過汽車，你告訴他有汽車這個性能，可以載著人快速來去，他都不信；那麼你跟他說車裡面有什麼配件，他就更不信了。那你如果遇到另一個人，告訴他說有汽車，那麼這個汽車如何、裡面也有什麼東西，他相信；那他就可以確認走路確實比汽車慢，這個道理他就信了，才會想擁有一輛汽車，未來才會得到一輛汽車。可是如果是菩薩呢，就等於是已經看見汽車了，而他也會開汽車，並且擁有汽車了，所以不管你說汽車如何如何他都相信，因爲他已經有現觀了。那菩薩摩訶薩是因爲「親證」了，所以稱之爲「摩訶薩」，不同於一般的菩薩；當他聽到 如來說「**如來的法身常住不變**」時就會信受，因爲他親證了，對如來藏有現觀；當他現前看見自己或者眾生的如來藏性如金剛、常住不壞，並且祂的自性永遠清淨、不會改變，卻含藏著眾生七識相應的染污法，所以具足圓成實性。因此當 如來要演說如來藏這個法常住不變的時候，他們信受之人就留下來；從此以後，如來每說一部有關如來藏的經典，他們都能安住、都能受持。

所以以前佛教界有的人證悟後，結果他不相信《楞嚴經》是眞的經典，還跟著人家胡說八道，指責《楞嚴經》是僞經；有人證悟了，結果宣稱沒有第八識如來藏；也有人很好笑，他證悟了，所以相信《如來藏經》，可是對於《佛說解節經》以及其他講如來藏的經典，例如《無上依經》、《大乘顯識經》、《楞伽經》他都不信；加以追究的結果，原來他悟錯了，認爲如來藏就是離念靈知，怪不得他不信，因爲他讀不懂啊！讀不懂他就不信！這就是說：「一定得是實證，才能夠對不可思議的法願意受持，也能夠安住。」而這部《大法鼓經》就是爲了攝受這些悟錯的人或是未悟的人而講的。

因爲講了般若，但是還有許多人沒有證悟。既然還有很多人沒證悟，表示他們的知見都還差很多，所以要繼續建立大家對第八識妙法的信心；那還得要苦口婆心、不斷地宣說。那麼不斷宣說的結果，每一次都會有人生起信心，希望可以得證；他們就會入於菩薩道中繼續進修，未來才有實證的機會；實證了以後，才能成爲菩薩摩訶薩。那他們未來在 如來演說所有如來藏經的時候，就能夠安住，因爲他們可以隨聞入觀；如來講到哪裡，他就依 如來所說，從那個層面去觀察自己所證的如來藏，當下就能提升智慧；那他們就能夠安住、就能夠受持；能受持之後就可以解說。

爲人「解說」爲什麼就是「安慰世間」呢？有些人往往以爲「世間」就是這整個人間，可是人間如果沒有人呢，還能叫作「世間」嗎？不能！一定是有情存在才稱之爲「世間」。而人間這個世間主要還是以「人」爲主，當菩薩摩訶薩能夠出來爲眾生解說：「每一個人都有自心如來，名之爲第八識如來藏。」這時候眾生就不怕落於斷滅空，因為很多人生來很好奇，很想知道自己是怎麼來的，知見不夠時就會想：「我是無中生有，沒來由就出生了。」因為不記得過去世了。後來聽一些有經歷的人說，他夢見過去世如何；又聽一些有禪定的人說，他定中看見過去世如何，所以他想：「可能是有過去世吧！既然有過去世，那就會有未來世；不可能有過去世而只到這一世就斷滅。」他就略微寬心，可是心中終究不免懷疑，因為沒有辦法證實。無法證實之前，心中有疑是正確的。

就好像現在哲學家提出一個問題，來問那些一神教徒，不管教宗或者神父、牧師、主教，問他們：「上帝在哪裡？」「你們說有上帝呀，但上帝在哪裡？」你傳教時得要能夠證實才行，否則就成為一種玄學、施設、或者思想。但佛說的都是可以實證的，所以當菩薩摩訶薩出來為眾生宣說：「死後有如來藏執持種子去受生，因此還會有無窮的未來世。」並且菩薩提出保證：「這是我已親證的事，祂是現量而不是比量，所以絕對不可能成為非量。」那眾生信了，心裡面就放下那一顆大石頭，再也不擔心了！他們得到安慰：「原來我們死了以後，不是斷滅空，還有未來世。」這就是一種安慰。

但還有另一種安慰，比如說，有的人老是被欺負，甚至於他的財產等權益被人家侵佔，沒有力量取回來，那他會想：「沒關係啦，你侵佔了去，未來世看要幾倍還給我；我反正當作投資，未來世再來收取就好了。」這也是一種安慰呀，因爲他想：「既然都有如來藏，每一個人生來各個不同，猶如其面；那一定有背後的因緣。」譬如說，一對俊男美女結合的夫妻，生出來的孩子一個非常端莊，另一個竟很醜陋，那你要怎麼說？當然是有背後的因果。既然有因果，沒關係！你侵佔就侵佔了，我這一世也許會很生氣，但是想通了：「因爲有如來藏，這裡面就有因果；我等著未來世把你好幾倍收回來。」他還得高高興興地還回來，這也是「安慰世間」。

有的人生來性善，喜歡作善事，人家都說：「善有善報，惡有惡報，不是不報，時候未到。」他聽聽，也是安慰其心。但是菩薩摩訶薩出來證實說：「眞實如此！因爲每一個人都有如來藏貫通三世，可以執持一切善惡業種子；因此所有的業種在捨報的時候，都由這個『識』收藏到未來世去，實現下一世的果報。」那他一想：「喔！那我就確定了。我行善，果然未來世一定過好日子，繼續富有；那我可以繼續樂善好施，人家看見我都喜歡我。」

這也是「安慰世間」。

所以菩薩摩訶薩住世非常重要，假使有菩薩摩訶薩住世，即使生在惡王統治的時代，民不聊生，他也可以使眾生得到安慰；因爲他們聽了以後會想：「這惡王活不過一百歲吧！假使他兒子也是惡王，過不了三百年吧！終究會消失。所以只要活著，這一世看不到惡王消滅，下一世也會看到。」這也是安慰世間。所以「安慰世間」是有廣義的、狹義的看法，但主要是在對於三世因果以及三世異熟果報的可愛、不可愛上面來產生正確的理解，因此心中得到安慰。

那麼有一些哲學家，或者有一些不信教的世俗人，他們說：「宗教只是一種毒品，讓人心靈麻醉，不知道痛苦。」這話到底對不對呢？不對喔？我告訴你：有對、有不對。爲什麼呢？因爲有的宗教眞的是毒品，譬如喇嘛教不就是毒品嗎？一天到晚意醉神迷，在那邊自我安慰說：「我已經成就報身佛了。」不知道那個「抱」身佛，一「抱」要「抱」到地獄去。他不知道！所以那眞的叫作毒品！譬如說有的人吃了迷幻藥，他覺得：「哇！我現在飄飄欲仙了。」那他覺得很快樂，可是毒品用上一年、兩年、三年，還年紀輕輕的就得包尿布。有的人更糟！他信以爲眞，覺得自己眞的能飛了，從陽臺上一跳出去，要飛了！結果摔死了。眞的叫毒品！那有的宗教就像是這樣。

還有，西藏以前有一種本土的宗教（不是苯教），它有一種詩歌可以唱，唱出來很淒美，那首歌裡面說：「**只要能夠信心具足，從懸崖上一跳，這麼跳下去死了，就可以生天。**」後來聽說那首歌就被禁止了。當他們還沒有跳下去之前，每天嚮往著：「**我跳下去就可以生天，我先把一些事情處理好，然後我就準備去跳。**」那麼，那一首歌的歌詞裡面附帶的意涵，那眞的叫作毒品！因爲他跳下去跟生天無關，生天要受持「五戒」，再加修「十善」才能生天；他這一跳下去，行了什麼善？沒有啊！但是他在跳下去之前，信以爲眞，覺得很快樂，說他得到這個法太好了。那就是毒品！毒品爲什麼稱之爲毒品？會害人哪！

所以有的宗教確實是毒品，譬如說斷見論者。經上說「斷見論」是一種邪見，他主張說：「**人就不過是四大假合而成！那地、水、火、風來合成這麼一個人；那人死了、解散了就沒有了，所以人不是從上一世來的，也不會到下一世去。**」當他這樣一想的時候，當他眞的信了以後就是無惡不作，什麼惡事他都敢作，因爲也沒有因果需要自己來揹了。這就是斷見論，例如四大極微外道或是無神論者，他們認爲一切有情都是由物質合成。可是問題來了，這不就成爲「物能生心」的邪見嗎？如果物能生心，有一天科學家一定可以發明出來，用一些地、水、火、風去合成，然後就成爲頭髮、皮膚、骨骼、肌肉、胃腸等等，也還會有精神體出生。但可能嗎？不可能！也許這時候有人心裡面打個問號說：「你說不可能，講得太早了吧？你看現在醫學用細胞可以培養出皮膚、培養出什麼器官來呀。」問題來了：那是醫學家去把它合成而造出來的嗎？不是！而是因爲那個細胞被移植到某一個培養的器皿裡面，給它充足的資源，然後它自己生長出來的，不是醫學家製造或合成出來的！那憑什麼它會生長？很簡單！就是有個倒楣的有情，死後去把那個執爲己有；由於住在那裡，他的如來藏就不斷地去運作，結果生長了；但是到最後還是得死掉，終究不能成爲一個人，因爲無法長成具足的人身！這意思是說：物不能生心，唯有心才能生心。

但是現前證實，人們所知的六個心——眼、耳、鼻、舌、身、意，這六個識都是被生之法。我爲大家證明「意根」是可滅之法，當這七個心都滅了，就是入無餘涅槃；既然是可滅之法，就不可能生任何一法，所以物不可能生心，只有心能生心。而這七個心都不能生心，當然就是只有出生名色、出生這七個識的心才可以生心。那麼菩薩摩訶薩出來爲大家解說這個道理，就可以「**安慰世間**」。並且對於許多還沒有證得三乘菩提的佛弟子而言，他們不瞭解經中有許多都是隱覆之說；那麼這位菩薩摩訶薩就可以舉出來爲大家說明：其實 如來有說到這個「識」，但是用「隱覆」的方式來說明，這就是「**解知一切隱覆之說**」。

所以我們出來弘法之前，臺灣佛教界或者大陸佛教界都說：「**《阿含經》說只有六個識，尚且沒有第七識，何況你講的第八識！**」他們都這麼主張。我都說有第八識，我都說我已經親證了，並且還有許多人跟著我實證。可是他們依舊不信，既然如此，那我們就把《阿含經》裡面所說的道理拿出來講，所以我才寫了《阿含正義》。記得當年寫《阿含正義》飛快，好像不到一年就寫好了，因爲他們讀不懂四大部阿含裡面兩千多部經典所說的「隱覆密意」之處，那我們就把祂舉述出來，證明給他們看。

這《阿含正義》出版的時候，每兩個月出版一輯，我們是每一本都有寄給印順。然而當時釋印順依舊耳聰目明，也一定會有人買來送給他，不可能說大家讀了，都不給他看。因爲蕭平實會寫《阿含正義》出來，這是一個號外——大號外！因爲大家想：「你蕭平實頂多知道禪、你頂多知道唯識，這阿含你一定不懂的！」也沒想到我悟前就開始讀《阿含經》了，我悟後再把它讀一遍，然後重要的地方我就用鉛筆畫了起來，所以我寫《阿含正義》不用一年。那麼我寫了出來，釋印順當時都還是耳聰目明，因爲印順的傳記出版時間更晚，而且自己校對及取書名，可是那傳記比我出版《阿含正義》晚很多年。那人家送給他看，我也有寄給他，爲什麼他不反駁？因爲他讀不懂《阿含經》，而我讀懂了；我知道裡面有隱覆之說，我一一舉證出來加以說明之後，印順能作的事情就只有一件——默然，無所能爲。這表示什麼？菩薩「解知一切隱覆之說」。

然後接著說：「善觀一切了義、不了義經，悉能降伏毀禁眾生，尊敬承順清淨有德，於摩訶衍得大淨信，不於二乘起奇特想。」菩薩摩訶薩善觀一切了義、不了義經，證悟的菩薩對於了義經和不了義經都看得很清楚，而且能如實爲人分別：爲何是不了義、爲何是了義？譬如三轉法輪後結集的經典

《阿含經》中有了義經，也有不了義經。譬如《阿含經》兩千多部經典裡面，《央掘魔羅經》是了義經典；其中 如來所說的另一部與阿難之間的問答，說到「名色緣識生」，這也是了義經典；其他講蘊處界全部虛妄的諸經，那些叫作「不了義經典」。

第二轉法輪所有的般若諸經都是「了義經典」，只是不究竟。般若部所有經典講的主要就是「非安立諦三品心」，主要在強調這個部分；但是非安立諦三品心的圓滿實證，是在證得如來藏之後；所以諸弟子依於教外別傳而證如來藏之後，如來慈悲，繼之以般若諸經，就是要讓證悟的菩薩們隨聞入觀，可以在 如來講完之後，具足非安立諦三品心；然後再依所證的這三品心，依於他原來所證的阿羅漢果，再作「安立諦的十六品心、九品心」的觀行。這時候入地的條件具足了，他只要在 佛前發起「十大願」，此願無窮無盡，並且發心的時候「意樂」是清淨的，那就入地了。

入地之前所需要證的，就是般若系列諸經所說諸法。所以般若系列諸經是了義的，但不是究竟的。到入地之後，還得要努力修學第三轉法輪諸法。這一些經典繼續熏習修學，隨著 如來所說一一加以現觀，才能夠在第二大阿僧祇劫繼續前進。乃至《楞伽經》、《解深密經》等等經典，加上《楞嚴經》好好跟著如來修學，才有辦法進入第三大阿僧祇劫。這已證明第三轉法輪的經典不但了義而且究竟，所以菩薩摩訶薩只要通達了，就能善於觀察一切經典，把它分別爲了義經典或不了義經典。所以一談到「阿笈摩」，原則上說那是「不了義」的，除非人家舉出來說：「欸，其中有一部《央掘魔羅經》也講到如來藏啊。」那他就會補充說：「這一部經典是了義的，但是不究竟，其餘諸經則是不了義。」

當菩薩摩訶薩善觀一切了義、不了義經之後，接著表現於外的就是「悉能降伏毀禁眾生」，所以毀犯禁戒的眾生，菩薩摩訶薩能夠加以降伏。菩薩摩訶薩降伏「毀禁眾生」不是靠孔武有力。你看我個子小小的，雖然不是顯得很老，畢竟也七十好幾了，但爲什麼他們不敢上門來跟我質疑呢？我當然知道原因啊！打從我出來弘法之後，氣我、甚至於恨我的人很多，但爲什麼他們只敢在虛擬世界謾罵，不敢上門來與我論法呢？因爲我在「理」，他們不在「理」；且不說理，說事修好了，我在事修上有成就；他們在事修上以前說有成就，可是被我推翻了，也不敢出來反駁，那他們如何能夠來質疑我？

當面的質疑就不敢了，出書、寫文章更不敢了。

除非是什麼樣的人才敢呢？你們大陸講的三歲娃兒。佛教中的三歲娃兒才敢作啦。爲什麼？（有人說話）不知死活喔？也對啊！就像剛出生的小羊或者剛出生的牛犢，不知老虎爲何物，牠竟然去頂撞老虎。老虎一張口，就把牠解決了！這道理是說，菩薩只要通達了佛法，佛門中一切「毀禁眾生」，都可以全部降伏；縱然他們心中不服，也只能口服。口服就是閉嘴呀！所以一切虛妄說法者，菩薩摩訶薩看在眼裡都能夠知道，什麼人是有證法，什麼人沒有證法；什麼人未悟言悟，什麼人眞悟說悟。看在眼裡都很清楚。那麼只要提出來加以檢點，被檢點的人如果聰明，他就只能學 維摩詰大士默然，可惜那個默然不是 維摩詰大士的默然。所以菩薩摩訶薩對這一些「毀禁眾生」都能夠降伏。

那爲什麼說「毀禁」？我蕭平實出來說法，降伏了「毀禁眾生」啊！現在一定有人打了個大問號在心裡面。我從來沒有說：「某某人犯戒，誰犯戒、誰犯戒，犯什麼戒。」對吧？我沒講過！可是他們其實是犯戒的，因爲他們都受過菩薩戒。菩薩戒的「十重戒」中有一條，說到「毀謗三寶」是犯重戒。

當他們說「大乘非佛說」，當他們說「如來藏是外道神我」時；以及我出來弘法早期，他們直接私下就講了說：「蕭平實是邪魔外道。」這些人有沒有毀謗三寶？（眾答：有！）有！再來，他們說：「沒有如來藏，如來藏就是緣起性空，這是佛講的。」有沒有謗法？（眾答：有。）有沒有謗佛？（眾答：有。）謗釋迦文佛了！佛沒有這樣講過，他們卻誣賴給佛，說佛有這樣講，那就是謗佛！這不就是「毀禁眾生」嗎？而我把他們降伏了。所以他們心中很清楚知道：「去找到蕭平實，只有認錯的分兒，沒有開口的餘地呀！」因此他們都不理我。說好聽的叫作「不理我」，其實知道自己沒辦法開口。

所以他們就不敢寫文章、寫書出來評論我。當然有一個三歲娃，被游老師給評了，後來也就閉嘴了。因爲三歲娃只看糖果，他不看你這個作品美不美，他只看它是不是很甜。那游老師回了他第一本書，欸！他在僧團內部又寫了篇文章亂批評，於是我清楚他只看到糖果，那好，我們去弄個糖果來公開吃，但不給他吃，我就說：「游老師再回應了這本書，改爲局版書。」因爲他一本書一次印一千本，兩年賣不完；游老師這一本局版書，我說：「我們一次印兩千本。」一年賣光光！他看到了就想：「欸，毀謗了蕭平實以後，他反而賺錢呢！他吃了糖果，我沒有糖果可吃欸！」於是不再寫文章謗正覺了！這樣的作爲便叫作三歲娃兒。但如果他長到少年了，他就會分別這樣對、那樣不對。所以對於「毀禁眾生」，你跟他說理還是有用的，所以釋印順他們終其一生不回應我。聰明！可惜那只是世間法的聰明。

但是三歲娃兒就來跟你胡鬧，因爲你說的理他聽不懂，他就跟你胡鬧；你得給他糖果，他才會停止；那你如果不給他糖果，後來乾脆就弄糖果給自己公開吃起來，讓他吃不到；他越鬧，人家就越有糖果吃，而他自己根本沒得吃。每鬧一次，對方就有一顆大糖果；他看清楚了，不鬧了！這叫作三歲娃兒。所以那一種人是連「毀禁眾生」都談不上的，因爲「毀禁眾生」會被降伏，而他不會被降伏。不會被降伏表示什麼？他有什麼性？嗄？三個字：異生性。他是連「毀禁眾生」都談不上。「毀禁眾生」你跟他講了以後，他捨壽之前還懂得懺悔；即使沒有書面那樣出來懺悔，至少懂得死前在　佛前對眾懺悔，來世無妨保得人身，繼續出家修行；但三歲娃兒是無可救的，連「毀禁眾生」都談不上。

那麼能夠降伏「毀禁眾生」，一般人想起來大概會說：「那他一定趾高氣揚。」對吧？一般想起來都是這樣的，因爲毀禁眾生都很兇。一般學佛人都乖乖的，一點點的大妄語都不敢；但他們都敢，敢謗佛，敢毀法，也敢破戒！他們什麼都不怕！一般學佛人哪兒敢？沒有一個人敢啊！正因爲大家都不敢，大家都深深地恐懼「大妄語」後的業果；正因爲這樣，所以那些喇嘛們才有機會可以欺瞞眾生。因爲他們講說：「我已經是成佛了！」那大家想：「這是特大號的大妄語欸！他如果沒把握，怎敢這麼講？」善良的人都會這樣想，因此，以前密宗喇嘛教那個大馬蜂窩沒有人敢捅，只有我這個傻瓜呆去捅他。我捅了他們，對我自己有什麼好處？沒有好處啊！但依舊要把他捅壞、要把他捅穿，目的是爲救護眾生，希望救得眾生以後也能救得他們。但這個顯現於外的金剛怒目相，把他們所有的法義全部都把它掀翻了，全部破斥！我這樣作，看起來是氣勢洶洶吧？沒有人敢這麼作的啊！但我把它作了！可是諸位有看到我趾高氣揚嗎？沒有啊！反而「尊敬承順清淨有德」。

所以好幾年前，有兩個人極力地介紹我說：「某某人是八地菩薩。」編造假故事勸了我兩年。好吧！那我就拜以爲師，跟他學習；結果一問三不知，我問了好幾次以後，都是講不出個道理，後來還被我抓包！八地菩薩會去抄襲一個凡夫（落於常見外道的徐恆志）寫的文字來爲大家開示，我就把他破了。但這背後表示什麼？表示我沒有慢心，沒有私心；因爲我那幾個最早期的學生，我幫他們悟了以後，他們編造故事，向我推薦了整整兩年。

我想：「**他們能夠這樣整整兩年，兩人一直推薦，想來是眞的。**」好，拜以爲師！我這不是空口說白話，每一次電話裡跟他請法，都跪在地上跟他講的，夠恭敬吧？夠！既然認爲他「清淨有德」，那我當然應該要尊敬，應該要承順！但是儒家有一句話講得好：「**君子可欺以其方，難罔以非其道。**」對吧？我不是沒智慧的人呢！我是因爲這兩個弟子一直不斷地推崇他；於是我就拜他爲師，學學看！結果發覺是騙人的！既然是騙人的，也是特大號的妄語，我當然得破他；因爲他不值得尊敬，不值得承順，不夠清淨，才會大妄語！那他有沒有德行？沒有！有德行的人不幹這種事！

但如果遇到一位眞正「清淨有德」的人，我不會放過他；也就是說，我絕對不會放他走，一定要把他拉到同修會來，坐上這個寶座；我就坐到下面去，聽他講經說法，這樣我也可以得大利啊！何樂不爲？因爲我出來弘法以來，沒有人教過我，都是我在教別人，表示我都在付出。在法上我沒有收穫，法上我只有不斷付出；現在終於有個人可以給我很好的法，我在這個法上可以繼續有收穫了，應該要抓住他，怎麼能放過他？可是結果呢？我請他來領導同修會，我還沒有講到請他上座說法，只是請他來領導同修會，他就不肯來。他可能想到說：「**如果來了，大概就得上座說法。怎麼辦？**」就像惠明將軍一樣，如果強行拿到了佛缽祖衣之後，一定要上座說法呀！那時要怎麼說？所以他始終沒有答應，我邀請了三次，沒有一次答應的。最後發覺：「**欸！他抄了一個凡夫寫的東西，說是他自己從牆壁上看見的。**」才怪！一字不易欸！所以就把他破了。

所以菩薩摩訶薩「**善觀一切了義、不了義經**」，而且「**悉能降伏毀禁眾生**」的時候，他不會有慢心；因為有慢心的人一定是初悟不久，才剛剛悟入，所以覺得很高興、很得意；看見路上有個出家人在走，他心裡就想：「哼！什麼佛法都不懂！」他會這樣想啊！可是證悟久了以後，他只會有悲憫心說：「**唉！出家所為何事？他怎麼老是為衣食奔忙、為名利奔忙啊！**」他覺得悲憫，他沒有慢了。那如果通達以後，證得法無我了，更不會有慢。這時候他當然會「**尊敬承順清淨有德**」，因為有無生法忍，早已超越阿羅漢境界了，當然不會有慢心。

阿羅漢都不會有慢心，雖然還有習氣種子，也不容易表現出來；更何況菩薩摩訶薩有無生法忍呢！那麼這樣的菩薩摩訶薩「於摩訶衍得大淨信」，所以想要聽到我批評大乘經典，那根本是不可能的事啊！別說大乘經典，四部《阿含經》那兩千多部我都不敢評論；連二乘法我都不敢評論，大乘法就更別說了！既然都是 佛說，不管它了義或不了義，都應該尊重，因爲是如來金口宣說，那就是聖教量；即使四阿含大部分經典都是「不了義經」，也不該評論。

有一句成語說「愛屋及烏」，當你很敬仰 如來的時候，如來的一切所說就全部尊重了。所以你看見那飛燕在屋子裡、或是有時飛在屋簷下，或者飛到屋子裡面作了巢；你愛這個屋子，就同樣愛惜那一些燕子，因爲那燕子也是這屋子的一部分。反過來講「愛屋及烏」，你既然愛這個屋子，你就也跟著愛那隻居住於這屋子的烏鴉。在古人的想法很簡單，烏鴉或燕子是屋子的一部分，如果推到更早，屋裡養的豬也是屋子的一部分，所以也可以改爲「愛屋及豬」，這是眞的啊！最古時候的人們，屋子裡隔起一個空間，那一半養豬、這一半人住，所以「家」這個字諸位拆解一下：一個蓋子下面有豬，那就是「家」，道理是一樣的。

那麼四阿含大部分的經典固然是「不了義經」，但因爲是　如來所說，所以一樣加以恭敬弘揚，所以我們不會拒絕弘揚二乘菩提；因同樣是　如來之法，並且大乘佛法的修行終究需要函蓋二乘菩提，否則無以入地啊！如果二乘菩提不修，想要證悟都難，因爲會落在「意識」裡面，然後自覺說：「我只要『一念不生』就是證眞如。」那就是二乘菩提沒有學好！所以爲什麼我們禪淨班課程，親教師一定要教你五陰、十二處、十八界，告訴諸位這些都是虛妄的。爲什麼呢？因爲你如果還落在意識或者落在識陰裡面，你怎麼可能去找背後那個如來藏？就算有一天找到如來藏了，也不肯承認祂是五陰的根源，一定會繼續把識陰中的全部或者局部(例如離念意識)當作是眞如，所以先要學二乘菩提；雖然它不了義，但在大乘佛法中依舊要學它，因爲「法」有它的次第、內涵以及高低差別。低階的法不學，就要直接學高階的法，那叫作空中樓閣。

所以菩薩摩訶薩「於摩訶衍得大淨信」，是因爲菩薩摩訶薩看見了「不了義經」所講的二乘菩提，它是證得了義經所說般若的基礎。如果你沒有把五陰十八界給推翻，你不能現觀它們的虛妄，就永遠會落在那裡面；就不可能證得背後的第八識如來藏，般若實相智慧就無以現前。那麼菩薩摩訶薩證得眞如，也就是如來藏所顯示的眞實性、如如性之後，必然會看見：這不是阿羅漢之所能知。也必然可以分別出來二乘之法的位階在哪裡，而大乘般若的位階是在二乘菩提的上面；必然可以分清楚：二乘菩提所觀行的對象是事相法，都是三界中法；而這個般若所證的是三界法之所從來的那個「實相」，講的是「理」；所以二乘菩提屬於「事」，般若屬於「理」，這層次就很分明了。

那麼這層次看清楚了，如何現觀而證明是如此？接著菩薩「**不於二乘起奇特想**」。打一個比方：二乘菩提就像小學之法，一般人就是幼稚園。二乘菩提有所實證了，表示小學畢業了，然後要升中學了。升中學後要學的內容當然勝妙於小學，他把中學的法學完了，就知道：「**以前學的是小學生學的。**」如果小學生的這些都還沒學，就說他還在幼稚園，這就清楚了。所以如果一個中學生而一天到晚在推崇小學二年級、三年級的課程，說：「**他怎麼樣、**

怎麼樣好，他的學問比我更好。」那表示他連小學二年級、三年級的程度都還不到，要懂得這個道理。

例如有人自認爲證悟了，還在推崇那個沒有悟的一貫道的老母娘，那就表示他的境界不如老母娘，那他根本就沒悟。如果有人證悟了，還去推崇老子說：「哇！這《道德經》講得太好了！這根本就是悟後才懂得的法。」其實《道德經》沒有講到「悟」是什麼，而且他一開宗明義就告訴你：「道可道，非常道。」就說是沒有辦法講的，所以他講不出個所以然來；那你證悟了還推崇他，表示你的程度不如他，就是未悟凡夫。否則，老子應該夢裡來推崇你才對，結果你去推崇他？那你就是不如他，那麼你證悟的功德就值得再斟酌了！道理永遠都是這樣。

所以當你知道：二乘菩提是小學、般若是中學、唯識種智是大學，那你就不會再覺得：「二乘菩提太奇特了！太好了！」就不會這樣了，因爲你還有更好的「般若」，後面還有唯識種智。般若你不去推崇，專去推崇二乘菩提，臺灣罵人家的一句話說：「他腦袋短路了！」對吧？對呀！一定是腦袋不清呀，才會顛倒說。然後，接著繼續修學唯識種智；繼續修學唯識種智時，譬如說唯識系的經典，那《楞伽經》、《解深密經》、《楞嚴經》等，還有包括唯識系的大論，譬如根本大論的《瑜伽師地論》以及《成唯識論》，這樣繼續修學，你就知道：「啊！這就是佛法中的大學！」那如果修到第三大阿僧祇劫，他就說：「我現在是碩士班了。」碩士班修完了，該修博士班了吧？那就是等覺位，該怎麼成佛的事了！道理就是這樣啊，層次大約就是這樣。這個譬喻講了，大家比較容易明白。所以沒有一悟就成佛的道理，假使要一悟就成佛，那必須是「一生補處」；前面已經走過三大阿僧祇劫了，如來有授記說：「當來下生成佛就是他了！」

現代那些自稱的「佛」，哪一個人被 釋迦如來授記爲當來下生成佛的人？沒有啊！可是卻都說悟了就成佛，以佛自居，那就是對於「法」沒有如實知，那一定是凡夫！那麼這時候也許有人說：「欸！那你這樣講，不是在評論六祖嗎？因爲《六祖壇經》講『一悟即至佛地』呀！」可是我沒有評論他呀！如果有人說我評論他，表示他不懂「六即佛」的道理，因爲這個「佛地」要看怎麼解釋。六祖也沒有說：「這一悟了就跟如來的究竟位一樣！」六祖沒有這麼講。而「佛」的境界是什麼境界？是第八識如來藏的境界，那不就是悟了即至佛地嗎？所以自己沒有如實理解時，不要去把六祖拉來墊背。六祖沒有講錯，在「六即佛」裡面說那叫作「相似即佛」。如果努力參禪還沒有破參，那叫作「觀行即佛」，只差一步就進入「相似即佛」位；然後那個時候一看，「**啊！如來悟的是這個，我悟的也是這個，現在這個第八識心就是如來的境界。**」對呀！所以一悟即至佛地。但不是究竟佛；可是這一悟，再也不會對二乘法產生了奇特之想。所以如果有人宣稱證悟了，結果他一天到晚說二乘解脫道最好，比大乘法還要好，那請問：「**他對大乘法有沒有實證？**」（眾答：沒有。）沒有實證啦！

聽說有法師寫了書（我不知道眞的、假的？我聽人家講的），那我就姑妄聽之，諸位姑妄信之，也許不是眞的。我聽人說這法師有寫書說：「**二乘菩提解脫道比大乘菩提道還要好。**」我聽了都說：「**印順也推崇唯一佛乘，說般若比解脫道好、比二乘菩提好啊。**」欸！他的一個門下信徒或是門徒，算是孫輩的，竟然打了祖輩一巴掌！我不曉得最後要怎麼自圓其說啊？所以我才說追隨釋印順同樣成爲部派佛教的遺緒。末法時代什麼怪事都有！你根本想像不到會有這種怪事發生，眞的叫作不可思議！身受菩薩戒的出家人，竟然推崇二乘菩提，說它比大乘法更好。我希望我聽到的是亂講、是妄語，不是事實。換句話說，二乘的法縱使能夠實修，那也不過是阿羅漢而已，阿羅漢都還沒有「證眞如」，完全不懂大乘見道。

所以，假使今天南洋還有所謂的阿羅漢來到臺灣，遇上增上班你們隨便哪一位，他就開不了口了；因爲禪三考過了，你們都懂得那些機鋒怎麼用了。這阿羅漢如果來炫耀他的智慧，你就說：「你根本沒有智慧！你連最粗淺的佛法都不懂。」他一定不服氣，會向你提出質問：「我堂堂阿羅漢怎麼不懂佛法？你說說看。」這時候你就問他：「什麼是『六六三十六』？」看他怎麼講，他一定不懂啊。也許他說：「你不要跟我講這個啦！你另外講個別的什麼好了。」那你就問他：「如何是佛？」他就講一大堆，把佛的十號拿出來講。然後你說：「打住、打住，別再講了！你問我，我一句話就解決。」他就問：「如何是佛？」你就答他：「七七四十九。」（大眾笑…）他一定是一大堆的迷雲：「怎麼扯上『六六三十六』？然後又來個『七七四十九』？爲什麼你不說九十九？九十九最大了。」這時候你又問他，就告訴他：「那你重新再問一遍，如何是佛？」他就問了：「如何是佛？」你又答覆他：「九十九。」他說：「欸！你講什麼？爲什麼我都不懂！」你又告訴他：「所以說你沒智慧呀。」他還能開得了口嗎？開不了口啦！這時候他只好讚歎：「啊！菩薩厲害啊！還沒有出三界，就把我這個出三界的老漢問到啞口無言。」所以如果有人證悟了，還在讚歎二乘法說：「大乘法不如二乘法。」那表示他在大乘法中完全沒有所證，他連基礎的知見都不具足，這是很簡單的道理啊！所以菩薩們只要會禪宗這一著子，也就漸漸通透般若及唯識了；因此說，只要有人於二乘菩提起奇特想，當知是人未悟般若，亦未斷我見。他一定沒有斷我見，他如果斷我見了，就會想到般若的勝妙。那麼接下來，說這個菩薩摩訶薩：

「除如是等方廣大經，不說餘經，唯說如來常住及有如來藏，而不捨空；亦非身見空，空彼一切有爲自性。」菩薩摩訶薩一定會爲人解說經典，但是爲人解說經典時不會專講二乘經典，他喜歡講的是大乘經典。「方廣大經」爲什麼叫作方廣？爲何稱之爲大？「方」譬如說：一塊土地測量時，一定要指出最爲邊界的點。譬如說一塊方形的地，他測量時必須要幫你指出最外邊的四個點，叫作「四至」。到達的那個「至」字，國家至上那個「至」。我們應該說「佛法至上」的「至」字，這叫作「四至」。如果你擁有這一塊地，而你不知道「四至」，就表示你對這一塊地的瞭解還不夠；你可能只知道一半，可能只知道其中的少分。如果「四至」（就是這塊地的四個最遠的點）你都走到了，就表示對這塊地都瞭解了，「方」就是「四至」，表示全部都具足了。

這一塊地如果是六角形的，或者不規則的形狀，那他就是每一個彎曲的點都要幫你指出來，這就是地政事務所測量員該作的事。那如果他只幫你指出其中幾點，而其中漏掉了幾個點，他的測量工作就沒有完成，他改天還得要來再把它測完。所以「方廣」如果是一塊四方的地理，四點都知道了，那你就知道範圍是這一些，你把這一些範圍走完了，那這塊地有多廣大就全部都知道了。所以「方」就表示什麼？沒有剩餘。佛法的界線到哪裡呢？你都具足了知，那就是「方」。

如果是「方」就一定「廣」，如果你在這一整塊地裡面，只知道其中的一部分那就不方，不方就不廣，所以「方廣」就表示它函蓋面很大，全部具足，才叫作「方廣」。如果廣義來講「方廣」，就包括二乘菩提都在裡面；狹義來講「方廣」，就是把「般若」第二轉法輪也函蓋在裡面；如果是最狹義的「方廣」，講的就是第三轉法輪諸經，那麼方廣經又函蓋了唯識諸經在裡頭；如果忽略掉最中心的這一些經典，那叫作有方而無廣，因爲那變成空心的了，一定要實心的才好。世間人有時候會私下罵人說：「那個人是空心大老倌。」有沒有？除了看起來好像很有錢、很有權勢，其實都只是表相，沒有內涵，是裝出來的！那如果它是實實在在的，你拿了棍子敲它，聲音不大；如果它裡面是空的，你一敲它，聲音好響喔。要懂這個道理。

所以如果有人跟你相見了，他說：「我佛法修得多棒、多棒，你都不知道！」那表示他是空心大老倌。如果他有眞才實學，請他來正覺講堂講一次就好，兩個小時就好。也不用啦！一個小時就好，看他講什麼？搞不好才講三、五句話，你就把他轟下來了，眞的如此啊！在武術界不是說：「行家一伸手，便知有沒有。」佛法也是這樣，有時候評斷一個人，他寫了書出來，你不必全部讀完；也許讀到第一頁，讀到其中的一句說：「所以證悟就是證離念靈知。」你就說：「啊！這個沒悟啦，不用再讀了！後面必然都是糟粕，不值得你吃。」所以以前有好多人在網路上罵：「這蕭平實也沒有把人家的書全部讀完，就說人家沒開悟！」我那個《公案拈提》上，我都拈提出他某一段話，我就把他評了，那他們就這樣罵；我聽了都覺得好笑，明明其中一句話就夠了，何必要整段？當他主張說：「證眞如就是一念不生」的時候，那你這一句話就足夠判斷他沒有開悟了，還需要讀他整本書喔？浪費眼力呀！所以有智慧的人一看就知道。武術界也是這樣啊，看人家一伸手，就知道他的功夫到哪裡；三腳貓才會看花拳繡腿，就像是看他寫的書好大一本，或者好多本。縱使印刷精美，賣得很貴；可是沒有眞材實料，那叫花拳繡腿。

所以「方廣大經」爲什麼稱之爲大、名爲「大經」呢？因爲祂講的「法很大」。「大」的意思是說：把佛法該有的內容都講了。既方又廣，是四至周到，其中的內涵都已經具足圓滿。可是菩薩摩訶薩專講「方廣大經，不說餘經」；當他講經的時候，就有一個特色，叫作三句不離本行，講來講去都在講第八識；有時候講如來藏、有時候講阿賴耶識、有時候講異熟識、有時候講本地風光，回來又講無垢識，然後又有講阿陀那識，又來說「識緣名色」的「識」；有時候遇到喜歡「禪」的人，他又講本地風光、莫邪劍、父母未生前的本來面目等一大堆的東西，講來講去名相不同，其實都是同一個。

可是以前就有密宗喇嘛教的人來罵：「這蕭平實不曉得在講什麼？有時候講如來藏，有時候又說阿賴耶識，有時候又講異熟識，亂七八糟！亂講一通！」好像他罵得眞的有道理。明眼人一看，就說：「他不懂佛法！」如來在《楞伽經》裡面早就講過了，說這個第八識眞實的「我」有無量無數名：外道講的「上帝」就是這個「我」，外道講的「祖父」、「大梵天」就是這個「我」，這個「我」就是「如來藏」，有種種名。所以菩薩摩訶薩講一切方廣大經的時候，眞的三句不離本行。如來這裡也這麼講的：「唯說如來常住及有如來藏。」菩薩絕對不會說：「如來成佛入無餘涅槃就斷滅了。」如果有人這樣講，那不是摩訶薩，那一定叫作「初業菩薩」；你聽見了，可以把他扣上一頂帽子：「謗佛！」

所以「如來常住以及如來藏的眞實有」，是一切方廣大經之所說。我們還沒有講《大方廣如來藏經》，我想有機會也可以講一講，因爲那部經不長；還有同樣性質的《無上依經》、《佛說解節經》都是在講如來藏；那不然，比較有名的《解深密經》、《楞伽經》、《楞嚴經》，也都是講第八識如來藏。沒有一部經說 如來入滅就灰飛煙滅，都說 如來常住；要不然大部頭的《四十華嚴》、《六十華嚴》、《八十華嚴》，也都是講第八識如來藏常住不變，都講如來常住啊！奇怪的是：那些披著大乘僧衣、吃如來食、住如來家、說如來法的法師們，卻在否定 如來常住、在否定如來藏，眞的很難想像他們是什麼心態！只能說他們跟日本學術界互相呼應。用世俗話指責他們，叫作吃裡扒外，跟外道勾結！可是菩薩摩訶薩「唯說如來常住及有如來藏，而不捨空」；所以二乘法講的一切法「緣起性空」，菩薩是不會棄捨的，但這個道理只能留到下回分解了。

又過了一個中國年，還沒有過元宵，所以這裡先跟諸位拜個晚年，祝大家新的一年事事如意！道業增長！（大眾：謝謝導師！阿彌陀佛！）阿彌陀佛！既然新的一年開始，總要說一點比較切身的法義。所以這《大法鼓經》繼續宣講之前，我們先來談一個觀念。

在正覺同修會裡面學法，我們自始至終都強調定慧等持。諸位看看我們後方那邊牆壁上，那兩幅張老師的字畫：「攝心爲戒」、「定慧等持」。這個題目或者說這個意涵今天再提出來談，是因爲我希望大家重新再把這個道理認識清楚，並且要把它憶持不忘。佛法一定是「定慧等持」，單有智慧而沒有定力，就像鳥之雙翼失掉了一翼，就像車之兩輪缺了一輪，那一定沒有辦法達成他應有的功能，「應有的功能」是指證悟之後的功德受用。而「功德受用」分為兩個部分：一個部分是「智慧」，另一個部分是那個智慧足以支持自己眞實的得到「解脫」。

單有慧，那個智慧無法助益「解脫」的功德受用，因此那個智慧就叫作「乾慧」。而乾慧有一個特色，就是不會有勝妙的「擇法覺分」。三十七個菩提分法裡面，其中有個擇法覺分，這個「擇法覺分」非常重要。那麼如果在證悟之前，沒有把「定力」修好，證悟之後成為乾慧，那麼他的「解脫」功德起不來，他的智慧也難以增長；解脫功德起不來，自己就會覺得心虛；智慧起不來，他的擇法覺分就很差，很容易被能言善道的凡夫所籠罩。

我弘法二十幾年來，不斷地強調「定力」。我們的禪三報名表審核的項目之中，有一項也是定力。那麼我的書裡面談到：「**三乘菩提的智慧必須有定力相應。**」這個可以說是不勝枚舉，表示我講經的過程中，時常講到這部分。所以智慧必須輔以定力，如果沒有定力，那個智慧不足以為憑。為什麼說「沒有定力的人，開悟了不會有好的智慧，也不會有解脫的功德受用呢」？

這就譬如 世尊告訴我們說：「**先以定動，後以智拔**。」說眾生的煩惱不論是我見、我執、我所執的煩惱，或者說所知障的無明煩惱，想要拔除非常困難。就好像有一個木樁插在深土裡，用來綁驢子、綁馬已經幾十年了，雖然沒有根，但是它在地上插得牢牢的；縱然有人很有智慧，知道如何拔它，但是依舊拔不起來。那麼更有智慧的人他就懂得：光用那個方法雖然正確，依舊拔不起來；必須要先把那個木樁前後左右不斷地搖，把它搖到鬆了以後，用那個方法就可以拔起來。

煩惱就是像木樁一樣，它非常堅固地、牢牢地被泥土抓住了，要拔它，沒辦法！乾慧拔不了煩惱，必須要先修定。定的修行過程，直到發起了……，比如說未到地定發起了，這個定可以動搖煩惱。煩惱被定力所動搖了之後，再用智慧把它輕輕一拔就起來了。所以 如來說：「**煩惱的滅除不容易，必須要先修定降伏其心**。」因此說「**先以定動**」，要用定的力量把煩惱搖動；「**後以智拔**」，然後再用智慧把煩惱拔除。

那麼以往，一直到舊曆年前都一樣，始終都有人去打禪三、拿到我的金剛寶印以後抱怨：「**我的智慧不是很好，我的解脫功德也不是很好**，這都要怪我的親教師沒有要求我把『定力』修好；我的親教師也沒有教我好好修定。」然後又抱怨：「我們的『無相念佛』修行是拜佛，那是動中的功夫啊！可是要發起禪定得要靜坐呀，所以我不要再拜佛了，我要開始打坐。」那諸位想想看：當他們的親教師多冤枉！教了那樣的弟子眞冤枉欸！親教師不是整整前半年的課程都在教他們怎麼修定嗎？

這個動中的定，遠比靜坐修來的定強過好幾倍欸！等一下再談說「無相念佛」可以修到什麼地步，先來談動中定與靜中定的差別。十幾年前，將近二十年了，法鼓山有一位果某師（不談他的名字），果某師被派去泰國法身寺交流，去那邊好像待了一年半、還是兩年，在那邊學打坐修定，有靜中的定力；等他回臺灣之後，半年就開始覺得保持定力很難，過了一年半以後全部散失了。好，縱使能夠保持住好了，能不能看得見話頭？答案是看不見！那麼如果是動中修的這個定力，只要無相念佛的功夫夠好，打坐進入未到地定不是難事，是很輕易的事！那他們說：「我定力不好，所以智慧沒有辦法發揮出來，解脫功德受用很小；都是我們親教師沒教好。」問題來了！要看他無相念佛有沒有作好？一定沒有！

我以前也講過，好像講過兩次，現在講就第三次了。我們早期有姓蔡的一位師兄，也當過老師，後來退轉。他們離開前放話說：「在同修會裡面老師都不教定，所以我們現在同時去法鼓山安和分院學禪定。」我當時聽到，就公開講了，我說：「你去法鼓山不管哪個分院、本院都好，誰可以教你證得禪定？因爲連堂頭和尚下至常住法師，沒有一位修好未到地定，初禪以上就甭提了！反而是我們同修會有未到地定、初禪、二禪等等法都可以教你；但是你先要把無相念佛的功夫作好，要先把看話頭的功夫作好！」當然，我講的時候沒有像今天指出他的姓氏，但當時他都知道我是在講他，所以老大不高興，離開了！時至今日，超過十五年了。他有沒有證得禪定？我保證沒有！因爲我講這麼幾句話把事實襯托出來，他就受不了；心性如此，可能發起初禪嗎？不可能啊！

因爲我講過很多遍，初禪發起的兩個條件：第一就是伏除性障，第二就是未到地定。那如果無相念佛功夫作得很好，未到地定絕對足夠，百分之百夠，比靜坐修來的定更好！剩下的就是伏除性障。伏除性障屬於次法，這個道理我也講過很多遍了，我也舉例過說：「譬如南投的國姓鄉，二十年前好多的茅棚，很多出家人在那邊每天打坐修定，沒有一個人得初禪；因爲他們不懂初禪發起的條件。」這個我在十幾年前就講過了，現在竟然還有人拿了我的金剛寶印之後抱怨：「我的智慧不夠好，爲什麼別人悟了智慧很好，我就比他差？而我的定力不好，因爲我的親教師沒有好好地教我。」我說他們的親教師哪天遇見了，應該先踹他一腳再講。明明再三教導，還說沒有好好教導；他自己不肯好好修，怪罪於他的老師，眞沒天理啊！

他們都有一個特色，後來都說：「我們要開始學打坐，打坐才能證初禪。」問題來了：「末法時代海峽兩岸那麼多人，都把打坐當作學佛，他們何曾發起初禪？」不信邪，去找找看，舉個例子來給我看看！我卻很多次在講經的時候說過：「我發起初禪不是靜坐中發起的，而且我的初禪是遍身發，那是一剎那間發起的。」有的人應該還很有印象。我發起初禪的時候是送孩子上學，孩子出門了；而我前一天寫書睡得很晚，我要睡個回籠覺，因爲覺得很累；坐上床沿，雙腳離地，兩隻手還沒有碰到床鋪的時候，突然間發起，這不是打坐中發起的；然後我很緩慢地躺下去，我繼續觀察那裡面的境界，後來我才能夠講得出：「初禪是如雲如霧，不是智者大師講的如雲如影。」然後我告訴大家：初禪應該發起的條件是什麼、發起的過程內容是什麼？這不是靜坐中得來的！

那麼二禪呢？我這個初禪是從無相念佛來的，不是打坐修來的！我的二禪怎麼來的？那時候我固然也打坐進入二禪，可是我第一次進入二禪是怎麼入的？我當年有時間，可以受持〈大寶樓閣咒〉。我在家裡佛堂供桌前坐下來，打起手印，誦起〈大寶樓閣咒〉，誦著、誦著、誦著，後來入定去了；沒有聲音、沒有色塵，什麼都沒有，就這樣子，連唸咒出來那個咒的聲音都沒聽見，但我還繼續在誦咒。誰有這個功夫？直到後來出了定才又聽到：欸！這是自己在誦咒的聲音。這是第一次入二禪。後來覺得誦那咒有一點浪費時間，所以改變了，後來改用打坐的方式。所以，誰說動中的功夫不能入初禪、二禪？還不說等持位，我說的是等至位。

所以無相念佛的功夫不可以小看哪！不然這門功夫怎麼會是在二十五種圓通法門之中的第二十四種？只在觀世音菩薩的「耳根圓通法門」之下；二十五種圓通裡面它排第二，不是沒道理的！那麼那一些人自己不好好修無相念佛的功夫，怪罪說這個動中功夫沒辦法讓人證得禪定。那我請問了：「不管他們自己或者他們隨學的那些大師們，哪一個有禪定？他們都修靜中的功夫，哪個有禪定？」答案是：不說一個，連半個也無！所以這門功夫，據我的所知：「它可以讓人直接修到第三禪；我不敢保證修到第四禪，理論上是應該可以的。」他們怪罪說：「無相念佛不能使人發起禪定。」這是謗法之語呀！而我的經驗不是這樣。既然我修無相念佛可以發起禪定，那他們怎麼可以這樣講？

今天之所以講這個道理，是因爲過年前又有個人犯了這個毛病；這個毛病是我弘法二十幾年來，每隔個兩、三年就會有一個出現。這表示：我在禪三之中給了他們額外的指導，有罪過！我這個過失叫作揠苗助長，所以這次又給我一個慘痛的教訓啊，我眞的要改！對這一類人來講，我任何的指導都是揠苗助長，結果害他們造口業，因此智慧也無法增長；然後很輕易就被一個能言善道的凡夫給騙了。這樣的人對於一個沒有眞正斷我見的人、也沒有定力的人，憑著能言善道、讀過我的書以後，就自稱他是入地的菩薩，他也信！這「擇法覺分」眞的不存在！

那我探究他們出問題的另一個因素，就是悟後急著去攝受眾生，從來不讀我寫的書；這是他們的共通特色，退轉的人都有這個特色。講「特色」好像不太對吧？那「特色」是好的名詞，應該說是一種共同的「狀態」，都不讀我的書！可是這一些道理，在我的許多書裡面都講過，今天不得不再講一遍，希望未來不要再有那種人出現。這個是對所有求悟的人要講的話，是說：動中的定力一定要好好修！

那麼當來下生 彌勒尊佛，在《根本論》裡面也說：「斷三縛結的時候，必須要有未到地定作支持。」又說：「想要入地，最少必須有初禪作支持。」諸位也許還記得：每次禪三殺好「我見」了之後，最後我會問大家：「斷了三縛結之後，懷中是不是有個水果了？」大家都說「有！」可是我馬上撂下一句話來：「說是斷三縛結、證初果，這可保不定！爲什麼保不定呢？因爲假使沒有未到地定來支持，從來不修定，縱使現在很清楚地現觀到斷三縛結的內容與智慧了，仍然不算初果；因爲沒有未到地定支持。」

我在這裡跟大家說明：爲什麼要有未到地定支持才是眞的證初果？因爲修未到地定的過程，能夠把剛強的心降伏，這時智慧發起，才能跟初果的解脫智慧相應，才會有解脫的功德。同樣的道理，明心的人必須有未到地定支持；如果沒有未到地定支持，縱然我幫他證悟了，也不算眞的證悟，那只能叫作解悟；因爲他的智慧不容易發起，縱使發起了也是極少分，因爲那個智慧不足以讓他和明心應該有的解脫功德相應。所以斷三縛結或者明心，都必須有很好的未到地定作支持，才能夠與應該有的智慧和解脫功德相應。因此證悟之前一定要把定力修好；自己不修，別怪親教師沒有教他修未到地定。無相念佛的功夫只要修得夠好，未到地定就夠了。（編案：這是二〇一八年所說，但二〇二〇年退轉的琅琊閣、張志成等人，同樣落入這個不修定的狀況中，所以連悟的內容都沒有與定心所相應，念心所就跟著不存在了。）

那麼接下來，我要對證悟的人說話了。有些人證悟之後，不再好好修次法了。可是次法的修行，不單證悟之前要修，證悟之後一樣要修；不但入地之前要修，入地之後一樣要修。可是有些人進了增上班以後，老是瞧不起人，他覺得自己最行，老是覺得說：「張三不應該在增上班，他的智慧不好；李四也不應該，王五、趙六都不應該在增上班。」問題來了！他就那麼好嗎？其實套一句老話說：「他是自我感覺良好。」所以，我一直很厭惡同修們互相之間勾心鬥角，或者搞矛盾、搞鬥爭，我很討厭這個。我希望的是大家和和樂樂，共同邁進佛菩提道。這個次法悟了以後要修，那親教師們是不是說：「那我們當上親教師就不用修次法了。」不然，親教師更要修！假使你自覺到自己不久就會當上親教師了，那你就一定要好好修。

現在當上親教師，到了末法最後五十二年，必須成爲阿羅漢。那五十二年過完了，沒辦法弘法了，月光菩薩入山，率領著一大群阿羅漢入山隱居。這一批阿羅漢跟著月光菩薩一一捨壽完了，人間便不再有正法了。不但現在當親教師的人，那時候得是阿羅漢！還有一些人同樣得是阿羅漢，才能緊跟著月光菩薩修行。再過一段時間，當　彌勒尊佛來到人間的時候，各個都要入地，但是在末法最後五十二年得要是阿羅漢。那末法最後五十二年離現在多久？還有九千年！這九千年之中必須成爲阿羅漢，那麼次法要不要修？一樣要修啦！所以這些話我得要講，如果我不講，捨壽的時候，世尊戳著我眉頭，我就只好默然。這個事情一直都是很重要的事情，所以定力一定要修，不要怪親教師沒教；次法得要好好學，從我開始，一直到禪淨班的每位同修都要好好學。當來下生　彌勒尊佛來人間成佛了，你們不管誰，由於還有胎昧的緣故，所以在聞法之下就要成爲阿羅漢。這表示次法是在他成佛之前，我們就要修好的；只等開示完了，心得決定，就成爲阿羅漢。

但是在這個年代，進入正覺修學佛法，要學的、要作的好像非常多；聽起來是很辛苦，但這個辛苦有代價。另外一方面，如果大家都散漫，光求智慧，不肯修定好好降伏其心，性障沒有伏除；那麼佛菩薩看在眼裡，一定說：「哎！這些人就好像孔子講的『糞土之牆不可杇也』。」對吧？一定會這樣看待呀！可是假使諸位都很努力，悟前很努力、悟了以後一樣努力；盡這九千年，快速地提升，有這樣的決心與行動，我保證佛菩薩看在眼裡，一定疼惜得不得了，絕對會指派某些菩薩再來人間，幫助我們把正法繼續住持到最後；搞不好，我說「搞不好」啦！（大眾笑……）也許 佛還指派了 克勤大師再來人間幫助我們，這都有可能。那諸位想一想：「如果他眞的被指派來了，會是一個人來嗎？」（眾答：不會！）對了！所以，我們未來世再聽他演述《華嚴經》，那不是不可能的事！但是現前應該有的表現是：我們眞的有很努力在次法上用功，努力在修定降伏煩惱，很努力在培集福德，很努力在增長慧力！如來那麼慈悲，沒有不顧念我們的。

每回禪三，我總是請求諸位，拿到我的金剛寶印要去跟 克勤老和尚擾亂、糾纏一下：要求他找個時間，再來人間跟我們相聚。跟他抱怨：爲什麼那麼久都不來人間？對吧？是啊！那他是個無情之人嗎？不是！他很有情！雖然他手頭比我儉，但他也是愛護之心，怕揠苗助長。所以大家只管努力：該除的性障修除，該修的定力修起來，該增長的智慧增長了，該培集的福德也培集了，有這一些基礎在，道業何愁不能快速增長呢？這是我今天特地要告訴諸位的，有點語重心長了；但這是事實，也是我對大家的期待。

那麼因爲這個緣故，所以我們未來禪三還要再回復到往昔（不會全部回復，但會回復一點），就是水準要求高一點，揠苗助長的行動少幹一點，因爲這些事相使我不能不如此；否則這些解悟的人沒有定力作支持，都是解悟，未來我走了以後，他們肯定會出來搗蛋，爲了名聞利養啊！所以悟後急著出來攝受眷屬，急著出來當大師，都不再讀我的書，那我講的很多重要的知見、重要的觀念，他們都沒聽懂、都沒讀到；特別是在大陸的同修們，悟後增上班如果不上，我的書也不讀，定力也不繼續修，遲早都會出問題！因此才會有年前這兩、三個月又出了這一件事情。我不得不自我檢討：該重新再付囑一遍的，就再付囑一遍；該改進的我得改進；不然我們這一輩老人走了以後，那一些年輕的解悟者那時候五、六十歲，開始出來搗蛋了，各個要搞名聞利養，正法也就四分五裂！但是勝義僧團不可以這樣，所以我得要好好教導、好好把關，這是我的責任。

今天講的這麼多話，其中蘊涵的法義我希望對諸位有幫助。假使諸位能夠聽得進，不起煩惱，付諸於實行，那麼到月光菩薩示現在人間的時候，成爲阿羅漢並不是難事；主要還在有沒有陽奉陰違，如實履踐的人一定可以達成。不要到將來龍華三會才證阿羅漢果，如果現在就能漸伏除性障，而且次法、定力有好好修，那麼在九千年中成爲阿羅漢並不是難事！因爲如何成爲阿羅漢的內容，我已經在《阿含正義》都寫清楚了，我們講經也說得夠多了。那麼在最後九千年圓滿時成爲阿羅漢，接著上兜率陀天，追隨 彌勒菩薩修學一切種智，有解脫功德受用，以及至少有初禪圓滿的定力受用；將來他老人家來人間成佛的時候，龍華三會之後再說大乘法時，你一定入地了；因爲那五億多萬年的時光，足夠你把一切種智修好，這就是我的期待。

那麼末法時代的佛法復興要期待於諸位，我相信我們如果這一世能夠好好地修、好好地作，縱使我期待的這一次的佛教復興，不能如我期待復興一千年，至少保持兩百年的復興一定作得到；那我們憑著這個福德，到彌勒尊佛成佛時，我們入地就不困難。這一入地，三大阿僧祇劫完成三分之一了，這就是「化長劫入短劫」，懂得這樣修的人才是聰明人啦！如果當作馬耳東風：「那是你蕭平實講的，我憑什麼信你？」那就是信力不夠，那就等著到龍華三會再當個阿羅漢吧！想要入地還得聽雞啼呢！也就是還要很久啦。

好了，今天語重心長的話就講到這裡，我希望對大家有幫助。如果你聽得進去，對你一定有很大助益。我也曾經講過：「你要修福、修定力等等，特別是修福，要在次法上努力修行。你到了兜率內院去，也沒什麼機會給你修啦；那裡沒有惡人、沒有機會給你布施，什麼都沒有，就純粹是在慧力上增長。」所以，修福、修學次法就在這九千年！大家要努力！

回歸《大法鼓經》，農曆年前，我們講到第五頁最後一段倒數第一行說：「唯說如來常住及有如來藏，而不捨空。」回溯一下年前的所說，是說：「從他方世界、從十方世界來的那些聲聞、緣覺和初業菩薩們，只剩下百千萬億阿僧祇分中的一分留下來。」那麼經中說：「這些留下來的菩薩信解法身常住不變，能夠受持一切的如來藏經，他們有許多的功德，所以不會對二乘之法起奇特之想；因此他們爲人講經的時候，不會爲人解說二乘經了，他們都爲人家宣講方廣大乘經；如果不得不講到二乘經，也是把它附屬在方廣大乘經裡面來講。」

就好像我這一世講解脫道的二乘菩提，我寫了《阿含正義》，還是以大乘的立場來講二乘菩提，把眞實的二乘菩提演繹出來；其實沒有所謂的二乘菩提，二乘菩提本來就是大乘法中的局部。而 如來當年也是以如來藏八識論正法，來爲大家演述二乘菩提。所以這一些菩薩們，如來說他們叫作「菩薩摩訶薩」，表示他們都有證悟了，那他們爲人講經的時候，除了方廣大乘經以外，不說別的經典，專講「方廣大乘經典」；而方廣大乘經典每一部都只說如來常住、都只說有如來藏。

到末法時代，有許多愚癡的六識論者，看見我蕭平實出來主張「有如來藏可證」，我說：「如來藏眞實有。」他們反而指責我說：「你一直主張有如來藏，那你就是執著如來藏。」這表示：他們完全不懂如來藏的自性。當你證得如來藏、轉依如來藏的時候，就不執著如來藏了；因爲如來藏不執著一切法，如來藏連六塵都不加以了別，何況執著任何一法？那麼轉依之後當然就不會執著如來藏。反而是那一些六識論者，成日裡執著自己的如來藏，但是當你問到他說：「如來藏在哪兒？」他又說：「哪有如來藏？」聰明的人每天都在呼吸，但永遠不執著空氣，這是有世間智的人；沒有世間智的人呢，硬跟你說沒有空氣這個東西，但他其實很執著空氣；你要他閉氣一分鐘，他就哇啦哇啦叫；就像是這樣，他們每個人都執著如來藏，卻一天到晚在反對如來藏的存在。

所以他們不信有如來藏，但我證明：「確實可以證得如來藏。」因爲我出來弘法的時候，不是想著說：「你們天下人都沒有辦法證如來藏！只有我蕭平實才有辦法證得。」我不是這樣！我幫助大家，每年都有人證得如來藏，所以他們無法反對如來藏的存在。然後我又寫了《眞實如來藏》，證明有如來藏，這是從比量來證明祂的存在。他們無法推翻，乾脆說：「那你說有如來藏，你就是執著如來藏。」這眞的可笑！但是從十方世界來的、剩下的這些極少數菩薩摩訶薩，他們凡是講解經典時，不解說二乘經典，都只爲人解說方廣大乘經。方廣大乘經裡面，不斷地告訴大家有如來藏，也不斷地說：「如來常住。」

有的人很奇怪，抱怨我說：「老師啊！您教我們明心與見性就好了，爲什麼悟了以後，您還要講那麼多法？」我說：「我送給他一塊黃金之後，每天、逐日裡，一日一日都繼續送給他一塊，他竟然嫌多，就這樣抱怨！」那去年也有人講：「這蕭老師說法都繞來繞去，就是一個如來藏嘛，講那麼多幹什麼？」原來他聽煩了！那我請問諸位：如來來到人間四十九年，都在說如來藏，因爲講阿含以及講二乘菩提，也是在講如來藏呀！依如來藏來講名色的由來，依如來藏而講因緣法，那樣講了四十九年煩不煩哪？不煩！如來都不煩，菩薩們也不煩，大家歡天喜地。

那麼從這裡，我就要講到另一個觀念：總相智、別相智、種智。我們前面講過《法華經》。文殊菩薩在龍宮講《法華經》講多久？不是人間講幾百年、幾萬年呢，那是算「劫」的。想來依他們的標準，那文殊菩薩一定「繞」得不得了，一部《法華經》竟然講好幾劫！其實不是那樣的！而是講得很深細，包括其中的種智都教給大家。如果沒有能力修學「種智」，表示他要入地還很早啦！如果沒有意願、沒有能力修學「別相智」，表示他一開始到現在始終都是在「第七住位」原地踏步，所以般若的「別相智慧」他聽不進去；

那麼他縱使悟了，就表示他是新學菩薩，不是久學菩薩。那如果是新學菩薩，抱怨我蕭平實說法繞來繞去，也就情有可原，因爲他是新學菩薩。可是如果哪一位自稱是久學菩薩也這樣抱怨，小心我曉得了，冷不防踹他一腳，因爲久學菩薩不該如此；他一定是妄語，明明是新學菩薩，卻要冒充久學菩薩。所以方廣大乘經典那麼多部，都在講「如來常住」、都在講「有如來藏」，那麼諸佛菩薩不斷地講方廣大乘經，說有如來藏，是不是諸佛菩薩都執著如來藏？當然錯了！證如來藏的人不會執著如來藏。

所以禪宗有一句話蠻有名的，那一句話可以證明禪宗祖師證得如來藏以後，都不會執著如來藏；那句話說的是：「不會如金，會得如屎。」說努力在參禪、一直想要證如來藏的人，正因爲體會不到如來藏在哪兒；他永遠都不會，老是找不到如來藏，於是生起奇特想，就說：「這如來藏一定非常寶貴，所以這麼難找！」所以不會如金，羨慕到不得了；看人家悟了，每天只管吃飯、睡覺，好像天下太平了！但他不會，每天坐在那裡一直參、一直參，所以不會如金。

可是有一天會了以後卻說：「啊！人家講如來藏多麼寶貴，那其實沒什麼！我把我的如來藏送給你，你還不想要呢。」還沒有悟之前，你一定會說：「我哪會不想要？我想、我想得很哪！」等你悟了，我再告訴你說：「把我的如來藏送給你，好不好？」你說：「我不要！」你一定說不要，所以祖師說「會得如屎」。當你悟了、會了以後，人家還要送另一個如來藏，你說：「我不要、不要！」好像你將得到的另一個如來藏像屎一樣，你根本連碰都不想碰。說得也沒錯啦！如果從戲論來講，搞不好人家送給我那個如來藏，那心裡面髒得不得了，收藏了好多下地獄的種子都有，我幹嘛要？（大眾笑…）這是戲論！爲什麼是戲論？等你悟了就知道。所以證得如來藏的人，不會執著如來藏。

如果有人說：「你一天到晚強調有如來藏，那你就是執著如來藏。」你就告訴他：「你講這句話，表示你沒有悟得如來藏，表示你對如來藏完全不懂！」但是證得如來藏的人，雖然現觀如來藏的法界中無一法可得，但是卻不捨空；所以證得如來藏的人，不會一天到晚只說五蘊空、六入空、十二處空、十八界空。不會這樣講。有兩個原因不這樣講，第一個原因：他現觀五蘊、六入、十二處、十八界一切法空，但是卻現觀這一切法本來就是如來藏中的一部分，所以這一切法空不必捨棄；因此證如來藏的人，無妨繼續保有阿羅漢的解脫功德，卻不用捨棄一切法空，也不用捨棄這一切法而入無餘涅槃。第二個層面：從如來藏自身的境界來看的時候，一切法都空；但是你有這個現觀的時候，你卻無法捨如來藏而去，所以如來藏境界中的一切法都空，你也不用捨。

因此，這一些菩薩摩訶薩們專講「方廣大乘經」，不斷地依於各部方廣經告訴大眾說：「**如來常住，如來入涅槃只是一個示現，並不是灰飛煙滅。**」因為　如來依於第八識如來藏修行成佛，如來不是斷滅法；如來真實，如來常住。假使依那些六識論者所說：「**如來已經入涅槃了，所以灰飛煙滅了。**」假使真的如此，成佛何用？倒不如輪轉生死好，至少不是斷滅空；假使成佛以後，入無餘涅槃變成斷滅空，大家都不要學佛了！吃喝玩樂去吧！因為沒有意義啊！因此　如來常住，如來示現入涅槃終究只是一種示現。

如來依於因地所發的「十大願」，這十大願無窮無盡，永遠住持於三界中利樂有情，永無窮盡之時；這是入地之時就發的，是盡未來際的大願；所以這十大願每一願最後結了都說：「**虛空有盡，我願無窮。**」那又怎麼可能成佛之後當了逃兵，灰飛煙滅去了？所以那些六識論者腦袋是灌了水泥，眞的不通竅！所以這裡特地告訴我們，不但娑婆世界的菩薩摩訶薩們如此，他方世界來的這些菩薩摩訶薩們亦復如是：「**專爲人說方廣大乘經，不說餘經**」，都爲人家宣講「**如來常住**」以及「**有如來藏**」。那麼現觀如來常住以及有如來藏之後，卻「**不捨空**」。「**捨空**」就表示他輪墜了，繼續輪轉生死了；「**不捨空**」就表示繼續保有解脫果，但是不落斷滅空；不但不捨於空，「**亦非身見空，空彼一切有爲自性**」。

末法時代常常看見的一個現象，就是誤會說，三縛結斷了，最後斷五上分結以後成阿羅漢；入涅槃後就一切都空，所以主張「一切法空」。既然一切法空，那麼「**身見空**」這個法也不存在了，也就是說斷三縛結這個功德也不存在了，往年有不少人這樣講。所以說法的時候，如果善知識說某一種說法是錯誤的，我說他講錯了，應該要怎麼樣才是對的，那些人就指責說：「你說別人說錯了，你講對了；你一直說我、我、我，那你就是有『我』！」就這樣指責。那就是說他的見解是「**身見空**」，亦「**空彼一切有爲自性**」；因爲誤會說既然成爲阿羅漢全部都空了，所以一切法不存在；所以成爲阿羅漢以後，依他們的見解，應該也不會餓，也不會癢；你打了他一拳，他也不會痛。他們認爲是這樣。所以你如果要示現有阿羅漢的證量，那就得冬天打赤膊、夏天穿棉襖。還有一位在家的大師這樣示現：「**我一頓飯可以把三天的飯全部吃完，然後我三天都不餓。**」這樣也可以當作證果的證量！所以林林總總各種邪說充斥於末法時代。

當年我悟後不久，剛出來弘法時，我有一位同學很有趣，他跟我說：「**欸！你既然悟了、解脫了，那你爲什麼沒有把所有財產都捐出來？**」（大眾笑…）不曉得他哪裡聽來的這個邪見，我也不想跟他多作解釋，我說：「**等你哪天悟了，你就會知道我爲什麼沒有全部捐出來。**」所以似是而非的知見，充斥於末法時代。就有人講：「**既然證得阿羅漢了，那就要馬上出家了。爲什麼還住在家裡？**」如果這樣講的話，一切入地的菩薩都應該現出家相才對呀！因爲所有入地的菩薩都有解脫果，他們至少都是慧解脫；而且三地滿心以上至少是俱解脫，那是不是應該都出家了？好了，那麼 維摩詰大士不應該娶了妻子、生了兒女呀！那又怎麼解釋呢？

所以證得二乘菩提的空，或證得大乘法的空，並不否定一切「**有爲自**

性」。那什麼是「有為自性」？有為法譬如說：色蘊是不是有為法？受、想、行、識是不是有為法？都是啊！這一些「有為法的自性」固然緣生緣滅，其性無常，沒有不壞的自性，可是它的「有為自性」在三界中畢竟存在著；這個存在的現象是不可否定的，而且從菩薩道來講，也不應該否定。假使證得空性了，依空性如來藏就把蘊處界都滅掉，那麼誰來當菩薩？誰又能悟後修行成佛？所以悟得空性，並不否定一切「有為法的自性」。

那麼二乘菩提也是一樣，所以證得慧解脫、俱解脫、三明六通大解脫的阿羅漢們，即使都是不迴心的定性聲聞，時候未到，原則上都不會入無餘涅槃；他們都會繼續利樂有情，直到因緣到了才會入無餘涅槃。所以並不是說成為阿羅漢以後，馬上就自裁入無餘涅槃，或者說成為俱解脫以後，就馬上坐脫立亡；因為證得解脫和一切有為法的自性，兩者之間並不互相排斥。假使沒有這個蘊處界等一切「有為法的自性」，又如何能修行？如何能成就解脫果？同樣的道理，證得大乘法的空性，因此把我見斷了（我見又名身見），那麼證得空性以後，來現觀「斷身見」這回事，發覺：如來藏的境界中，也沒有斷身見這回事。從如來藏自身的境界來看時，身見是不存在的，所以身見是空；但是身見空的當下，並不推翻一切有爲法的自性。所以反過來說，並不是說，爲人解說如來常住以及有如來藏的時候，就一定要捨離一切空法。所以「身見空」不會否定一切「有爲法的自性」，這才是眞正的佛法。那麼接下來，我們再來看下一段經中怎麼說：

經文：【佛告迦葉：「汝更問大眾：『咸欲得聞此大法鼓方廣一乘，所謂大乘難信經不？』如是至三。」迦葉白佛言：「善哉！世尊！」即從坐起，偏袒右肩，右膝著地，頂禮佛足。右遶三匝已，告諸大衆：「咸欲聞此《大法鼓經》不？如來今當普爲汝等演說一乘，所謂大乘，過一切聲聞、緣覺境界。」如是三說，彼悉答言：「願樂欲聞。唯！大迦葉！我等悉爲聞法故來。善哉哀愍，當爲我說《大法鼓經》。」】

語譯：【佛陀告訴迦葉尊者說：『你再一次詢問大眾說：「你們全部都想要聽聞這一部大法鼓方廣一乘經典，所謂大乘難信經典嗎？」』要像這樣子問到第三遍。」迦葉菩薩稟白佛陀說：「非常好啊！世尊！」就從座位上面站了起來，偏袒右肩，右膝著地，頂禮如來足下。起身之後右遶三匝，向大眾說：「你們全部都想要聽聞這部《大法鼓經》嗎？如來現在將普遍地爲你們大眾演說一乘經典，就是大乘，超過一切聲聞、緣覺的境界。」就像是這樣子說了三遍。而他方世界來的、留下來的極少數菩薩摩訶薩們，以及這個娑婆世界的菩薩摩訶薩、天龍八部等全部都回答說：「我們期望而且很希望想要聽聞。就是這樣子，大迦葉！我們全部都是爲了聽聞這一部經典的法所以來到這裡。非常好啊！哀愍我們，應當爲我們解說《大法鼓經》。」】

講義：上一段是解說他方世界來的，決定留下來聞法的爲數極少的菩薩們，他們的行爲、心態、證量。接著 佛陀告訴大迦葉尊者，教他說：「你應該再一次爲大眾詢問，而且要問三遍。」要問到三遍哪！諸位：你們曾經爲了請法，問到三遍了嗎？沒有啊！那麼 如來特地吩咐他要問三遍，果眞他就問三遍了。可是 如來吩咐要詢問大眾之前，他是承 佛之命而爲；菩薩們對 如來都同樣有一個表露，這是從深心之中發起的感情，就是恭敬 如來。所以 世尊吩咐完了以後，得從座位上站起來回答，不可以坐在座位上說：「好的，世尊！我就跟他們問。」不可以這樣！得要站起身來回答。

我從小的習慣是這樣，長輩來了，我就站起來；老師來了，我站起來；

養成這個習慣，往往同修們來了，我也站起來；如果我是坐在椅子上，我一定站起來，這成爲一種習慣，這是好習慣。譬如說在公司裡，身爲一個職員，科長來了，要趕快站起來，因爲這是上位者；可不要大剌剌坐在那裡，然後科長站在你的面前說要作什麼、作什麼，你卻直挺挺坐著聽。有的人甚至連應答都不應答，就靜靜聽著，這是不對的！那麼也許有人說：「**老師啊！學生來了，你何必站起來呢？**」那我總是想：「**豈不聞《金剛經》云『尊重弟子』。**」這也有道理啊！那密意就不談它，經中的文字表面是這樣。總之，這是一種待人接物之道，所以原則上我會站起來。有時會想：「**哎！坐著就好了。**」爲什麼？因爲眞的很累！如果正常狀況，大約都是站起來。

所以大迦葉就像一切入地的菩薩一樣，沒有一位入地的菩薩在　如來吩咐事情，他應諾之後，繼續坐在那裡回答，沒有這回事！所以大迦葉從座位上站了起來，站起來之後還要偏袒右肩。偏袒右肩是什麼道理？就是我們說的搭衣的道理，表示恭敬！在印度天熱，那麼爲了威儀，所以衣服都摺起來披在肩上；可是表示恭敬時，就要把僧衣展開穿好；但　如來發問後我們要回答時，再把右邊的手放到衣服外面來，這是表示恭敬的意思。所以如果解說經典，我得要坐上來盤腿且搭衣，以示恭敬；因爲這是 如來的聖教，我不能夠穿著世俗的衣服，坐在椅子上講。那麼「偏袒右肩」就是表示恭敬。

接著「右膝著地」。右膝著地是以下對上，稱之爲歸順。人類膝蓋不隨意著地的，世俗法上尚且如此，何況是菩薩摩訶薩呢？所以答話時右膝著地是表示對 如來歸順。這樣還不夠，接著雙膝著地「頂禮佛足」。「頂禮佛足」很正式的狀況是說，當 如來站著時，他要把額頭放在 如來的腳背上面。如果進一步叫作「頭面捉足禮」，把額頭放在 如來的腳背上，然後八個手指放到 如來的腳後跟，輕輕碰一下。這又叫作「頭面接足禮」，因爲有的人是把手掌及額頭都放在 如來的腳背上。這個「頭面接足禮」演變到後來就叫作「翻掌」，翻掌就是這樣來的，因爲「頭面接足禮」然後收回來，不就是翻掌了嗎？那後來因爲很多人禮佛，不可能讓每一個人的額頭來碰一碰 如來吧？所以就以額頭著地、翻掌代表「頭面接足禮」，所以這叫作「頂禮佛足」，以自已最尊貴的額頭，來碰觸 如來的足下，這就是最尊敬的方式。

但大迦葉尊者禮佛起來之後，還右遶三匝；就在 如來面前轉三圈，表示全心全意、所有身心都歸命 如來的意思，然後才向大眾說：「你們是不是全部都想要聽聞這一部《大法鼓經》呢？如來現在即將普遍地為你們大家演說一乘道，」也就是大乘法，「這個法是超過一切聲聞、緣覺的境界。」大迦葉尊者完全遵照 佛陀付囑問了三遍，表示這是很嚴肅的事情，不是兒戲。這樣三說以後，大眾都回答說：「我們誠願而且是非常喜樂地想要聽聞啊！」接著告訴大迦葉尊者說：「不要再講了、不要再講了！這樣子就好了。大迦葉！我們都是為了聽聞這部佛法來的。不用再問了！非常好啊！你就哀憫我們哪！你問我們是問得很好，那就哀憫我們，請如來就為我們解說《大法鼓經》吧。」所以，唯！就好像有時候說「止、止」。就是說：停止、停止，問到這裡就好了，不用再問了，問這三遍已經夠了！就這樣子告訴大迦葉說：「你就趕快請如來為我們演說吧。」那麼接下來又是如何呢？

經文：【迦葉復言：「汝等云何信？」彼即答言：「譬如士夫年甫二十，有百歲子；若佛如是說者，我等亦當如是隨信，況說正法而不信受？所以者何？如來如說而行。如來淨眼圓照無閡，以佛眼觀，知我等心。」迦葉歎言：「善哉！善哉！諸賢！汝等堪任聽《大法鼓經》，若持若說。」佛告迦葉：「譬

如士夫年甫二十，有百歲子，《大法鼓經》亦復如是。所以者何？如來涅槃而復常住，一切無我而復說我。」彼即白言：「唯佛能知。如世尊所說，我等如是受持。」迦葉白佛：「唯願世尊說《大法鼓經》，擊大法鼓，吹大法螺。」

語譯：大眾都說：「我們很想聽聞《大法鼓經》。」【迦葉接著又問他們說：「你們究竟是怎麼樣而信受這部經典的呢？」大眾們都回答說：「就好比說，有一位年輕人才剛滿二十歲，他竟然有一個一百歲的兒子；如果佛陀是像這樣子演說的話，我們大家也將會像這樣子隨從而信受，何況是演說正法而不能信受呢？為什麼是這個道理呢？因為如來一向是如說而行。如來的清淨眼，圓滿地照明一切諸法而無隔閡；以佛眼而觀察，當然都知道我們大眾之心。」大迦葉就讚歎地說：「非常好啊！非常好啊！諸位賢士！你們大家都堪任聽聞《大法鼓經》，或者受持、或者為人演說。」佛陀告訴大迦葉說：「就好比有一位年輕人，年紀才剛滿二十歲，而竟然有一個年滿百歲的兒子；《大法鼓經》也就像是這樣啊。為什麼呢？因為如來證得涅槃，但是卻又常住不滅；如來於一切法無我之中，而又為大眾說真實有我！」那麼一切大眾們聽聞如來如是說明之後，就稟白如來說：「這是唯有如來才能夠知道的事。就如同世尊的所說一樣，我們大眾就像是這樣子受持。」大迦葉就稟白佛陀說：「到這個時候，大家唯一希望的就是世尊趕快演說《大法鼓經》，敲擊大法鼓，吹起大法螺來。」】

講義：大迦葉承 佛之命詢問大眾，那麼大眾都說：「不要再講了、不要再問了，請如來趕快為我們演說《大法鼓經》吧。」大迦葉為了慎重，所以才要再問一下。那為什麼要再問一下呢？為什麼要這樣慎重呢？因為 如來吩咐他要問三遍哪；這表示即將演述的這部《大法鼓經》的內涵，一般人難以信受的。通常這部《大法鼓經》得要證得如來藏的人才能信受，那你們也許有人想：「**那我還沒有證得如來藏，可是我為什麼信受？**」我說因為你是異類，因為你不同於凡人，不同世俗人，所以你信受，那就是菩薩種姓。

因為這部經典的內涵很難令人信受，所以大迦葉尊者就再問一遍說：「你們到底是怎麼樣能夠信受的？」那大眾也答得很好，表示對 如來信心具足，所以說：「譬如有一個人才年滿二十歲，有一個百歲的兒子；假使如來是像這樣講的話，我們也將會像這樣子完全順從、完全信受。」我告訴諸位：學佛真的要這樣，不管 如來說什麼都信；假使聽不懂或覺得有矛盾，要責備自己智慧不夠，千萬不能疑 佛啊！對 如來有疑，那種人叫作愚癡人。我這句話又罵了很多人，可是我沒有指名道姓，眞的如此。

我告訴諸位，證量越高的人，對 如來越發無疑；證量越淺的人，對 如來的疑越多；如果是完全沒有證量的人，他就會說：「**我跟如來一樣，我已經成佛了。**」那種人是完全沒有證量的！所以我要附帶說明的是：若沒有眼見佛性，沒有如幻觀，沒有細觀七轉識的虛幻猶如陽焰，又不能看見往世的種種事情而不具有如夢觀，又沒有無生法忍，而對人家宣稱說他是第幾地的菩薩，那就是世間最愚癡的人！爲了短短一、二十年人家的崇拜，就拿未來無量劫(至少一百劫)的不可愛異熟果報來作賭注，多麼愚癡啊！這好像上了賭場爲了一塊錢而下注一百萬億元，他爲了贏取一塊錢，可能要輸掉一百萬億元。你看他多笨！但這些菩薩們不是這樣，對 如來完全信受。這表示他們證量不淺，至少都有明心的證量。今天講到這裡。

《大法鼓經》我們上週講到第六頁第三段第二行，說「**若佛如是說者，我等亦當如是隨信**」。接下來是說：「**況說正法而不信受？**」世間法最難信受的就是：「**一個才剛二十歲的年輕人，有一個兒子一百歲了。**」確實難信！

所以當年 如來去到大眾之中，即將爲大眾說法時，大眾都以爲大迦葉是如來，因爲他年歲已經很大了。有句成語「年高德劭」，他看來就是年高德劭的樣子，所以大眾都以爲他就是如來；沒想到一個年輕人還不到四十歲，竟然坐上那個法座去了，大家很疑惑。這時候不得已，當然就要直接宣稱：「我是如來。」因爲大眾還是不太信，那人家七、八十歲了不是如來，你才三十幾歲，你當如來？世間人是這樣看的啊；因爲世間人只看這一世，不看往世，往世誰知道呢？

就像我當年出來說法，我這一世從學佛到回復證量，前後其實不到五年整呢！其誰能信？沒有人信哪！「你師承是誰？你師父有跟你印證嗎？」都是這樣質疑的。如果要這樣講的話，那 如來是誰跟祂印證的？大家都想不通，這個三十幾歲的人，竟然說祂是如來；人家大迦葉七、八十歲了，還不是如來！這跟大家的想像中有一段很大的落差，所以 釋迦如來只好宣示自己是如來，然後說：「大迦葉！來！你上來，我分你半坐。」那大家想：「大迦葉是要聽祂的話欸！可能祂真的是如來，因爲那個長者竟然要聽祂的話。」但沒想到大迦葉說：「我不能上去坐，因爲您是如來，而我是如來的長子。」

大家聽到那個老者說他是　釋迦如來的長子，是那個年輕人的兒子呢！這個時候，看看大迦葉都不敢上去坐那半坐，大家才信了說：「喔！果然祂就是如來！」

那麼以我此世來講，我開始學佛到證悟，頭尾一齊算就只有五歲，才五歲而已！怎麼可能會有這個已經修行很多劫的人讓我收作弟子？對不對？難信！可是事實就是這樣，因爲得要看往世，不能只看眼前這一世；如果只要看眼前這一世，佛教界很多人都要撞牆死掉了。對啊！想想：「我這大法師如今八十歲了，我年輕出家修行到現在都沒悟；你一個在家人，你懂什麼？你才修行五歲就開悟？」沒辦法相信啦！當年正是這樣。所以剛滿二十歲的人，生了個兒子一百歲，沒辦法信的！但佛法不是只看一世，而是從往世、往劫、幾個阿僧祇劫這樣看下來。有的人修行已經幾千阿僧祇劫了，不只是三大阿僧祇劫，是幾千阿僧祇劫、幾萬、幾億阿僧祇劫，到現在連順忍都得不到，因爲他有「障道之業」。

往世作了障道之業，乃至像《佛藏經》講的，已經奉侍過九十九億佛，到現在還不得順忍，所以不能單看這一世。有時候想想說：「這某某人修行

也應該快三大阿僧祇劫了吧？應該成佛了吧？怎麼現在連斷三縛結都不能？」爲什麼不能？因爲有障道之惡。人家證阿羅漢不過一天一夜的時間，那如果是「善來比丘」呢？一句話下就成阿羅漢了。那麼他們憑什麼？如來說一句話就成爲阿羅漢？如來度弟子這麼容易，看到某某人來了就說：「**善來！比丘！**」他就成爲阿羅漢了，然後當下就「**鬚髮自落**」。明明他鬍鬚還在、頭髮還在，竟然說他已經鬚髮自落！你有沒有看見過誰成阿羅漢以後，鬍鬚不長了、頭髮也不長了？沒有啊！如果成阿羅漢就鬚髮自落，那顯然他既然已經當阿羅漢，應該就永遠不長鬍鬚，永遠不再長頭髮了。所以以前有大法師私下裡說：「**你看，人家鬚髮自落才叫阿羅漢。**」問題是爲什麼成阿羅漢以後還要剃頭？還要刮鬍子？所以那個「**鬚髮自落**」，講的就是：三千煩惱絲已經掉光了！是斷煩惱的意思。可不能亂講一通，依文解義就會出差錯。

現在話題拉回來說，二十歲的年輕人，生了個百歲的兒子，這是因爲佛法不是一世修的。如果順順當當修行都沒有出差錯，最快也得三大阿僧祇劫；因爲菩薩道的五十二個階位一一都須走過來呀！不可以用跳的。就好比蓋房子，那就得一樓一樓蓋上去，不能夠說我先蓋一百樓，再來蓋九十九樓。但是以前臺灣佛教界就有人這樣啊：「我們是先證第四禪，再來修三禪、二禪、初禪；你們正覺最多只到二禪，那算什麼？我們已經有四禪了！」那等於就是先蓋四樓，再來蓋一樓；莫說一樓蓋不起來，他們連地基都沒打好。這就是說，佛法的修行是多世、多劫累積下來的，所以你們有的人也不要像以前一樣，心裡面爲自己抱不平：「同樣一天進來同修會的，憑什麼他當了親教師，我還在進階班？」別這樣想！每一個人各有他們的因緣，如果單看這一世一定不準，因爲佛道是很多劫累積下來的；且不談有很多劫，就說每一個人打從兩千五百年前，追隨如來到現在，際遇也是各個不同啊！

我在天竺寫了論，來到中國也寫了論；那些大法師們兩千五百多年來，不曾斷過我見，結果我剛出來弘法的時期，他們老是指責：「他是誰印證的？他才學法幾年，又是個在家人，他懂什麼？就宣稱他開悟了。不如法！」「不如法」這三個字是我們講堂北方的鄰居講的，還算客氣。有些道場乾脆私下就說：「那是邪魔外道！」爲什麼他們會犯這個過失？因爲他們只看眼前這一世。有時候他們會拿我往世寫的論來講解，可我現前跟他們講的法，是我親身跟他們講的，他們卻不信哪！只信那個死掉的、過去世的我，他們就信；而且還不是「我」，那是紙張寫下來、印製的「我所」。「論」不就是菩薩的「我所」嗎？可是人如果沒智慧也眞沒救！

這種事情說起來，就像個二十歲的年輕人，生了個百歲的兒子，難信啊！現在的問題是說：「假使如來是這樣講，說有一個人二十歲，生了個百歲的兒子，我們也信；何況如來說的是正法，我們爲什麼不信？」所以這有兩個層面：因爲是　如來說，所以　如來不管怎麼說我都信，第一個層面就是對　佛有信；第二個層面是對「法」有信，因爲　如來說的是正法，所以我信。那後來的，尤其是到末法時代的學佛人，其實應該叫作學羅漢又學不像的那一些人，對於　如來的所說讀不懂、聽不懂，乾脆把它否定說：「這不是佛說。」這樣他自己的問題便解決了，可是他的道業完全沒有解決，而且成了障道之惡，就是這樣啊！

所以　釋迦如來所說一定要信受，因爲人家之所以成爲如來，那是十號具足，十號功德全部都圓滿了；而且擁有十力，這沒有誰作得到。那麼從　如來的一切所說，有智慧的人都可以一一證實：如來從來不誑語、不二語，永遠說眞實語，因此凡是　如來所說完全信受。我弘法以來也常常跟諸位講說：「假使如來哪一天指示我作什麼，我就去作，不問爲什麼；不管心裡面有沒有疑惑，不問爲什麼，聽了就去作。」就這麼簡單，因爲是　如來的吩咐。那我們學法的時候也是一樣。首先選擇「道場」，也就是選擇善知識，一一比對、一一去加以理解，然後加以思惟整理看看：他的說法有沒有漏洞？是不是屬於世間法？如果講的是出世間法，有沒有漏洞？有沒有自語相違？如果沒有，那就是眞的善知識了；確定就是眞的善知識，也確定他所教的法可以讓人實證而且是有次第，可以一步一步向前行；既然這樣判定了，那善知識說的就應該如實履踐，不要打折扣！

就像我上週講的：善知識教的，他沒有作好，然後回過頭來，抱怨說善知識沒有幫他教好；可是那不是善知識的過失，是他自己的過失，因爲他沒有依教奉行。善知識跟他說：「定、慧兩個部分都要好好修起來！」他騙善知識說：「我定力也修好了，所以來求慧。」得了慧以後卻說：「我沒有定力，是因爲親教師沒有教好。」眞荒唐！所以　如來所說一定要信。如果某一部經中，確定那是正經，不是僞經，但裡面說的讀不懂、聽不懂，那就把它放在一邊，繼續在自己懂的部分去深入；然後應該修持的努力修持，而不要去否定，也不要去懷疑說：「這是不是如來講的？」或者去懷疑說：「是不是如來講錯了？」那麼最愚癡的就說：「佛之將死其言也亂。」他不說善，人家一般人都說「其言也善」，他說：「其言也亂！因爲如來老了，講的經典就亂了。」那就是謗佛、謗法，這個地獄業逃不掉了！寧可去殺掉一百人、一千人，也不要謗佛，那是愚癡人！當然我這話不是鼓勵你去殺人，我是說假使啦！因爲連殺一人都不可以了；假使兩個只能二選一，寧可殺掉百人、千人，我不要謗佛！

因爲謗佛那個障道之業，會繼續輪轉生死很久，可以說幾千、幾萬、幾億阿僧祇劫；這個過程中又會造作許多惡業，導致不斷輪迴三惡道。那如果殺了百人、千人之後，可能一大阿僧祇劫就在三惡道及人間業報償盡了，償盡那些大的業報也不用一大阿僧祇劫；但是一大阿僧祇劫之後，修學佛法沒有障道之惡，只是他證法以後，將來度眾時沒什麼弟子緣，所以他度眾很困難；因爲他往昔殺人，但是證道不爲難事，所以我才有這樣的比喻。因此 如來所說假使聽不懂、讀不懂，不要生疑，就自認說：「自己的智慧還不到，所以不懂，那就繼續努力；該修集的福德、定力、該伏除的性障都努力去作；因緣到了，自然就悟了、就讀懂了。」有智慧的人就是這樣講的，所以 如來所說絕對信受，何況 如來說的是正法，我怎能不信受呢？這個道理才是對的。

那麼爲什麼要這樣講？這是因爲 如來是「如說而行」。如來不會教導大眾說：「你們要斷貪、斷瞋啊。」結果 如來自己在那邊貪、在那邊生氣，那就不是「如說而行」。所以你們觀察善知識也很容易觀察。善知識告訴你說：「你不要對錢財起貪、對名利起貪，應該要離貪。」結果人家供養他勞斯萊斯，他卻很喜歡呢！那有沒有貪？有！每天教你：「你不要生貪！」結果有個弟子弄了一個大紙袋子說：「老師！我寫了一本書，請您幫我校正一下；但我密封了，請您回家再看。」回家一拆開，裡面都是千元鈔票！欸，這沒有人知道呀！因爲說那是書，大家知道的那就是一本書，結果裡面是鈔票。這都沒有人知道！好極了！趕快收到口袋裡邊去。對吧？那他就不是善知識！很簡單。這就是說：「善知識是無貪的。」善知識他生活所需也許往世修的福德不夠，他自己辛苦去賺，也不貪求人家的供養。假使善知識專業弘法，把世間職業拋棄了，那麼弟子該供養他；但是供養他有房子住、開支夠也就行了，他不會去累積；如果人家供養多，他一定又把它布施出來，這才是眞的善知識。這就是說：「如來是如說而行。」如果所謂的佛、所謂的阿羅漢，結果不是「如說而行」，一天到晚貪求供養，或者貪求人家的恭敬禮拜，那都不是善知識；因爲他不能「如說而行」，套一句成語叫作「口是心非」。

那麼接著又說明一個道理：爲什麼信受 如來所說？「如來淨眼圓照無閡，以佛眼觀，知我等心。」這是說 如來清淨眼可以圓滿觀照一切有情，沒有任何隔閡。如來以佛眼來觀照我們大眾的時候，都知道我們大眾心中是怎麼想的，都知道我們絕對信受 如來；以這個理由，請求 如來開始宣演《大法鼓經》。爲什麼 如來眼是淨眼？因 如來有五眼。世俗人大家都有肉眼，修天眼通的人修成了就有天眼，那如果證悟了就有慧眼；假使有無生法忍了，他就有法眼；成佛了，那就是佛眼。如來具足五眼，所以叫作「清淨眼」。

也許有人想：「那天眼通應該很行了！」問題是：天眼通看不見菩薩所行，沒有辦法看見！因爲菩薩心行他看不出來，永遠看不見，所以沒有用！

得要慧眼。那有慧眼的人看有法眼的人，又有一部分看不見，所以這些所見是有所不同的。那一般世俗人大概想：「這有神通的人一定比你們正覺的菩薩更好。」問題是：他有神通的人不知道正覺的菩薩到底悟個什麼？用天眼再怎麼瞧也瞧不見；這正覺菩薩們說法，聽了好像懂，其實不懂，他就很不服氣！也許寫文章、也許在網站上貼了文章，開始罵正覺；所以網上那些自以爲有天眼的人，在網上罵我、罵我們正覺、罵親教師們，這都是平常事，不稀罕！因爲他們沒有慧眼，所以心裡很氣呀：「別人在想什麼，我都看得清清楚楚，偏你們正覺這一些人，我竟然看不見！」那很不服氣的結果，起瞋了，就開始罵，這都正常。但　如來淨眼沒有這回事，一切無不了知。

　如來的「清淨眼」跟　如來的十力有關係；例如處非處智力、宿住隨念智力……等，總共十種力量，這種力不是世間力。往年曾經有人宣稱他有宿命通，但是他能知道什麼人的宿命？結果有人聞風去請他說明自己往世的宿命，他竟然跟你要八字，那能叫宿命通喔？原來他只是個算命的！算命的能夠叫作宿命通嗎？而且說實話，那些算命的（我不是說正統的那種家傳、家學所傳的那一種，我說的是一般算命的），連自己的命都沒算準，還算別人的命！

所以好些算命師也蠻有名，結果呢？他家裡什麼時候要出事故，他自己都不知道；而他自己會遭受什麼危難，他都不知道，卻一天到晚在算人家：「欸！**你明年會怎麼樣，你後年會怎麼樣。**」那話還能聽嗎？有智慧的人要看清這一點。

有時候算命怎麼算？籠子裡放一隻白文鳥出來，去咬那個牌子，然後說你是什麼命。哈！原來人的命操在那隻鳥的嘴裡，那到底是去算命的人比較高等，還是那一隻鳥比較高等？對呀！人要有世間智慧，要去作正確的判斷！所以肉眼、天眼、慧眼、法眼以及佛眼，這層次差太多了！假使沒有慧眼，修得阿羅漢果了，來到菩薩面前也說不上話，因爲他的境界是現象界裡修來的；菩薩修的是實相法界的事，他不懂！何況 如來「**清淨眼**」具足五眼，所以 如來眼圓滿觀照一切有情，沒有絲毫隔閡。

所以具足三明六通的大阿羅漢看見一隻螞蟻，往前追溯到八萬大劫，牠還是螞蟻。那牠什麼時候之前不是螞蟻呢？不知道！但是 如來都知道啊！所以 如來的十力顯現出來，跟大阿羅漢們是不一樣的。大阿羅漢們想要知道什麼人在想什麼，他還得要「入如其像定」，然後才知道：「**他現在想什麼。**」

但　如來不用，如來隨時隨地想要知道就能知道。三明六通阿羅漢想要知道什麼人、過去世曾經怎麼樣，入如其像定，用宿命通去觀察，最多看到八萬大劫前；但　如來不用，一念就知道這個人過去世如何。所以這十力是一個自稱成佛的人，必須要拿出來給人家檢驗的，因此說：「**如來圓照無閡**」，那就表示祂有十力功德，具足佛眼才能夠這樣。

那大眾就說：「**以如來的佛眼來觀看我們，知道我們心裡是怎麼想的。**」這也是實話。假使有人到了　如來聖像之前，上了香，祈求　如來：「**世尊啊！請您幫我開悟，我一定會努力護持正法，我會怎麼作、怎麼作。**」開了一堆支票，轉身之後他想：「**我講那麼多的願給如來聽，祂知道嗎？祂知道我在騙祂嗎？**」（大眾笑……）那就是傻瓜！因爲　如來一念即知，還有十力，有什麼不知道？什麼都知道啦！所以沒有誰可以瞞得過　如來。且不說凡夫，等覺菩薩、妙覺菩薩也瞞不了　如來！因爲　如來十力圓滿了。所以有智慧的人說出來的話，跟沒智慧的人說出來是不一樣的，所以人家說：「**以佛眼觀，知我等心。**」祂很清楚知道每一個人所想，現場的每一個人心裡想的，如來都知道。他想要聽聞《大法鼓經》這話講出來，到底是眞心講的，還是跟著人家隨便講講，如來都知道啦！這就是這幾句話蘊涵的意思。

接著迦葉歎言：「善哉！善哉！諸賢！汝等堪任聽《大法鼓經》，若持若說。」因為大迦葉懂得這些人也確實真的很想聽聞《大法鼓經》，因為看見十方來那麼多的菩薩們，結果走掉好多、好多，留下來只有百千萬億阿僧祇分之一分而已！當然知道這些人對如來真的有信心；所以他們這樣講的時候，大迦葉一看就知道了，讚歎他們說：「善哉！善哉！」而且稱呼他們是「諸賢」，不是「諸人」。「諸人」就表示有聖、有賢，也有凡夫，而且以凡夫為多。他說的是「諸賢」，每一個人至少都是在賢位起。那麼稱他們為「諸賢」，表示他們都已經明心了，早在三賢位之第七住以上。讚歎他們說：「你們足堪聽受這個《大法鼓經》。聽聞以後，或者受持、或者為人解說。」聽完能夠受持，表示他聽了一定得勝解；假使聽了不懂，那就沒辦法受持，只能記得其中的字句，可是那是什麼意涵？不懂！可是如果能夠受持，表示他聽聞後就有勝解，有勝解所以能夠受持。

假使沒有勝解，記不住的，強記是沒有用的。所以，很多大乘經典為什麼被二乘聲聞人的這些阿羅漢、三果人、凡夫等等結集變成了四阿含的二乘法？因爲他們對於其中大乘法的部分沒有勝解，所以結集起來就變成聲聞法的經典了。所以你們會發覺，阿含部裡有這一部經，大乘經典裡面也有這一部經，可是內涵不一樣；菩薩結集出來是這個模樣，但聲聞人結集出來是那個模樣。因爲他們對於大乘經裡的大乘法聽不懂，不懂就是沒有勝解——沒有殊勝的理解，簡稱爲沒有勝解。那沒有勝解的時候，他們就記不起來，因爲沒有念心所，憶念的功能就不存在，無法憶念。那菩薩聽聞之後就有勝解，有勝解就會記住 如來說過什麼，因爲 如來講的時候，他可以現觀；那麼現觀後有了勝解，他就不會忘記；不會忘記接著可以爲人解說。如果人家問說：「**昨天如來說那一句到底是什麼意思？**」他就可以爲人解說：「**那句話的意思就是說什麼。**」這就是有親證的人。那麼親證之後，某一個層面他沒辦法理解或沒有注意到，或者沒有觀察到，經由如來講了，他一面聽聞、一面現觀，他就能理解，這就是「受持」。有了理解才能受持，一知半解就沒辦法受持了；那麼能夠「受持」才有能力來爲別人「解說」，所以迦葉讚歎他們：「**若持若說。**」

然後 佛陀就告訴迦葉說：「**譬如士夫年甫二十，有百歲子，《大法鼓經》**

亦復如是。所以者何？如來涅槃而復常住，一切無我而復說我。」你看，才幾句話點出那個關鍵。我出來弘法，十幾年前，在桃園講了《邪見與佛法》。當時我也不敢出版，我說這一出版，一定臺灣佛教界罵翻了，那我就害他們造口業。所以打字行打好時，我還把它擺著，擱了一年。那一年之中，那時我還不會電腦打字，我用稿紙寫，我寫了《宗通與說通》；等到《宗通與說通》出版了，一個月後，我再出版《邪見與佛法》。結果還是有人罵，他們不信！那時候我說：「**阿羅漢沒有證涅槃。**」這沒有人講過吧？佛教界沒有人講過啊！但我就講：「**阿羅漢沒有證涅槃。**」對當時的佛教界而言，這眞的是大逆不道！因爲經中都說阿羅漢證涅槃了。嘿！你這個蕭平實何許人也？竟然敢說「**阿羅漢沒有證涅槃！**」所以他們大家都很不服氣，而問題是：他們也沒辦法推翻我的說法。

經過了大約十年左右，我才發覺說：「**我過去世也有講過。**」套一句俗話說，菩薩改不了說法的習慣，因爲他的種子還在，就這樣啊！這種子一直在！那結果呢，到後來還是證實我講得對，因爲我當時很簡單幾句話就說明了：「**阿羅漢入無餘涅槃時，是把蘊處界全部滅掉；滅掉以後，阿羅漢不在**

了，那個涅槃裡面究竟是誰呢？當阿羅漢的蘊處界都不在了，那阿羅漢是怎麼證得涅槃的？所以阿羅漢有證涅槃，那是佛的方便說，不是究竟說。

弘法二十幾年來，我常常講：「菩薩證涅槃，不入涅槃，卻是永遠都住在涅槃中，一世一世度生死；生也在涅槃中生，死也在涅槃中死。」因為證得大法之後的現觀就是如此，也因為這是現量，所以沒有辦法被推翻的。除非有人聽了以後沒有勝解，所以他無法為人解說。如果實證了以後，聽了就會有勝解，因為能現前觀察：「啊！果然如此！」以後就可以為人解說，這就是「若持若說」。那麼「二十歲的年輕人，有個百歲的兒子」，《大法鼓經》裡面要講的內容，就像是這樣子，令人難信啊！

那麼　如來就解釋說為什麼難信，有兩個層面令人難信，第一個層面就是說：如來證得涅槃，但　如來卻是常住的。為什麼這個難信？因為初轉法輪時期，度大眾成阿羅漢，但成為阿羅漢入涅槃以後，是蘊處界全部滅盡，無任何法存在，才說是「無我」，說是「不受後有」；那麼　如來所度的阿羅漢是這樣入涅槃，滅盡一切法。而　如來當然也證涅槃，所以　如來也會捨壽，也會入涅槃；入涅槃以後，為什麼卻是常住的？這個難信哪！「為什麼您就跟阿羅漢不一樣？明明是入涅槃，涅槃都是這樣啊！」可是他們不懂！阿羅漢的涅槃是如來方便說，而且阿羅漢的涅槃還是依第七住位菩薩所證的本來自性清淨涅槃來施設的。因爲本來自性清淨涅槃就是如來藏的自性境界，那阿羅漢把我見、我執斷了，將來捨壽入了無餘涅槃，還是如來藏這個本來自性清淨涅槃；所以菩薩即使只在第七住位，智慧也遠超過聲聞阿羅漢。那些不迴心的阿羅漢智慧，永遠不知道這位第七住位菩薩的智慧；因爲這位菩薩現前觀察到的是：阿羅漢生了是在涅槃中生，涅槃就是如來藏；他捨壽入無餘涅槃，只是他滅掉了，回歸如來藏自己的境界，就這樣無生無死，說他證得「無生」。那麼阿羅漢不知道這個境界啊。

初轉法輪過了以後，來講《大法鼓經》的時候，大家沒聽過這個境界。聽說如來即將要講的《大法鼓經》，是講：「如來涅槃而復常住。」於是無法信受了。但是已經證得阿羅漢果，下至初果的人，雖無勝解也必定能信。因爲如來早就告訴他們：「你們這個名色是由另一個『識』所出生。那麼你們入涅槃的時候，是要滅掉一切法，名色滅盡，而這個『識』常住不變，永遠不滅。」如來早就跟他們教授過了。如果沒有這個知見，莫說證阿羅漢，連初果都不可得，因爲他會恐懼落入斷滅空；但知道有這麼一個「識」，每一個人都有這個「識」；把這個名色滅盡以後，「識」常住不滅，不是斷滅空，那就可以永遠離開生死輪迴。他信，所以能證初果，乃至四果。

可是凡夫位的聲聞人不能信受，聲聞人還在凡夫位時都不能信受，他們都會想：「那如來既然般涅槃了，怎麼可能常住？」不但佛世如此，末法時代更是如此。所以你們看釋印順他們不是說：「如來入涅槃了，永遠不見了，所以如來弟子們爲了永恆的懷念，就創造出大乘經典。」這就是三歲娃兒說的佛法啦！所以即使你今天剛進入正覺，還在禪淨班學了半年、一載，我告訴你：「你已經十歲了。印順的佛法程度只有三歲！」要這樣認知，因爲他的知見是錯到一塌糊塗的！所以「如來涅槃而復常住」，對他們而言不可信受；但是這對初果以上的一切聲聞人可信受，只是他們還沒有實證如來藏；或者說他們的心性不想當菩薩，只想自己離開生死輪迴，但他們信受 如來說的：「如來涅槃而復常住。」這是第一個令人難以信受的。

第二個：「一切無我而復說我。」還記得那一本《我與無我》嗎？對呀！當年是有感而發，我記得是在一次春節聚會的時候，我跟大家講了那個內容。那一次好像是租了士林區行政大樓的頂樓大禮堂，春節期間大家在那邊聚會，我爲大家講了那個題目。佛教界到末法時代一直都弄不懂：爲什麼說「我」？爲什麼說「無我」？明明一切法都說「無我」，爲什麼又說「我」？這個問題當年佛教界曾經吵得不可開交。但我們那本書印出來之後，沒有人再講這個題目，沒有人再爭執了。

哲學界還比末法時代二十年前的臺灣佛教界聰明，因爲哲學界都知道：一定先有一個本住法，才能有其他的生滅法；這是哲學家們幾百年來這樣不斷地思惟整理，然後思惟出來的道理：「**一定有一個眞實有的法，這個法永遠不壞，才能夠有這些有爲法、生滅法不斷地出現。**」他們思惟了幾百年，其實 如來在經中早講了！如來早就說過：「**有爲法出生於無爲法中。**」說：「**無爲法出生了有爲法。**」如來也講：「**生即是不生之性。**」這些道理都講過了。那麼既然這個「名色」是生、住、異、滅，時刻生滅而世世不斷，老了、死了、毀壞，但是爲什麼人會有三世連續不斷呢？人之所以能夠有三世，一定背後有一個「常住」的，才能夠從往世來到這一世，才能夠從這一世去到未來世；假使背後沒有一個常住的，人就是五陰十八界這些內容而已！那這一世死了，應該就斷滅了。

也許有人說：「不！你講錯了！我們這個覺知心是常住的，所以死了會去到未來世，這一世也是從前世來的。」常見外道都這麼講的。可是問題擺在眼前，如果這個覺知心是從前世來的，應該一出生就懂得說話了；如果是從美國生來臺灣，應該出生就用英文跟媽媽講說：「媽媽，您辛苦了！」如果從印度生來臺灣，應該出生就用印度語跟媽媽說：「媽媽，您辛苦了！」媽媽也許聽不懂，錄起來問人家，請人翻譯以後也會知道呢。可是所有人明明都不知道，什麼都不懂啊！爲什麼沒想到這一點？所以說大家都笨。可是你說笨嗎？不！中國人聰明！說因爲死後喝了孟婆湯，所以忘掉前世的一切。欸！這個說法倒比洋人聰明多了。所以中國人眞聰明！發明這個孟婆湯。問題是誰喝過？（大眾笑…）對呀！

所以，既然「名色」全部都是生滅的，都是生滅法，那麼滅了就不能去至未來世。可是爲什麼未來世又會有另一個跟這一世相關的人出現呢？因爲有那一個「常住」的心，可以把這一世的一切，說句比較通俗的：「把一切行李都收拾好，送到下一世去，所以生了下一世的名色。」這個道理很簡單，用世間的邏輯來整理一下就懂了。譬如說，同一對父母生了三個孩子，三個孩子同樣是女生，或者同樣是男生，爲什麼個性都不一樣？父母是同一對喔！父母的心性二十年也不會改的，是同樣的心性，照講生出來的三個孩子應該都一樣；不論長相或者心性，應該都一樣，可是爲什麼三個孩子天差地別？

這三個孩子，也許老大他心性很直爽，只想當老師，什麼都不要，他對其他的沒興趣；老二也許說：「我去當冒險家，我對這個很有興趣。」老三呢，他去經商很成功，老大、老二所要的那些他都不要。爲什麼個性都不一樣？同一對父母所生的喔！如果依照「唯物論」或者那些「常見論」來講，應該生出來的孩子都一樣，可是明明就不相同！這表示說，這三個孩子他們都有往世造的「業因」，那些習氣種子帶了過來，他不斷地熏習，熏習了很多不同的業種；所以造成他的心性各不相同，但投胎到同一個家庭來，所以同一對父母所生，三個孩子心性都不一樣，這是很顯然的道理。如果沒有背後一個「眞實法」帶著種子來，那麼照說三個孩子的心性應該都一樣，可是明明不同！所以人的這一個生命是虛妄的，但背後那個「法」是眞實的。

人類這個生命簡稱為「名色」，細分為「十八界」；再細分，那就有「百法明門」了；還可以再細分千法、萬法明門；但這一些都是生滅法，都非常住；不是常住法而又能夠累劫生死來到現在，表示背後有一個「眞實法」存在。那麼這個一世又一世的生滅法，不能夠說那是眞實的我。誰願意虛假的是眞正的我？沒有人願意啊！愚人才會說：「喔，我願意。」就好像騙子騙小孩子說：「欸！你只要從這個懸崖跳下去，跳下去大概會死，但死了後，會有糖果吃。」他就信了，就跳下去啊。那就是愚人！

已經告訴他很清楚了，人是由五蘊、十二處、十八界所組成，加上很多的「心所法」來組成的，是虛妄的。那這個虛妄的，你願意接受這個虛妄的是眞實的我嗎？不願接受！因為這個生命只有一期生死，所以聰明的人會接受無我；那很愚昧的人不會接受無我，例如宗喀巴、清辨、月稱那些論師們，他們不接受「無我」。你告訴他們說：「色、受、想、行、識都是虛妄的。」他們不接受。所以你看宗喀巴的《菩提道次第廣論》還說：「色陰是眞實的，受、想、行、識是眞實的，只有人們所知道的我見是虛假的，所以雙身法的第四樂是眞實的。」這就是愚癡人。已經很多個層面告訴他說：「名色的一切法都是生滅的、是無我的」；他偏偏說：「有我！這是眞實的我。」結果被那些編輯 CBETA 電子佛典的人，把它也納入《大藏經》裡面，這叫作「居心叵測」。他們故意要混淆是非，那是題外話，且不談它。

但聰明的人會知道，這是無我；聰明的人雖然知道這是無我，卻沒有足夠的智慧去想到，後面一定有個眞實的我。那個眞實的我，在《阿含經》裡面叫作「識」。《阿含經》說「名色由識生」，說名色是由另一個「識」所出生的。那菩薩讀了這一句，就說：「啊！我知道，這就是阿賴耶識，就是如來藏。」可是印順他們就不懂啊！他們說：「那個就是『細意識』。」但細意識還是要根、塵作爲助緣，才能從如來藏中出生的；而他竟然把意識分爲粗細，說細意識是「常住」的；然後他的那些門徒們，也一天到晚在那邊嚷嚷說：「你們正覺同修會罵我們印順導師倡導『意識細心常住說』，但我們印順導師沒有說意識細心哪。爲什麼呢？因爲印順導師講的是細意識。」但「細意識」不就是「意識細心」嗎？喔！原來泥土不能叫作土泥，是不是這樣？啊，所以說他們就是三歲娃，沒有別的可以形容了。

那麼聰明的人會想說：「那這樣，人死了一了百了就斷滅了。」因爲聽人家分析過沒有錯，他就接受了。所以古來才會一直有斷見外道存在。斷見外道觀察力非常敏銳，他們也很聰明，聽人家說五蘊、十二處、十八界等法，他聽完了，成就斷見了；可是他沒有智慧想到說：「為什麼會有一世又一世的生滅？」他想不通，乾脆否定說：「人沒有三世，人只有一世，所以死了一了百了。」現代中國的貪腐為什麼那麼嚴重？因為他們認為人只有一世啊，所以不享受白不享受，不貪、不搶那就是愚癡人；貪到了、搶到了，沒被抓到，算是我賺的。因為他相信人只有一世，既然沒有未來世，那就談不上後世因果了。所以如果你跟他講因果律，他說：「誰看得見？」竟沒有人教導他說：「既然沒有因果，那你生的兩個孩子為什麼心性差那麼多？」所以，他們在打貪、抓腐敗，自己也承認：那是治標不治本！

如果要治本，該如何下手？想也知道要好好發揚傳統文化。但問題來了：「傳統文化講的是人會一世又一世輪迴生死，那你又主張『唯物論』，說人只有活這一世；又說人的組成是由物質組成的，這物質組成的色身再出生了這個精神！」你們為什麼笑？對啊！那外國人馬克思就是這樣講的啊！中國人自己有傲人的優良文化，無可批駁的佛教傳統文化不要，卻接受那個洋鬼子的思想（中國人認爲人死爲鬼，死掉了不是當鬼嗎？）（大眾笑…）馬克思已經死了！所以中國的文化是傲視全球、獨一無二的，結果自己不珍惜！但是，還是有很多人信受佛法，至少偉大的習主席說：「不要造惡業，舉頭三尺有神明！」但神明是「唯物」造成的嗎？是心能出生物質的色身？還是物質的色身能出生心？欸！無可奈何！所以咱們還要奮鬥！在這種狀況下，也可以說是眾生的業力。

所以我們在臺灣，活在臺灣的人業力是比較輕微的，要知道這一點；生在大陸，眾生共同的業障是很重的。也許有人想：「那日本不錯吧？」我告訴你：「日本人羨慕臺灣羨慕到不得了！」他們很羨慕臺灣的。所以聰明的人看破了世俗法之後，接著就會想到：「這一切生滅無常的世俗法背後，一定有個『眞實法』存在，否則人不會一世又一世不斷輪迴生死。」接著一定就會聯想到：「這個生滅有爲的名色不是眞實我，這裡面沒有一個眞實的我，因爲壞了就沒有了，所以無我；然而背後一定有一個跟這個名色的自性完全不同的一個法，那個才是眞實的自我；但那個背後的眞實自我一定沒有這個名色我的自性，所以眞我沒有名色的自性，這個就是眞實的我。這個『我』

是不生不死的，這才是眞正的我。」所以一切無我，但是不能不說有我，因爲這個不生不滅的才是眞實的我，但是祂沒有名色我的自性；因爲這樣子，祂才能夠「無我」；在這個「無我性」之中，才能夠永遠常存，那才是眞正的我。可是這個道理很難令人信受。

因爲難信，所以我們正覺出來弘法才會這麼辛苦；假使很容易信受，出來弘法二十幾年了，應該在座有很多大企業家了。眞的沒看到哪個大企業家在座，有嗎？請舉手！（大眾笑…）這就是說，我們講的是眞實法，不搞名相、不搞那些虛妄的排頭，所以沒有什麼排場。那如果沒有「法」，就得裝模作樣，得要找幾個很親信的弟子，前面四大護法金剛、後面四大護法金剛，身後有一個人幫我擎著寶蓋。那這樣，眾生看了說：「這排場這麼大，這一定是大師！」對吧？對啊！都是這樣搞排場的啊！可沒想到，我出場是一個人出場。但是，不搞排場才是「眞實法」；如果要搞排場，那不如我乾脆休息個一兩世，把往世的「五通」再修回來就行了，出場時「咻——」（大眾笑…）用飛的，多漂亮！誰不信？可問題是：度來的人，全都是俗人，沒有學人！我們不要這樣子。

假使哪一世恢復神通了，依舊在路上走，千萬別顯現出來；不然招惹來一堆俗人，麻煩了！你一天到晚要處理他們的事，你不處理，他們會生氣。所以他們每天排隊來見師父就問：「師父啊！你幫我找找，我失掉的鑽戒哪裡去了？」「師父啊！你幫我找找，我家小花走失了，這次跑到哪裡去了？」不然就問：我家兒子如何，我家女兒如何，談的全都是世俗法！不會有誰來跟你問說：「師父！我想要開悟，那開悟到底是什麼？」不會這樣問！

話題拉回來說，這個「我」與「無我」很難令人信受。如來為了度眾生離開生死輪迴之苦，不得不說這名色是無我的；可是實證的人很清楚知道：「無我的背後有個眞實我。」不管他證了沒有，他一定相信，所以能證二乘菩提。一般人在場也聽聞　如來說：「一切無我，三界六道一切有情都無我。」既然都無我，那為什麼度了一些人證阿羅漢果以後，如來又說有個「我」？他們心裡很疑惑，解不開這個結，所以有時候聽到不能接受了，離席而去！

這就是兩個很難令人信受的法：「如來涅槃而復常住，一切無我而復說我。」那麼　如來這麼講，就是告訴大家說：「我要講的《大法鼓經》就是這樣子，很難令人信受的。」這是最後再確認一遍：你們眞的要聽嗎？那大眾就回答說：「唯佛能知。如世尊所說，我等如是受持。」大眾再表示一遍：「這兩件難信的事情，只有佛才能知道。」換句話說，一切菩薩們即使知道，也都是由佛的教導才能知道，所以眞的難信。所以說：「但是就像世尊所說的：『如來涅槃而復常住，一切無我而復說我。』我們聽了就這樣地受持。」大眾重新再表示一遍：「我們就這樣受持。」那爲什麼大眾都能這麼講？因爲這些留下來的大眾都是菩薩摩訶薩，他們都證得這個眞實我了，也現觀名色一切「無我」，所以他們敢這樣講。

假使我到外面去，我跟人家說：「『如來涅槃而復常住，一切無我而復說我。』你們聽不聽？」他們一定默然不應，但不是維摩詰菩薩的默然，而是覺得說：「你到底在講什麼？」也就是說這兩個法，確實難以令人信受。但這些是菩薩摩訶薩，他們已經現觀一切「無我」，而又證得這個眞我如來藏了，所以不論如來怎麼說，他們都會信受，因爲他們很清楚地知道：「如來說的一定是正理。」那既然大眾都這麼講了，迦葉這時候就該向世尊稟白，他就說：「唯願世尊說《大法鼓經》，擊大法鼓，吹大法螺。」表示這個法大。

所以法是大、是小，以前兩岸佛教界沒有人講過。我們正覺出來弘法，才說：「**大乘法大，二乘法小。**」所以我們剛出來弘法的時候說南傳佛法或解脫道：「**那是小乘法！**」那些六識論的僧人們還很生氣，可是那法確實「小」啊！而這個法是那些自稱證得阿羅漢、自稱成佛的人之所不解，當然就「大」，所以他們不服氣也無可反駁。大迦葉這裡強調：這個《大法鼓經》就是大法，不是小法。所以 世尊如果講《大法鼓經》，那就是「**擊大法鼓**」，就是「**吹大法螺**」。

這倒讓我記起一句話，我那個同學率領的臺灣法輪功學會，他們的學員往往在陽臺上掛著大布條說：「法輪大法好。」問題是，法輪功有什麼法可以稱為大法？連小法都沒有，因小法是二乘菩提。但李洪志連「斷我見」都沒有，連小法都沒有，有什麼「大法」？那個法輪功有法輪嗎？也沒有啊！轉的都是世間輪。所以什麼叫「大法」，眞的要界定清楚：「大法」一定是「堅住」的，也就是說，祂很堅固地常住，永遠不壞，才能稱為「大法」。

可是單這樣還不能稱為「大法」，這個「大法」還要有「可熏性」，必須可熏；就是說你這個名色不斷地熏習什麼，熏習完了以後，這些種子都會熏入到「大法」裡面去，這樣才能成其爲大，否則因果律不能成就。除了這個「可熏性」，這個「大法」的本身還得要是「不變異性」，也就是說祂的心性不會改變，永遠是前後同一類「無覆無記性」；祂不會看到某一世的名色生活好像是很好的樣子，就想：我也來試試看。祂永遠不會這樣，祂的自性是不變的，祂永遠不生不滅，永遠是一類「無覆無記性」的涅槃性，永遠是「不變異性」。可是還得要有一個特性：這個「大法」一定要「跟名色互相連結」而同在一起；如果這個「大法」比如說上帝，是在天上，而名色在人間，是互相離開的，那麼「大法」跟你有什麼相干？如果那個「大法」在美國、這個名色在臺灣，沒有互相和合而連結著，那有什麼相干？既然不相干，那就不能被熏，那也不可能出生名色。

所以一神教說：「**上帝依他自己的樣子創造了人類。**」但是「創造」了以後，上帝是上帝，人類是人類，不是同時同處同在一起，人類要找上帝也找不到；那這樣子，人類造了惡業跟上帝有什麼相干？何必要上帝赦罪？那人類作了善事，何必要用來光榮上帝？因爲跟他不相干！那如果有相干呢？顯然人類造了惡業，上帝要負責，上帝要承擔，因人類是上帝造的而且互相連結啊！上帝沒事幹，創造了人類來造惡業。對吧？那如果人類造了善業，也不用沾沾自喜，這都是上帝的功勞。一神教徒就是這樣，他們都這樣想的。所以他們眞的很無知！因爲既然造了、生了，二者分離了，那就不相干了。

比如你們生了兒子、生了女兒，將來兒子、女兒長大造了善事、賺了錢，是你的嗎？不是啊！是他的！他如果殺人放火，那也是他作的事，判刑時不會判你，而是判他。但如果兒子、女兒是跟你連結在一起，事事都由你支應而去造善惡業，判刑時才會判你，不是這樣嗎？所以那個能生的「大法」跟「名色」一定是同在一起，同一個時間同在一處，兩不相離，才能成就受熏的功德，才能成就因果律；「大法」的定義一定要函蓋這一些，否則不足以成其大法。

那麼我要問了：「**法輪功這個『大法』，法在哪裡？**」套一句中南部老人說的：「**莫宰羊。**」(臺語：不記得、不知道)他們都不知道。再不然，你問他們，他們也是說：「**莫災恙！**」這個講起來眞可笑！可是他們不覺得可笑，他們就是這樣過日子，就住在邪見裡面，一世又一世這樣不斷地生死。所以什麼是「大法」？「大法」與小法要界定清楚，至於世間的輪轉之法，連小法都談不上，因為那是世間法。

所以大乘菩薩們說聲聞人叫作小乘，其實並沒有貶抑的意思，而是如實說。所以如來藏一個法有無量無邊的法，但是二乘菩提就只是那一些；你這一世成就後，無可再修了，所以成為阿羅漢就叫作無學，因此那叫作小法，大乘法可是要修上三大阿僧祇劫的，成佛時才是無學。所以古時候中國禪師看見天竺來的、有神通的阿羅漢，當面就罵：「小法聲聞！」禪師還沒有證得無餘涅槃、有餘涅槃，只是一個本來自性清淨涅槃，他們就當面罵「小法聲聞」！為什麼他敢這樣罵？為什麼那些阿羅漢竟然不敢回嘴？因為那是事實。所以「大法」之所以為大，一定有祂的意涵；這不能自己說大就大，也不能讓人家隨便說小就小，這都要有根據。那接下來，如來又怎麼說呢？

經文：【佛言：「善哉！善哉！迦葉！汝今聽說《大法鼓經》。」迦葉白佛言：「唯然受教，何以故？是我境界故，是故如來大見敬待。云何為敬？當告我言：『汝來！共坐。』以是因緣，我應知恩。」佛言：「善哉！迦葉！以是義故，我敬待汝。迦葉！譬如波斯匿王善養四兵，若鬥戰時，擊大戰鼓，吹

大戰螺，對敵堅住。緣斯恩養，戰無遺力，能勝怨敵，國境安寧。如是，比丘！我般涅槃後，摩訶迦葉當護持此《大法鼓經》；以是義故，我分半坐。是故彼當行我所行，於我滅後堪任廣宣《大法鼓經》。」迦葉白佛言：「我是世尊口生長子。」佛告比丘：「譬如波斯匿王教諸王子學諸明處，彼於後世堪紹王種。如是，比丘！於我滅後，迦葉比丘護持此經亦復如是。」】

語譯：【如來回覆大迦葉說：「善哉！善哉！迦葉！你如今就準備聽我演說《大法鼓經》。」迦葉稟白如來說：「我唯一想要聽受的教導，就是這部《大法鼓經》。爲什麼呢？因爲這是我的境界的緣故。我也正因爲這個緣故，如來在大眾所見的情況下，還敬待於我。怎麼樣叫作敬呢？如來曾經當眾告訴我說：『你過來！和我一起共坐。』由於這樣的因緣，我應當知道如來大恩。」佛陀說：「善哉！迦葉！由於這種道理的緣故，我敬待於你。迦葉！就譬如波斯匿王善於養護四種兵，如果鬥戰的時候，就敲擊大戰鼓，吹起大戰螺，面對敵人堅固地安住。緣於這樣的恩養，所以軍隊戰爭的時候都不遺餘力，能夠戰勝怨敵，國境得以安寧。就像是這個道理，比丘們！我釋迦牟尼般涅槃以後，摩訶迦葉將會護持這個《大法鼓經》；由於這個道理的緣故，我分半坐給他。由於這個緣故，大迦葉未來將會行我所行，在我滅度以後，堪任廣爲大眾宣演《大法鼓經》。」迦葉稟白佛陀說：「我是世尊口中化生的長子。」佛陀告訴比丘們說：「就好比波斯匿王教導他的各個王子學習各種明處，他們在波斯匿王過後之世，堪能紹繼國王種族。就像是這樣子，比丘！在我滅度之後，迦葉比丘護持這一部經的道理就像是這樣子。」】

講義：佛陀當然讚歎大迦葉，因爲大迦葉知道　如來要說什麼法，所以他就跟世尊一起合演了這一場「無生」大戲。那麼　佛陀就稱讚他：「善哉！善哉！」意思是說他作得很好、說得很好，然後告訴他說：「你現在就開始聽我演說《大法鼓經》。」那　如來演說當然大家都可以聽聞，因爲　如來的音聲有個玄妙處，就是不管在場的人距離多遠都聽得見，這是　如來法音宣流的一個特性。我們還得要拉麥克風，還要裝了很多音箱；不然的話，以我這個音量，你們坐在後面聽不見了，那別的講堂就不用講了。可是你們看，現在包括 B1、B2 第五、第六講堂的同修們都聽得見，爲什麼呢？因爲藉這個現代科技的力量。否則的話，我每次上座就要請求　如來：「把您的音聲借我用一用。」所以　如來宣講大家都聽得見，那是　如來法音的特性。如果有

人宣稱說他是　如來，那麼請他不要用麥克風（大眾笑⋯），看距離很遠的人是不是都聽見了？但他不可以用嘶喊的，要以正常的音量來講。所以說沒智慧的人很多，這個也是正常事；像你們這樣都不受人瞞，這才是有智慧。

迦葉稟白　如來說：「唯然受教。」「唯然」是說：我沒有第二個想法，我現在就只有這個想法，就是要接受　如來您的教導。那爲什麼會這樣？當然有原因，所以迦葉說：「是我境界故。」這表示什麼？表示　如來即將說的「大法」，如來即將敲擊的「大法鼓」，即將吹起來的「大法螺」，他是知道的，他懂得的，因爲是他自己所住的境界。這表示什麼？表示　如來宣講這部經之前早就「拈花」過了，大迦葉早就悟了，然後才講這部經的。這是在第二轉法輪《大般若經》講完之後不久的事。他說：「是我境界故。」所以他相信　如來要講的這個「大法」是眞正的「大法」，一點兒都不懷疑，因爲「是我已經親證的境界，我知道如來要講的是眞實法。」

那他又提出一點來：「是故如來大見敬待。」這是說，「於大眾都看得見的場合，如來也一樣以恭敬心來看待我。」這可不簡單，如來與弟子間的距離是多麼遙遠！可是　如來從來不歧視任何弟子。諸位要記住這一點，所以將來你們當法主了，也不要看輕你的弟子。所以有的親教師剛接到我的信，有時候會跟我講：「老師！您不要稱呼我爲『您』，這樣我承擔不起。」我說：「我的習慣就這樣，不論對誰，我都是這樣。不說你是親教師，即使是還沒有證悟的人，假使有因緣跟我信件往來，我還是稱他爲『您』。」就那個「你」字加上個「心」字，一種尊稱。因爲我的習慣就這樣，我不要輕視任何一個人。每一個人的未來都是不可限量的，每一個人都是未來佛，我怎麼能夠不恭敬呢？那對親教師們當然更要有恭敬心了。所以你們誰看過我對親教師板起臉來？沒有！你們要有這個觀念，未來世你們各個都要當法主的；當法主時可不可以用下巴看人呢？不可以！因爲每一個人未來都不可限量，最後都會成佛的。

還記得《法華經》講的嗎？常不輕菩薩遇見每一個人，都禮拜讚歎說什麼？欸！大聲一點！對啊：「你們都是佛啊，你們未來都會成佛啊。」那既然未來都會成佛，爲什麼要看輕人家呢？這個道理要記住。那麼如來對已經證悟的弟子也都是以恭敬心來看待，因爲已經證得「大法」了。也許這個人才剛剛進入第七住位，距離佛地還很遙遠，但是如來也以恭敬心來看待，不輕視任何人。但是面對破法者所作的法義辨正，那是另一回事。

那麼爲什麼迦葉說「如來大見敬待」？因爲「嘗告我言：『汝來！共坐。』」就分給大迦葉半坐。這表示什麼？表示 如來不看輕弟子。那如果成佛以後，對弟子呼來喚去、頤指氣使，那他有什麼修爲？所以對任何一個弟子，如來都用平等心來看待。如來不會說：「啊！這是大迦葉來了。」滿臉堆著笑容，對一個都還沒有斷三縛結的弟子來了，就板著臉；如來不會這樣，但是對大迦葉特別敬待，是爲什麼？要讓大家知道，說他的修爲非常好。假使 如來一直貶抑大迦葉說：「唉呀！他離我還遠著咧。」那 如來捨壽以後，大家都不恭敬他了，是這樣子。

我對所有的親教師也都是這樣，一直都保持著恭敬心。所以當年人家來跟我告狀說：「啊！我們老師喔，他說法都是講一半，然後剩下一半都要我們回去自己思惟；我們私下都叫他『楊一半』。」我說：「你們怎麼可以這樣講？」我就責備他，以後不可以再這樣作，教他們要改正。這是對楊先生的恭敬，我這樣看待他；而你們是他的學生，不可以對他不恭敬。可是他一旦否定正法，那我就是「就法論法」，我針對法來講，就不會客氣了；可是他開始破法，我給他的信件還是很客氣，信中還是稱他為「尊者」，你們沒想到吧？是！這就是說，也許這一世的攝受到此為止。雖然不一定到此為止，還有變相的攝受；但從事相來看，即使到此為止，也還有無盡的未來世，還是要攝受的。這就是每一個菩薩摩訶薩都應該有的心量，不要在事相上去計較。

那麼 如來對大迦葉就是這樣的，所以當眾敬待大迦葉。那麼 如來捨壽以後，大迦葉弘法，大家就會聽他的，因為這是 如來在世時這樣敬待的一個善知識。所以如果師父一天到晚貶抑他的座下有修、有證的弟子，那麼那個師父一定是沒有修、沒有證；並不是無學，而是學了都不成功，那位師父也跟弟子一樣都沒有學好；那麼如果座下弟子是有修有證的，一定不是他教的。這道理很明白，這道理諸位也要懂。

所以為了法的緣故，如來敬待大迦葉。那麼大迦葉很有智慧，他說：「以是因緣，我應知恩。」如果是不聽明的弟子，當師父對他很恭敬時，他就趾高氣揚，走路時肩膀都會晃來晃去，那就是愚癡人！那大迦葉是很有智慧的人，所以說：「由於這樣的因緣，我應當知道如來對我的恩德。」那麼 佛接著就說：「善哉！迦葉！」就讚歎他，然後說明原因：「以是義故，我敬待汝。」正因爲你懂得知恩，所以我敬待你。每一位善知識，對待他座下證悟的弟子都應該是這樣子；不應該成天要求座下證悟的弟子要怎麼樣供養他，不應該這樣想；但座下弟子們如果作了法供養，那他當然要接受，法供養是不許拒絕的；但是一天到晚要求他座下的弟子，要作那些世間法上的供養，那不是眞正的善知識。

眞正的善知識都應該要敬待他座下證悟的弟子，爲什麼呢？因爲爲了要讓正法久遠流傳。有一位禪師也講過的，好像是黃檗問馬祖的故事，但他不敢直接承嗣馬祖，對師父百丈禪師一樣很恭敬，所以百丈說：「見與師齊，減師半德；見過於師，方堪傳授。」所以黃檗聰明啊！馬祖的故事雖然能幫他證悟，但其實是百丈禪師教給他的，百丈看他可教，所以才說：「如果弟子悟後的見地跟師父只有一樣的話，功德受用只有師父的一半；如果證悟之後，見地超過了師父，這樣才堪足以讓師父繼續教導。」這是老實話，這意思就是說，我恭敬師父您，是因爲您傳給我這個法，我不是自己參得的；那如果我覺得自己跟師父您一樣了，而不知道我離師父其實還有一段距離，那我的解脫功德、我的智慧功德最多只有師父您的一半！很多人只看到文字的表面，不知道裡面的意思。百丈禪師講的就是這個道理。

如果弟子悟了以後，立刻就覺得：「我跟師父你一樣了，你明心，我也明心了，因此咱們一樣了。」所以禪三回來時，看見親教師時心裡想著：「我跟你一樣。」那表示他的功德只有親教師的一半。一定只有一半，絕對不會超過一半。如果要說正格的，其實根本就沒有一半，因爲親教師悟後多年的培訓，又教了多少年了，怎會是只超過一半呢！這就是說師、弟之間一定要互相敬待，法才能久傳。如果弟子悟了以後，師父怕弟子超過他，然後一天到晚在壓抑弟子，那大眾一定對那個弟子不太信受；那師父走了以後，很多人就會離開了。師父如果一直讚歎這個弟子：「啊！這某某人證量眞好！你們要好好跟他學習呀。」那師父走了以後，大家還會繼續追隨他，然後正法就繼續住持下去；這才是佛門中，師、弟之間應該有的相處之道。但若是對於破法及誤導眾生的僧人，那就得摧邪顯正，不賣人情。

世間法也這樣，譬如說國王養育士兵，有四種兵：象兵、馬兵、步兵、車兵。馬兵就是騎兵，總共有四種兵，他得要善養；如果他不善養，一天到晚呼來喚去，覺得這是我養的，看不起這些士兵們；到了戰場的時候，這士兵們會爲他賣命嗎？不會呀！他一定得要善養，善養就是好好對待他們。如果國家危急的時候、外圍威脅很嚴重的時候，對待自己的士兵還是那樣苛刻，那麼你想：他不亡國也難哪。即使國庫裡的錢不夠，至少也要恭敬他們，也要常常照顧他們；如果錢不夠，無法給他們很好的生活，至少也要常常關心他們，有沒有什麼問題需要解決的？這才叫善養。那如果國庫充裕，那就多給他們一點也無所謂，因爲外敵環伺的時候，你不亡國就是要靠這些士兵；所以這四種兵，你當國王一定要善養他們，不能看不起他們；假使常常虐待，那麼戰爭來時就會招來叛變；所以至少要好好看待他們，這叫作「善養」。

那波斯匿王是如此善養四兵的，世尊舉這個例子來講。因爲波斯匿王對於四種兵很善於照顧，那麼鬥戰的時候，也就是上戰場了！這時候波斯匿王「擊大戰鼓、吹大戰螺」。擊大法鼓就是說摧邪顯正的戰爭開始了，然後法螺一吹，大家就衝鋒了。這個時候，面對敵軍時自己的這四種兵很堅固地安住，能夠固守自己的陣地不會退卻。當敵人攻上來的時候，這四種兵開始打仗了，一定是在戰爭的過程中不遺餘力，傾其全力去進行這一場戰鬥。所以最後一定可以勝過一切的怨敵，當然國境就安寧了，沒有人敢再來侵占或者欺侮。

同樣的道理，世尊說：「我般涅槃以後，摩訶迦葉將會護持這一部《大法鼓經》。」這表示什麼？這表示說 如來敬待於大迦葉，這是有用處的、也有用意的：「那因為我敬待大迦葉，所以大迦葉將來知恩報恩，他就會繼續住持這個正法；那麼我也正因為這個緣故，所以分半坐給大迦葉。那大迦葉既然得到我的恩養，以這個緣故，將來他的所行就會跟我所行一樣；他也不會貪、也不會亂起瞋，行我大慈之行；他會跟我一樣，在我入滅之後，他可以堪任廣為宣揚這一部《大法鼓經》。」今天講到這裡。

（未完，詳第二輯中演示。）

佛教正覺同修會〈修學佛道次第表〉

第一階段

＊以憶佛及拜佛方式修習動中定力。
＊學第一義佛法及禪法知見。
＊無相拜佛功夫成就。
＊具備一念相續功夫—動靜中皆能看話頭。
＊努力培植福德資糧，勤修三福淨業。

第二階段

＊參話頭，參公案。
＊開悟明心，一片悟境。
＊鍛鍊功夫求見佛性。
＊眼見佛性〈餘五根亦如是〉親見世界如幻，成就如幻觀。
＊學習禪門差別智。
＊深入第一義經典。
＊修除性障及隨分修學禪定。
＊修證十行位陽焰觀。

第三階段

＊學一切種智真實正理—楞伽經、解深密經、成唯識論…。
＊參究末後句。
＊解悟末後句。
＊透牢關—親自體驗所悟末後句境界，親見實相，無得無失。
＊救護一切眾生迴向正道。護持了義正法，修證十迴向位如夢觀。
＊發十無盡願，修習百法明門，親證猶如鏡像現觀。
＊修除五蓋，發起禪定。持一切善法戒。親證猶如光影現觀。
＊進修四禪八定、四無量心、五神通。進修大乘種智，求證猶如谷響現觀。

佛菩提二主要道次第概要表——二道並修，以外無別佛法

佛菩提道——大菩提道

遠波羅蜜多

資糧位

十信位修集信心——一劫乃至一萬劫

初住位修集布施功德（以財施爲主）。

二住位修集持戒功德。

三住位修集忍辱功德。

四住位修集精進功德。

五住位修集禪定功德。

六住位修集般若功德（熏習般若中觀及斷我見，加行位也）。

——外門廣修六度萬行

見道位

七住位明心般若正觀現前，親證本來自性清淨涅槃。

八住位起於一切法現觀般若中道。漸除性障。

十住位眼見佛性，世界如幻觀成就。

一至十行位，於廣行六度萬行中，依般若中道慧，現觀陰處界猶如陽焰，至第十行滿心位，陽焰觀成就。

一至十迴向位熏習一切種智；修除性障，唯留最後一分思惑不斷。第十迴向滿心位成就菩薩道如夢觀。

——內門廣修六度萬行

初地：第十迴向位滿心時，成就道種智一分（八識心王一一親證後，領受五法、三自性、七種第一義、七種性自性、二種無我法）復由勇發十無盡願，成通達位菩薩。復又永伏性障而不具斷，能證慧解脫而不取證，由大願故留惑潤生。此地主修法施波羅蜜多及百法明門。證「猶如鏡像」現觀，故滿初地心。

二地：初地功德滿足以後，再成就道種智一分而入二地；主修戒波羅蜜多及一切種智。滿心位成就「猶如光影」現觀，戒行自然清淨。

解脫道：二乘菩提

→ 斷三縛結，成初果解脫

→ 薄貪瞋癡，成二果解脫

→ 斷五下分結，成三果解脫

入地前的四加行令煩惱障現行悉斷，成四果解脫，留惑潤生。分段生死已斷，煩惱障習氣種子開始斷除，兼斷無始無明上煩惱。

近波羅蜜多　　大波羅蜜多　　圓滿波羅蜜多

修道位　　究竟位

三地[illegible]

心、五神通。能成就俱解脫果而不取證，留惑潤生。滿心位成就「猶如谷響」現觀及無漏妙定意生身。

四地：由三地再證道種智一分故入四地。主修精進波羅蜜多，於此土及他方世界廣度有緣，無有疲倦。進修一切種智，滿心位成就「如水中月」現觀。

五地：由四地再證道種智一分故入五地。主修禪定波羅蜜多及一切種智，斷除下乘涅槃貪。滿心位成就「變化所成」現觀。

六地：由五地再證道種智一分故入六地。此地主修般若波羅蜜多——依道種智現觀十二因緣一一有支及意生身化身，皆自心眞如變化所現，「非有似有」，成就細相觀，不由加行而自然證得滅盡定，成俱解脫大乘無學。

七地：由六地「非有似有」現觀，再證道種智一分故入七地。此地主修一切種智及方便波羅蜜多，由重觀十二有支一一支中之流轉門及還滅門一切細相，成就方便善巧，念念隨入滅盡定。滿心位證得「如犍闥婆城」現觀。

八地：由七地極細相觀成就故再證道種智一分而入八地。此地主修一切種智及願波羅蜜多。至滿心位純無相觀任運恆起，故於相土自在，滿心位復證「如實覺知諸法相意生身」故。

九地：由八地再證道種智一分故入九地。主修力波羅蜜多及一切種智，成就四無礙，滿心位證得「種類俱生無行作意生身」。

十地：由九地再證道種智一分故入此地。此地主修一切種智——智波羅蜜多。滿心位起大法智雲，及現起大法智雲所含藏種種功德，成受職菩薩。

等覺：由十地道種智成就故入此地。此地應修一切種智，圓滿等覺地無生法忍；於百劫中修集極廣大福德，以之圓滿三十二大人相及無量隨形好。

妙覺：示現受生人間已斷盡煩惱障一切習氣種子，並斷盡所知障一切隨眠，永斷變易生死無明，成就大般涅槃，四智圓明。人間捨壽後，報身常住色究竟天利樂十方地上菩薩；以諸化身利樂有情，永無盡期，成就究竟佛道。

→ 七地滿心斷除故意保留之最後一分思惑時，煩惱障所攝色、受、想三陰有漏習氣種子全部斷盡。

煩惱障所攝行、識二陰無漏習氣種子任運漸斷，所知障所攝上煩惱任運漸斷。

→ 斷盡變易生死成就大般涅槃

圓滿成就究竟佛果

佛子蕭平實　謹製

（二〇〇九、〇二　修訂）

（二〇一二、〇二　增補）

佛教正覺同修會 共修現況 及 招生公告

2023/02/14

一、共修現況：（請在共修時間來電，以免無人接聽。）

台北正覺講堂 103 台北市承德路三段 277 號九樓 捷運淡水線圓山站旁
Tel..**總機** 02-25957295（晚上）（**分機：九樓**辦公室 10、11；知客櫃檯 12、13。 **十樓**知客櫃檯 15、16；書局櫃檯 14。**五樓**辦公室 18；知客櫃檯 19。**二樓**辦公室 20；知客櫃檯 21。） Fax..25954493

第一講堂 台北市承德路三段 277 號九樓

禪淨班：週一晚班、週三晚班、週四晚班、週五晚班、週六下午班、週六上午班（共修期間二年半，全程免費。皆須報名建立學籍後始可參加共修，欲報名者詳見本公告末頁。）

增上班：成唯識論釋：單週六晚班。雙週六晚班（重播班）。17.50～20.50。平實導師講解，2022 年 2 月末開講，預定六年內講完，僅限已明心之會員參加。

禪門差別智：每月第一週日全天　平實導師主講（事冗暫停）。

解深密經詳解　本經從六度波羅蜜多談到八識心王，再詳論大乘見道所證眞如，然後論及悟後進修的相見道位所觀七眞如，以及入地後的十地所修，乃至成佛時的四智圓明一切種智境界，皆是可修可證之法，流傳至今依舊可證，顯示佛法眞是義學而非玄談，淺深次第皆所論及之第一義諦妙義。已於 2021 年三月下旬起開講，由平實導師詳解。每逢週二晚上開講，第一至第六講堂都可同時聽聞，歡迎菩薩種性學人，攜眷共同參與此殊勝法會現場聞法，不限制聽講資格。本會學員憑上課證進入第一至第四講堂聽講，會外學人請以身分證件換證進入聽講（此爲大樓管理處安全管理規定之要求，敬請諒解）；第五及第六講堂（B1、B2）對外開放，不需出示任何證件，請由大樓側門直接進入。

第二講堂 台北市承德路三段 267 號十樓。

禪淨班：週一晚班。

進階班：週三晚班、週四晚班、週五晚班、週六早班、週六下午班。禪淨班結業後轉入共修。

增上班：成唯識論釋：單週六晚班，影音同步傳播。雙週六晚班（重播班）

解深密經詳解：平實導師講解。每週二 18.50~20.50 影像音聲即時傳輸。

第三講堂 台北市承德路三段 277 號五樓。

禪淨班：週六下午班。

增上班：成唯識論釋：單週六晚班，影音同步傳播。雙週六晚班（重播班）

進階班：週一晚班、週三晚班、週四晚班、週五晚班。

解深密經詳解：平實導師講解。每週二 18.50~20.50 影像音聲即時傳輸。

第四講堂 台北市承德路三段 267 號二樓。

進階班：週一晚班、週三晚班、週四晚班（禪淨班結業後轉入共修）。

解深密經詳解：平實導師講解。每週二 18.50~20.50 影像音聲即時傳輸。

第五、第六講堂

念佛班 每週日晚上，第六講堂共修（B2），一切求生極樂世界的三寶弟子皆可參加，不限制共修資格。

進階班：週一晚班、週三晚班、週四晚班。

解深密經詳解：平實導師講解。每週二 18.50~20.50 影像音聲即時傳輸。第五、第六講堂爲**開放式講堂**，不需以身分證件換證即可進入聽講，台北市承德路三段 267 號地下一樓、地下二樓。每逢週二晚上講經時段開放給會外人士自由聽經，請由大樓側面梯階逕行進入聽講。

聽講者請尊重講者的着作權及肖像權，請勿錄音錄影，以免違法；若有錄音錄影被查獲者，將依法處理。

第七講堂 台北市承德路三段 267 號六樓。

解深密經詳解：平實導師講解。每週二 18.50~20.50 影像音聲即時傳輸。

正覺祖師堂 大溪區美華里信義路 650 巷坑底 5 之 6 號（台 3 號省道 34 公里處 妙法寺對面斜坡道進入）電話 03-3886110 傳眞 03-3881692 本堂供奉 克勤圓悟大師，專供會員每年四月、十月各三次精進禪三共修，兼作本會出家菩薩掛單常住之用。開放參訪日期請參見本會公告。教內共修團體或道場，得另申請其餘時間作團體參訪，務請事先與常住確定日期，以便安排常住菩薩接引導覽，亦免妨礙常住菩薩之日常作息及修行。

桃園正覺講堂（第一、第二講堂）：桃園市介壽路 286、288 號 10 樓（陽明運動公園對面）電話：03-3749363（請於共修時聯繫，或與台北聯繫）

禪淨班：週一晚班（1）、週一晚班（2）、週三晚班、週四晚班、週五晚班。

進階班：週四晚班、週五晚班、週六上午班。

增上班：成唯識論釋。雙週六晚班（增上重播班）。

解深密經詳解：平實導師講解。每週二晚上，以台北正覺講堂所錄 DVD 放映；歡迎會外學人共同聽講，不需出示身分證件。

新竹正覺講堂 新竹市東光路 55 號二樓之一　電話 03-5724297（晚上）

第一講堂：

禪淨班：週五晚班。

進階班：週三晚班、週四晚班、週六上午班。由禪淨班結業後轉入共修

增上班：成唯識論釋。單週六晚班。雙週六晚班（重播班）。

解深密經詳解：平實導師講解。每週二晚上，以台北正覺講堂所錄 DVD 放映。歡迎會外學人共同聽講，不需出示身分證件。

第二講堂：

禪淨班：週一晚班、週三晚班、週四晚班、週六上午班。

解深密經詳解：每週二晚上與第一講堂同步播放講經 DVD。

第三、第四講堂：裝修完畢，已經啓用。

台中正覺講堂 04-23816090（晚上）

第一講堂 台中市南屯區五權西路二段 666 號 13 樓之四（國泰世華銀行樓上。鄰近縣市經第一高速公路前來者，由五權西路交流道可以快速到達，大樓旁有停車場，對面有素食館）。

禪淨班：週四晚班、週五晚班。

進階班：週一晚班、週三晚班、週六上午班（由禪淨班結業後轉入共修）。

增上班：成唯識論釋。單週六晚班。雙週六晚班（重播班）。

解深密經詳解：平實導師講解。每週二晚上，以台北正覺講堂所錄 DVD 放映。歡迎會外學人共同聽講，不需出示身分證件。

第二講堂 台中市南屯區五權西路二段 666 號 4 樓

禪淨班：週一晚班、週三晚班。

第三講堂 台中市南屯區五權西路二段 666 號 4 樓

禪淨班：週一晚班。

第四講堂 台中市南屯區五權西路二段 666 號 4 樓。

進階班：週一晚班、週四晚班、週六上午班，由禪淨班結業後轉入共修

解深密經詳解：每週二晚上與第一講堂同步播放講經 DVD。

嘉義正覺講堂 嘉義市友愛路 288 號八樓之一　電話：05-2318228

第一講堂：

禪淨班：週四晚班、週五晚班、週六上午班。

進階班：週一晚班、週三晚班（由禪淨班結業後轉入共修）。

增上班：成唯識論釋。單週六晚班。雙週六晚班（重播班）。

解深密經詳解：平實導師講解。每週二晚上，以台北正覺講堂所錄 DVD 放映。歡迎會外學人共同聽講，不需出示身分證件。

第二講堂 嘉義市友愛路 288 號八樓之二。

第三講堂 嘉義市友愛路 288 號四樓之七。

禪淨班：週一晚班、週三晚班。

台南正覺講堂

第一講堂 台南市西門路四段 15 號 4 樓。06-2820541（晚上）

禪淨班：週一晚班、週三晚班、週四晚班、週五晚班、週六下午班。

增上班：**成唯識論釋**。單週六晚班。雙週六晚班（重播班）。

解深密經詳解：平實導師講解。每週二晚上，以台北正覺講堂所錄 DVD 放映。歡迎會外學人共同聽講，不需出示身分證件。

第二講堂 台南市西門路四段 15 號 3 樓。

解深密經詳解：每週二晚上與第一講堂同步播放講經 DVD。

第三講堂 台南市西門路四段 15 號 3 樓。

進階班：週一晚班、週三晚班、週四晚班、週五晚班（由禪淨班結業後轉入共修）。

解深密經詳解：每週二晚上與第一講堂同步播放講經 DVD。

高雄正覺講堂 高雄市新興區中正三路 45 號五樓 07-2234248（晚上）

第一講堂（五樓）：

禪淨班：週一晚班、週三晚班、週四晚班、週五晚班、週六上午班。

增上班：**成唯識論釋**。單週六晚班。雙週六晚班（重播班）。

解深密經詳解：平實導師講解。每週二晚上，以台北正覺講堂所錄 DVD 放映。歡迎會外學人共同聽講，不需出示身分證件。

第二講堂（四樓）：

進階班：週三晚班、週四晚班、週六上午班（由禪淨班結業後轉入共修）。

解深密經詳解：每週二晚上與第一講堂同步播放講經 DVD。

第三講堂（三樓）：

進階班：週四晚班（由禪淨班結業後轉入共修）。

香港正覺講堂

香港新界葵涌打磚坪街 93 號維京科技商業中心A 座 18 樓。

電話：(852) 23262231

英文地址：18/F, Tower A, Viking Technology & Business Centre, 93 Ta Chuen Ping Street, Kwai Chung, N.T., Hong Kong.

禪淨班：單週六下午班、雙週六下午班、單週日上午班、單週日下午班、雙週日上午班。

進階班：雙週六、日上午班（由禪淨班結業後轉入共修）。

增上班：每月第一雙週日下午及晚上班，以台北增上班課程錄成 DVD 放映之。

增上重播班：每月第二雙週日下午及晚上班，以台北增上班課程錄成 DVD 放映之。

不退轉法輪經詳解：平實導師講解。每週六、日 19:00～21:00，以台北正覺講堂所錄 DVD 放映；歡迎會外學人共同聽講，不需出示身分證件。

二、招生公告 **本會台北講堂及全省各講堂、香港講堂，每逢四月、十月下旬開新班，每週共修一次**（每次二小時。開課日起三個月內仍可插班）；**各班共修期間皆爲二年半，全程免費，欲參加者請向本會函索報名表**（各共修處皆於共修時間方有人執事，非共修時間請勿電詢或前來洽詢、請書），**或直接從本會官方網站**

(http://www.enlighten.org.tw/newsflash/class)**或成佛之道網站下載報名表**。共修期滿時，若經報名禪三審核通過者，可參加四天三夜之禪三精進共修，有機會明心、取證如來藏，發起般若實相智慧，成爲實義菩薩，脫離凡夫菩薩位。

三、新春禮佛祈福 農曆**年假**期間停止共修：自農曆新年前七天起停止共修與弘法，正月 8 日起回復共修、弘法事務。新春期間正月初一～初七 9.00～17.00 開放台北講堂、正月初一~初三開放新竹、台中、嘉義、台南、高雄講堂，以及大溪禪三道場（正覺祖師堂），方便會員供佛、祈福及會外人士請書。

密宗四大派修雙身法，是外道性力派的邪法；又以生滅的識陰作爲常住法，是常見外道，是假的藏傳佛教。

西藏覺囊巴以他空見弘揚第八識如來藏勝法，才是真藏傳佛教

佛教正覺同修會　弘法行事表　2022/04/25

1、**禪淨班**　以無相念佛及拜佛方式修習動中定力，實證一心不亂功夫。傳授解脫道正理及第一義諦佛法，以及參禪知見。共修期間：二年六個月。每逢四月、十月開新班，詳見招生公告表。

2、**進階班**　禪淨班畢業後得轉入此班，進修更深入的佛法，期能證悟明心。各地講堂各有多班，繼續深入佛法、增長定力，悟後得轉入增上班修學道種智，期能證得無生法忍。

3、**增上班 成唯識論**詳解　詳解八識心王的唯識性、唯識相、唯識位，分說八識心王及其心所各別的自性、所依、所緣、相應心所、行相、功用等，並闡述緣生諸法的四緣：因緣、等無間緣、所緣緣、增上緣等四緣，並論及十因五果等。論中闡釋**佛法實證及成就的根本法即是第八識，由第八識成就三界世間及出世間的一切染淨諸法，方有成佛之道可修、可證、可成就，名為圓成實性**。然後詳解末法時代學人極易混淆的見道位所函蓋的眞見道、相見道、通達位等內容，指正末法時代高慢心一類學人，於見道位前後不斷所墮的同一邪謬處。末後開示修道位的十地之中，各地所應斷的二愚及所應證的一智，乃至佛位的四智圓明及具足四種涅槃等一切種智之眞實正理。由平實導師講述，每逢一、三、五週之週末晚上開示，每逢二、四週之週末為重播班，供作後悟之菩薩補聞所未聽聞之法。增上班課程僅限已明心之會員參加。未來每逢講完十分之一內容時，便予出書流通；總共十輯，敬請期待。（註：《瑜伽師地論》從 2003 年二月開講，至 2022 年 2 月 19 日已經圓滿，為期 18 年整。）

4、**解深密經**詳解　本經所說妙法極為甚深難解，非唯論及佛法中心主旨的八識心王及般若實證之標的，亦論及眞見道之後轉入相見道位中應該修學之法，即是七眞如之觀行內涵，然後始可入地。亦論及見道之後，如何與解脫及佛菩提智相應，兼論十地進修之道，末論如來法身及四智圓明的一切種智境界。如是眞見道、相見道、諸地修行之義，傳至今時仍然可證，顯示佛法眞是義學而非玄談或思想，有實證之標的與內容，非學術界諸思惟研究者之所能到，乃是離言絕句之第八識第一義諦妙義。重講本經之目的，在於令諸已悟之人明解大乘佛法之成佛次第，以及悟後進修一切種智之內涵，確實證知三種自性性，並得據此證解七眞如、十眞如等正理，成就三無性的境界。已於 2021 年三月下旬起每逢週二的晚上公開宣講，由平實導師詳解。不限制聽講資格。

5、**精進禪三**　主三和尚：平實導師。於四天三夜中，以克勤圓悟大師及大慧宗杲之禪風，施設機鋒與小參、公案密意之開示，幫助會員剋期取證，親證不生不滅之眞實心——人人本有之如來藏。每年四月、十月各舉辦三個梯次；平實導師主持。僅限本會會員參加禪淨班共修期滿，報名審核通過者，方可參加。並選擇會中定力、慧力、福德三條件皆已具足之已明心會員，給以指引，令得眼見自己無形無相之佛性遍佈山河大地，眞實而無障礙，得以肉眼現觀世界身心悉皆如幻，具足成就如幻觀，圓滿十住菩薩之證境。

6、**阿含經**詳解　選擇重要之阿含部經典，依無餘涅槃之實際而加以詳解，令大眾得以現觀諸法緣起性空，亦復不墮斷滅見中，顯示經中所隱說之涅槃實際—如來藏—確實已於四阿含中隱說；令大眾得以聞後觀行，確實斷除我見乃至我執，證得**見到**眞現觀，乃至**身證**……等眞現觀；已得大乘或二乘見道者，亦可由此聞熏及聞後之觀行，除斷我所之貪著，成就慧解脫果。由平實導師詳解。不限制聽講資格。

7、**精選如來藏系經典**詳解　精選如來藏系經典一部，詳細解說，以此完全印證會員所悟如來藏之眞實，得入不退轉住。另行擇期詳細解說之，由平實導師講解。僅限已明心之會員參加。

8、**禪門差別智**　藉禪宗公案之微細淆訛難知難解之處，加以宣說及剖析，以增進明心、見性之功德，啓發差別智，建立擇法眼。每月第一週日全天，由平實導師開示，僅限破參明心後，復又眼見佛性者參加（事冗暫停）。

9、**枯木禪**　先講智者大師的《小止觀》，後說《釋禪波羅蜜》，詳解四禪八定之修證理論與實修方法，細述一般學人修定之邪見與岔路，及對禪定證境之誤會，消除枉用功夫、浪費生命之現象。已悟般若者，可以藉此而實修初禪，進入大乘通教及聲聞教的三果心解脫境界，配合應有的大福德及後得無分別智、十無盡願，即可進入初地心中。親教師：平實導師。未來緣熟時將於正覺寺開講。不限制聽講資格。

註：本會例行年假，自 2004 年起，改爲每年農曆新年前七天開始停息弘法事務及共修課程，農曆正月 8 日回復所有共修及弘法事務。新春期間（每日 9.00~17.00）開放台北講堂，方便會員禮佛祈福及會外人士請書。大溪區的正覺祖師堂，開放參訪時間，詳見〈正覺電子報〉或成佛之道網站。本表得因時節因緣需要而隨時修改之，不另作通知。

佛教正覺同修會　贈閱書籍 目錄

2021/8/30

1.**無相念佛**　平實導師著　回郵 36 元
2.**念佛三昧修學次第**　平實導師述著　回郵 52 元
3.**正法眼藏—護法集**　平實導師述著　回郵 76 元
4.**真假開悟簡易辨正法＆佛子之省思**　平實導師著　回郵 26 元
5.**生命實相之辨正**　平實導師著　回郵 31 元
6.**如何契入念佛法門**（附：印順法師否定極樂世界）平實導師著　回郵 26 元
7.**平實書箋**—答元覽居士書　平實導師著　回郵 52 元
8.**三乘唯識**—如來藏系經律彙編　平實導師編　回郵 80 元
（精裝本　長 27 cm　寬 21 cm　高 7.5 cm　重 2.8 公斤）
9.**三時繫念全集**—修正本　回郵掛號 52 元（長 26.5 cm×寬 19 cm）
10.**明心與初地**　平實導師述　回郵 31 元
11.**邪見與佛法**　平實導師述著　回郵 36 元
12.**甘露法雨**　平實導師述　回郵 36 元
13.**我與無我**　平實導師述　回郵 36 元
14.**學佛之心態**—修正錯誤之學佛心態始能與正法相應　孫正德老師著　回郵52元
附錄：平實導師著**《略說八、九識並存…等之過失》**
15.**大乘無我觀**—《悟前與悟後》別說　平實導師述著　回郵 36 元
16.**佛教之危機**—中國台灣地區現代佛教之真相（附錄：公案拈提六則）
平實導師著　回郵 52 元
17.**燈　影**—燈下黑（覆「求教後學」來函等）　平實導師著　回郵 76 元
18.**護法與毀法**—覆上平居士與徐恒志居士網站毀法二文
張正圜老師著　回郵 76 元
19.**淨土聖道**—兼評**選擇本願念佛**　正德老師著　**由正覺同修會購贈**　回郵52元
20.**辨唯識性相**—對「紫蓮心海《辯唯識性相》書中否定阿賴耶識」之回應
正覺同修會 台南共修處法義組 著　回郵52元
21.**假如來藏**—對法蓮法師《如來藏與阿賴耶識》書中否定阿賴耶識之回應
正覺同修會 台南共修處法義組 著　回郵 76 元
22.**入不二門**—公案拈提集錦 第一輯（於平實導師公案拈提諸書中選錄約二十則，
合輯爲一冊流通之）平實導師著　回郵 52 元
23.**真假邪說**—西藏密宗索達吉喇嘛《破除邪說論》真是邪說
釋正安法師著　上、下冊回郵各 52 元
24.**真假開悟**—真如、如來藏、阿賴耶識間之關係　平實導師述著　回郵 76 元
25.**真假禪和**—辨正釋傳聖之謗法謬說　孫正德老師著　回郵76 元

26.**眼見佛性**—駁慧廣法師眼見佛性的含義文中謬說

游正光老師著　回郵 52 元

27.**普門自在**—公案拈提集錦 第二輯（於平實導師公案拈提諸書中選錄約二十則，合輯為一冊流通之）平實導師著　回郵 52 元

28.**印順法師的悲哀**—以現代禪的質疑為線索　恒毓博士著　回郵 52 元

29.**識蘊真義**—現觀識蘊內涵、取證初果、親斷三縛結之具體行門。

—依《成唯識論》及《唯識述記》正義，略顯安慧《大乘廣五蘊論》之邪謬

平實導師著　回郵 76 元

30.**正覺電子報** 各期紙版本　免附回郵　每次最多函索三期或三本。

（已無存書之較早各期，不另增印贈閱）

31.**現代人應有的宗教觀**　蔡正禮老師 著　回郵31 元

32.**遠惑趣道**—正覺電子報般若信箱問答錄　第一輯　回郵52 元

33.**遠惑趣道**—正覺電子報般若信箱問答錄　第二輯　回郵52 元

34.**確保您的權益**—器官捐贈應注意自我保護　游正光老師 著　回郵31 元

35.**正覺教團電視弘法三乘菩提 DVD 光碟（一）**

由正覺教團多位親教師共同講述錄製 DVD 8 片，MP3 一片，共 9 片。有二大講題：一為「三乘菩提之意涵」，二為「學佛的正知見」。內容精闢，深入淺出，精彩絕倫，幫助大眾快速建立三乘法道的正知見，免被外道邪見所誤導。有志修學三乘佛法之學人不可不看。（製作工本費 100 元，回郵 52 元）

36.**正覺教團電視弘法 DVD 專輯（二）**

總有二大講題：一為「三乘菩提之念佛法門」，一為「學佛正知見（第二篇）」，由正覺教團多位親教師輪番講述，內容詳細闡述如何修學念佛法門、實證念佛三昧，以及學佛應具有的正確知見，可以幫助發願往生西方極樂淨土之學人，得以把握往生，更可令學人快速建立三乘法道的正知見，免於被外道邪見所誤導。有志修學三乘佛法之學人不可不看。（一套 17 片，工本費 160 元。回郵 76 元）

37.**喇嘛性世界**—揭開假藏傳佛教譚崔瑜伽的面紗　張善思 等人合著

由正覺同修會購贈　回郵 52 元

38.**假藏傳佛教的神話**—性、謊言、喇嘛教　張正玄教授編著

由正覺同修會購贈　回郵 52 元

39.**隨　緣**—理隨緣與事隨緣　平實導師述　回郵 52 元。

40.**學佛的覺醒**　正枝居士 著　回郵 52 元

41.**導師之真實義**　蔡正禮老師 著　回郵 31 元

42.**淺談達賴喇嘛之雙身法**—兼論解讀「密續」之達文西密碼

吳明芷居士 著　回郵 31 元

43.**魔界轉世**　張正玄居士 著　回郵 31 元

44.**一貫道與開悟**　蔡正禮老師 著　回郵 31 元

45.**博愛**—愛盡天下女人　正覺教育基金會 編印　回郵 36 元

46.**意識虛妄經教彙編**—實證解脫道的關鍵經文　正覺同修會編印　回郵36元

47.**邪箭囈語**—破斥藏密外道多識仁波切《破魔金剛箭雨論》之邪說

陸正元老師著　上、下冊回郵各52元

48.**真假沙門**—依 佛聖教闡釋佛教僧寶之定義

蔡正禮老師著　俟正覺電子報連載後結集出版

49.**真假禪宗**—藉評論釋性廣《印順導師對變質禪法之批判及對禪宗之肯定》以顯示真假禪宗

附論一：凡夫知見 無助於佛法之信解行證

附論二：世間與出世間一切法皆從如來藏實際而生而顯

余正偉老師著　俟正覺電子報連載後結集出版　回郵未定

★ 上列贈書之郵資，係台灣本島地區郵資，大陸、港、澳地區及外國地區，請另計酌增（大陸、港、澳、國外地區之郵票不許通用）。尚未出版之書，請勿先寄來郵資，以免增加作業煩擾。

★ 本目錄若有變動，唯於後印之書籍及「成佛之道」網站上修正公佈之，不另行個別通知。

函索書籍請寄：佛教正覺同修會　103台北市承德路3段277號9樓
台灣地區函索書籍者請附寄郵票，無時間購買郵票者可以等值現金抵用，但不接受郵政劃撥、支票、匯票。大陸地區得以人民幣計算，國外地區請以美元計算（請勿寄來當地郵票，在台灣地區不能使用）。欲以掛號寄遞者，請另附掛號郵資。

親自索閱：正覺同修會各共修處。　★請於共修時間前往取書，餘時無人在道場，請勿前往索取；共修時間與地點，詳見書末正覺同修會共修現況表（以近期之共修現況表為準）。

註：正智出版社發售之局版書，請向各大書局購閱。若書局之書架上已經售出而無陳列者，請向書局櫃台指定洽購；若書局不便代購者，請於正覺同修會共修時間前往各共修處請購，正智出版社已派人於共修時間送書前往各共修處流通。 郵政劃撥購書及 大陸地區 購書，請詳別頁正智出版社發售書籍目錄最後頁之說明。

成佛之道 網站：http://www.a202.idv.tw　正覺同修會已出版之結緣書籍，多已登載於 成佛之道 網站，若住外國、或住處遙遠，不便取得正覺同修會贈閱書籍者，可以從本網站閱讀及下載。

＊＊假藏傳佛教修雙身法，非佛教＊＊

正智出版社 籌募弘法基金發售書籍目錄 2022/12/27

1.**宗門正眼**—公案拈提 第一輯 重拈 平實導師著 500元
因重寫內容大幅度增加故，字體必須改小，並增爲576頁 主文546頁。比初版更精彩、更有內容。初版《禪門摩尼寶聚》之讀者，可寄回本公司免費調換新版書。免附回郵，亦無截止期限。（2007年起，每冊附贈本公司精製公案拈提〈超意境〉CD一片。市售價格280元，多購多贈。）

2.**禪淨圓融** 平實導師著 200元（第一版舊書可換新版書。）

3.**真實如來藏** 平實導師著 400元

4.**禪—悟前與悟後** 平實導師著 上、下冊，每冊250元

5.**宗門法眼**—公案拈提 第二輯 平實導師著 500元
（2007年起，每冊附贈本公司精製公案拈提〈超意境〉CD一片）

6.**楞伽經詳解** 平實導師著 全套共10輯 每輯250元

7.**宗門道眼**—公案拈提 第三輯 平實導師著 500元
（2007年起，每冊附贈本公司精製公案拈提〈超意境〉CD一片）

8.**宗門血脈**—公案拈提 第四輯 平實導師著 500元
（2007年起，每冊附贈本公司精製公案拈提〈超意境〉CD一片）

9.**宗通與說通**—成佛之道 平實導師著 主文381頁 全書400頁售價300元

10.**宗門正道**—公案拈提 第五輯 平實導師著 500元
（2007年起，每冊附贈本公司精製公案拈提〈超意境〉CD一片）

11.**狂密與真密** 一～四輯 平實導師著 西藏密宗是人間最邪淫的宗教，本質不是佛教，只是披著佛教外衣的印度教性力派流毒的喇嘛教。此書中將西藏密宗密傳之男女雙身合修樂空雙運所有祕密與修法，毫無保留完全公開，並將全部喇嘛們所不知道的部分也一併公開。內容比大辣出版社喧騰一時的《西藏慾經》更詳細。並且函蓋藏密的所有祕密及其錯誤的中觀見、如來藏見……等，藏密的所有法義都在書中詳述、分析、辨正。每輯主文三百餘頁 每輯全書約400頁 售價每輯300元

12.**宗門正義**—公案拈提 第六輯 平實導師著 500元
（2007年起，每冊附贈本公司精製公案拈提〈超意境〉CD一片）

13.**心經密意**—心經與解脫道、佛菩提道、祖師公案之關係與密意 平實導師述 300元

14.**宗門密意**—公案拈提 第七輯 平實導師著 500元
（2007年起，每冊附贈本公司精製公案拈提〈超意境〉CD一片）

15.**淨土聖道**—兼評「選擇本願念佛」 正德老師著 200元

16.**起信論講記** 平實導師述著 共六輯 每輯三百餘頁 售價各250元

17.**優婆塞戒經講記**　平實導師述著 共八輯 每輯三百餘頁 售價各250元

18.**真假活佛**——略論附佛外道盧勝彥之邪說（對前岳靈犀網站主張「盧勝彥是證悟者」之修正）　正犀居士（岳靈犀）著　流通價140元

19.**阿含正義**——唯識學探源　平實導師著　共七輯　每輯300元

20.**超意境** CD 以平實導師公案拈提書中超越意境之頌詞，加上曲風優美的旋律，錄成令人嚮往的超意境歌曲，其中包括正覺發願文及平實導師親自譜成的黃梅調歌曲一首。詞曲雋永，殊堪翫味，可供學禪者吟詠，有助於見道。內附設計精美的彩色小冊，解說每一首詞的背景本事。每片280元。【每購買公案拈提書籍一冊，即贈送一片。】

21.**菩薩底憂鬱** CD 將菩薩情懷及禪宗公案寫成新詞，並製作成超越意境的優美歌曲。 1.主題曲〈菩薩底憂鬱〉，描述地後菩薩能離三界生死而迴向繼續生在人間，但因尚未斷盡習氣種子而有極深沈之憂鬱，非三賢位菩薩及二乘聖者所知，此憂鬱在七地滿心位方才斷盡；本曲之詞中所說義理極深，昔來所未曾見；此曲係以優美的情歌風格寫詞及作曲，聞者得以激發嚮往諸地菩薩境界之大心，詞、曲都非常優美，難得一見；其中勝妙義理之解說，已印在附贈之彩色小冊中。 2.以各輯公案拈提中直示禪門入處之頌文，作成各種不同曲風之超意境歌曲，值得玩味、參究；聆聽公案拈提之優美歌曲時，請同時閱讀內附之印刷精美說明小冊，可以領會超越三界的證悟境界；未悟者可以因此引發求悟之意向及疑情，眞發菩提心而邁向求悟之途，乃至因此眞實悟入般若，成眞菩薩。 3.正覺總持咒新曲，總持佛法大意；總持咒之義理，已加以解說並印在隨附之小冊中。本CD共有十首歌曲，長達63分鐘。每盒各附贈二張購書優惠券。每片320元。

22.**禪意無限** CD 平實導師以公案拈提書中偈頌寫成不同風格曲子，與他人所寫不同風格曲子共同錄製出版，幫助參禪人進入禪門超越意識之境界。盒中附贈彩色印製的精美解說小冊，以供聆聽時閱讀，令參禪人得以發起參禪之疑情，即有機會證悟本來面目而發起實相智慧，實證大乘菩提般若，能如實證知般若經中的眞實意。本 CD 共有十首歌曲，長達69分鐘，每盒各附贈二張購書優惠券。每片320元。

23.**我的菩提路**第一輯　釋悟圓、釋善藏等人合著　售價300元

24.**我的菩提路**第二輯　郭正益等人合著　售價300元

（初版首刷至第四刷，都可以寄來免費更換爲第二版，免附郵費）

25.**我的菩提路**第三輯　王美伶等人合著　售價300元

26.**我的菩提路**第四輯　陳晏平等人合著　售價 300 元
27.**我的菩提路**第五輯　林慈慧等人合著　售價 300 元
28.**我的菩提路**第六輯　劉惠莉等人合著　售價 300 元
29.**我的菩提路**第七輯　余正偉等人合著　售價 300 元
30.**鈍鳥與靈龜**—考證後代凡夫對大慧宗杲禪師的無根誹謗。
平實導師著 共 458 頁 售價 350 元
31.**維摩詰經講記** 平實導師述 共六輯 每輯三百餘頁 售價各 250 元
32.**真假外道**—破劉東亮、杜大威、釋證嚴常見外道見　正光老師著　200 元
33.**勝鬘經講記**—兼論印順《勝鬘經講記》對於《勝鬘經》之誤解。
平實導師述　共六輯　每輯三百餘頁　售價 250 元
34.**楞嚴經講記** 平實導師述 共 15 輯，每輯三百餘頁 售價 300 元
35.**明心與眼見佛性**—駁慧廣〈蕭氏「眼見佛性」與「明心」之非〉文中謬說
正光老師著　共 448 頁　售價 300 元
36.**見性與看話頭** 黃正倖老師 著，本書是禪宗參禪的方法論。
內文 375 頁，全書 416 頁，售價 300 元。
37.**達賴真面目**—玩盡天下女人 白正偉老師 等著 中英對照彩色精裝大本 800 元
38.**喇嘛性世界**—揭開假藏傳佛教譚崔瑜伽的面紗　張善思 等人著　200 元
39.**假藏傳佛教的神話**—性、謊言、喇嘛教　正玄教授編著　200 元
40.**金剛經宗通**　平實導師述　共九輯　每輯售價 250 元。
41.**空行母**—性別、身分定位，以及藏傳佛教。
珍妮·坎貝爾著 呂艾倫 中譯 售價 250 元
42.**末代達賴**—性交教主的悲歌　張善思、呂艾倫、辛燕編著 售價 250 元
43.**霧峰無霧**—給哥哥的信　辨正釋印順對佛法的無量誤解
游宗明 老師著　售價 250 元
44.**霧峰無霧**—第二輯—救護佛子向正道　細說釋印順對佛法的各類誤解
游宗明 老師著　售價 250 元
45.**第七意識與第八意識？**—穿越時空「超意識」
平實導師述　每冊 300 元
46.**黯淡的達賴**—失去光彩的諾貝爾和平獎
正覺教育基金會編著　每冊 250 元
47.**童女迦葉考**—論呂凱文〈佛教輪迴思想的論述分析〉之謬。
平實導師 著 定價 180 元
48.**人間佛教**—實證者必定不悖三乘菩提
平實導師 述，定價 400 元

49.**實相經宗通**　平實導師述　共八輯　每輯 250 元
50.**真心告訴您(一)**—達賴喇嘛在幹什麼？
正覺教育基金會編著　售價 250 元
51.**中觀金鑑**—詳述應成派中觀的起源與其破法本質
孫正德老師著　分爲上、中、下三冊，每冊 250 元
52.**藏傳佛教要義**—《狂密與真密》之簡體字版　平實導師 著 上、下冊
僅在大陸流通　每冊 300 元
53.**法華經講義**　平實導師述　共二十五輯　每輯三百餘頁 售價 300 元
54.**西藏「活佛轉世」制度**—附佛、造神、世俗法
許正豐、張正玄老師合著　定價 150 元
55.**廣論三部曲**　郭正益老師著　定價 150 元
56.**真心告訴您(二)**—達賴喇嘛是佛教僧侶嗎？
—補祝達賴喇嘛八十大壽
正覺教育基金會編著　售價 300 元
57.**次法**—實證佛法前應有的條件
張善思居士著　分爲上、下二冊，每冊 250 元
58.**涅槃**—解說四種涅槃之實證及內涵　平實導師著 上、下冊 各 350 元
59.**山法**—西藏關於他空與佛藏之根本論
篤補巴・喜饒堅贊著　傑弗里・霍普金斯英譯
張火慶教授、呂艾倫老師中譯　精裝大本 1200 元
60.**佛藏經講義**　平實導師述　共二十一輯 每輯三百餘頁 售價 300 元。
61.**成唯識論**　大唐 玄奘菩薩所著鉅論。重新正確斷句，並以不同字體及標點符號顯示質疑文，令得易讀。全書 288 頁，精裝大本 400 元。
62.**大法鼓經講義**　平實導師講述 2023 年 1 月 30 日開始出版 共六輯 每二個月出版一輯，每輯 300 元
63.**成唯識論釋**—詳解大唐玄奘菩薩所著《成唯識論》，平實導師述著。共十輯，於每講完一輯的分量以後即予出版，預計 2023 年五月出版第一輯，以後每七到九個月出版一輯，每輯 400 元。
64.**假鋒虛焰金剛乘**—揭示顯密正理，兼破索達吉師徒《般若鋒兮金剛焰》
釋正安法師著 簡體字版 即將出版 售價未定
65.**廣論之平議**—宗喀巴《菩提道次第廣論》之平議　正雄居士著
約二或三輯　俟正覺電子報連載後結集出版　書價未定
66.**不退轉法輪經講義** 平實導師講述 《大法鼓經講義》出版後發行
67.**八識規矩頌**詳解　○○居士 註解　出版日期另訂　書價未定。

68.**中觀正義**—註解平實導師《中論正義頌》。

○○法師（居士）著　出版日期未定　書價未定

69.**中論正義**—釋龍樹菩薩《中論》頌正理。

孫正德老師著　出版日期未定　書價未定

70.**中國佛教史**—依中國佛教正法史實而論。○○老師 著　書價未定。

71.**印度佛教史**—法義與考證。依法義史實評論印順《印度佛教思想史、佛教史地考論》之謬說　正偉老師著　出版日期未定　書價未定

72.**阿含經講記**—將選錄四阿含中數部重要經典全經講解之，講後整理出版。

平實導師述　約二輯　每輯300元　出版日期未定

73.**寶積經講記**　平實導師述　每輯三百餘頁　優惠價300元　出版日期未定

74.**解深密經講義**　平實導師述　約四輯　將於重講後整理出版

75.**修習止觀坐禪法要講記**　平實導師述　每輯三百餘頁

將於正覺寺建成後重講、以講記逐輯出版　出版日期未定

76.**無門關**—《無門關》公案拈提　平實導師著　出版日期未定

77.**中觀再論**—兼述印順《中觀今論》謬誤之平議。正光老師著　出版日期未定

78.**輪迴與超度**—佛教超度法會之真義。

○○法師（居士）著　出版日期未定　書價未定

79.**《釋摩訶衍論》平議**—對偽稱龍樹所造《釋摩訶衍論》之平議

○○法師（居士）著　出版日期未定　書價未定

80.**正覺發願文**註解—以真實大願為因　得證菩提

正德老師著　出版日期未定　書價未定

81.**正覺總持咒**—佛法之總持　正圜老師著　出版日期未定　書價未定

82.**三自性**—依四食、五蘊、十二因緣、十八界法，說三性三無性。

作者未定　出版日期未定

83.**道品**—從三自性說大小乘三十七道品　作者未定　出版日期未定

84.**大乘緣起觀**—依四聖諦七真如現觀十二緣起　作者未定　出版日期未定

85.**三德**—論解脫德、法身德、般若德。　作者未定　出版日期未定

86.**真假如來藏**—對印順《如來藏之研究》謬說之平議　作者未定　出版日期未定

87.**大乘道次第**　作者未定　出版日期未定　書價未定

88.**四緣**—依如來藏故有四緣。　作者未定　出版日期未定

89.**空之探究**—印順《空之探究》謬誤之平議　作者未定　出版日期未定

90.**十法義**—論阿含經中十法之正義　作者未定　出版日期未定

91.**外道見**—論述外道六十二見　作者未定　出版日期未定

正智出版社有限公司書籍介紹

禪淨圓融：言淨土諸祖所未曾言，示諸宗祖師所未曾示；禪淨圓融，另闢成佛捷徑，兼顧自力他力，闡釋淨土門之速行易行道，亦同時揭櫫聖教門之速行易行道；令廣大淨土行者得免緩行難證之苦，亦令聖道門行者得以藉著淨土速行道而加快成佛之時劫。乃前無古人之超勝見地，非一般弘揚禪淨法門典籍也，先讀爲快。平實導師著200元。

宗門正眼—**公案拈提**第一輯：繼承克勤圜悟大師碧巖錄宗旨之禪門鉅作。先則舉示當代大法師之邪說，消弭當代禪門大師鄉愿之心態，摧破當今禪門「世俗禪」之妄談；次則旁通教法，表顯宗門正理；繼以道之次第，消弭古今狂禪；後藉言語及文字機鋒，直示宗門入處。悲智雙運，禪味十足，數百年來難得一睹之禪門鉅著也。平實導師著 500元（原初版書《禪門摩尼寶聚》，改版後補充爲五百餘頁新書，總計多達二十四萬字，內容更精彩，並改名爲《宗門正眼》，讀者原購初版《禪門摩尼寶聚》皆可寄回本公司免費換新，免附回郵，亦無截止期限）（2007年起，凡購買公案拈提第一輯至第七輯，每購一輯皆贈送本公司精製公案拈提〈超意境〉CD一片，市售價格280元，多購多贈）。

禪—悟前與悟後：本書能建立學人悟道之信心與正確知見，圓滿具足而有次第地詳述禪悟之功夫與禪悟之內容，指陳參禪中細微淆訛之處，能使學人明自眞心、見自本性。若未能悟入，亦能以正確知見辨別古今中外一切大師究係眞悟？或屬錯悟？便有能力揀擇，捨名師而選明師，後時必有悟道之緣。一旦悟道，遲者七次人天往返，便出三界，速者一生取辦。學人欲求開悟者，不可不讀。　平實導師著。上、下冊共500元，單冊250元。

眞實如來藏：如來藏眞實存在，乃宇宙萬有之本體，並非印順法師、達賴喇嘛等人所說之「唯有名相、無此心體」。如來藏是涅槃之本際，是一切有智之人竭盡心智、不斷探索而不能得之生命實相；是古今中外許多大師自以爲悟而當面錯過之生命實相。如來藏即是阿賴耶識，乃是一切有情本自具足、不生不滅之眞實心。當代中外大師於此書出版之前所未能言者，作者於本書中盡情流露、詳細闡釋。眞悟者讀之，必能增益悟境、智慧增上；錯悟者讀之，必能檢討自己之錯誤，免犯大妄語業；未悟者讀之，能知參禪之理路，亦能以之檢查一切名師是否眞悟。此書是一切哲學家、宗教家、學佛者及欲昇華心智之人必讀之鉅著。　平實導師著　售價400元。

宗門法眼—**公案拈提**第二輯：列舉實例，闡釋土城廣欽老和尚之悟處；並直示這位不識字的老和尚妙智橫生之根由，繼而剖析禪宗歷代大德之開悟公案，解析當代密宗高僧卡盧仁波切之錯悟證據，並例舉當代顯宗高僧、大居士之錯悟證據（凡健在者，爲免影響其名聞利養，皆隱其名）。藉辨正當代名師之邪見，向廣大佛子指陳禪悟之正道，彰顯宗門法眼。悲勇兼出，強捋虎鬚；慈智雙運，巧探驪龍；摩尼寶珠在手，直示宗門入處，禪味十足；若非大悟徹底，不能爲之。禪門精奇人物，允宜人手一冊，供作參究及悟後印證之圭臬。本書於2008年4月改版，增寫為大約500頁篇幅，以利學人研讀參究時更易悟入宗門正法，以前所購初版首刷及初版二刷舊書，皆可免費換取新書。平實導師著 500元（2007年起，凡購買公案拈提第一輯至第七輯，每購一輯皆贈送本公司精製公案拈提〈超意境〉CD一片，市售價格280元，多購多贈）。

宗門道眼—**公案拈提**第三輯：繼宗門法眼之後，再以金剛之作略、慈悲之胸懷、犀利之筆觸，舉示寒山、拾得、布袋三大士之悟處，消弭當代錯悟者對於寒山大士……等之誤會及誹謗。亦舉出民初以來與虛雲和尚齊名之蜀郡鹽亭袁煥仙夫子——南懷瑾老師之師，其「悟處」何在？並蒐羅許多眞悟祖師之證悟公案，顯示禪宗歷代祖師之睿智，指陳部分祖師、奧修及當代顯密大師之謬悟，作爲殷鑑，幫助禪子建立及修正參禪之方向及知見。假使讀者閱此書已，一時尚未能悟，亦可一面加功用行，一面以此宗門道眼辨別眞假善知識，避開錯誤之印證及歧路，可免大妄語業之長劫慘痛果報。欲修禪宗之禪者，務請細讀。平實導師著 售價500元（2007年起，凡購買公案拈提第一輯至第七輯，每購一輯皆贈送本公司精製公案拈提〈超意境〉CD一片，市售價格280元，多購多贈）。

楞伽經詳解：本經是禪宗見道者印證所悟眞僞之根本經典，亦是禪宗見道者悟後起修之依據經典；故達摩祖師於印證二祖慧可大師之後，將此經典連同佛缽祖衣一併交付二祖，令其依此經典佛示金言、進入修道位，修學一切種智。由此可知此經對於眞悟之人修學佛道，是非常重要之一部經典。此經能破外道邪說，亦破佛門中錯悟名師之謬說，亦破禪宗部分祖師之狂禪：不讀經典、一向主張「一悟即成究竟佛」之謬執。並開示愚夫所行禪、觀察義禪、攀緣如禪、如來禪等差別，令行者對於三乘禪法差異有所分辨；亦糾正禪宗祖師古來對於如來禪之誤解，嗣後可免以訛傳訛之弊。此經亦是法相唯識宗之根本經典，禪者悟後欲修一切種智而入初地者，必須詳讀。　平實導師著，全套共十輯，已全部出版完畢，每輯主文約320頁，每冊約352頁，定價250元。

宗門血脈—**公案拈提**第**四**輯：末法怪象—許多修行人自以爲悟，每將無念靈知認作眞實；崇尚二乘法諸師及其徒眾，則將外於如來藏之緣起性空—無因論之無常空、斷滅空、一切法空—錯認爲 佛所說之般若空性。這兩種現象已於當今海峽兩岸及美加地區顯密大師之中普遍存在；人人自以爲悟，心高氣壯，便敢寫書解釋祖師證悟之公案，大多出於意識思惟所得，言不及義，錯誤百出，因此誤導廣大佛子同陷大妄語之地獄業中而不能自知。彼等書中所說之悟處，其實處處違背第一義經典之聖言量。彼等諸人不論是否身披袈裟，都非佛法宗門血脈，或雖有禪宗法脈之傳承，亦只徒具形式；猶如螟蛉，非眞血脈，未悟得根本眞實故。禪子欲知佛、祖之眞血脈者，請讀此書，便知分曉。平實導師著，主文452頁，全書464頁，定價500元（2007年起，凡購買公案拈提第一輯至第七輯，每購一輯皆贈送本公司精製公案拈提〈超意境〉CD一片，市售價格280元，多購多贈）。

宗通與說通：古今中外，錯誤之人如麻似粟，每以常見外道所說之靈知心，認作眞心；或妄想虛空之勝性能量爲眞如，或錯認物質四大元素藉冥性（靈知心本體）能成就吾人色身及知覺，或認初禪至四禪中之了知心爲不生不滅之涅槃心。此等皆非通宗者之見地。復有錯悟之人一向主張「宗門與教門不相干」，此即尚未通達宗門之人也。其實宗門與教門互通不二，宗門所證者乃是眞如與佛性，教門所說者乃說宗門證悟之眞如佛性，故教門與宗門不二。本書作者以宗教二門互通之見地，細說「宗通與說通」，從初見道至悟後起修之道、細說分明；並將諸宗諸派在整體佛教中之地位與次第，加以明確之教判，學人讀之即可了知佛法之梗概也。欲擇明師學法之前，允宜先讀。平實導師著，主文共381頁，全書392頁，只售成本價300元。

宗門正道—**公案拈提**第**五**輯：修學大乘佛法有二果須證解脫果及大菩提果。二乘人不證大菩提果，唯證解脫果；此果之智慧，名爲聲聞菩提、緣覺菩提。大乘佛子所證二果之菩提果爲佛菩提，故名大菩提果，其慧名爲一切種智函蓋二乘解脫果。然此大乘二果修證，須經由禪宗之宗門證悟方能相應。而宗門證悟極難，自古已然；其所以難者，咎在古今佛教界普遍存在三種邪見：1.以修定認作佛法，2.以無因論之緣起性空—否定涅槃本際如來藏以後之一切法空作爲佛法，3.以常見外道邪見（離語言妄念之靈知性）作爲佛法。如是邪見，或因自身正見未立所致，或因邪師之邪教導所致，或因無始劫來虛妄熏習所致。若不破除此三種邪見，永劫不悟宗門眞義、不入大乘正道，唯能外門廣修菩薩行。平實導師於此書中，有極爲詳細之說明，有志佛子欲摧邪見、入於內門修菩薩行者，當閱此書。主文共496頁，全書512頁。售價500元（2007年起，凡購買公案拈提第一輯至第七輯，每購一輯皆贈送本公司精製公案拈提〈超意境〉CD一片，市售價格280元，多購多贈）。

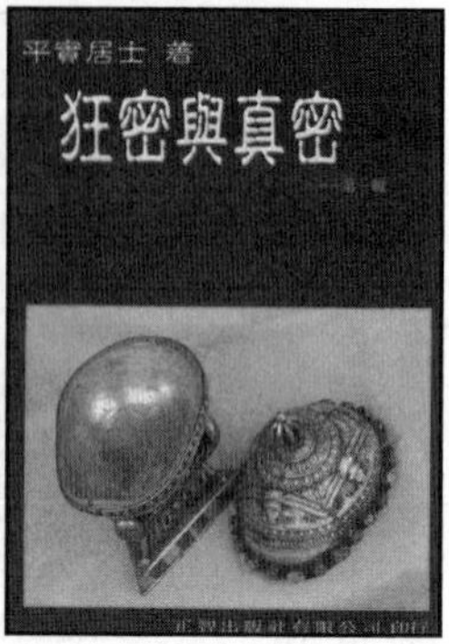

狂密與眞密：密教之修學，皆由有相之觀行法門而入，其最終目標仍不離顯教經典所說第一義諦之修證；若離顯教第一義經典、或違背顯教第一義經典，即非佛教。西藏密教之觀行法，如灌頂、觀想、遷識法、寶瓶氣、大聖歡喜雙身修法、喜金剛、無上瑜伽、大樂光明、樂空雙運等，皆是印度教兩性生生不息思想之轉化，自始至終皆以如何能運用交合淫樂之法達到全身受樂爲其中心思想，純屬欲界五欲的貪愛，不能令人超出欲界輪迴，更不能令人斷除我見；何況大乘之明心與見性，更無論矣！故密宗之法絕非佛法也。而其明光大手印、大圓滿法教，又皆同以常見外道所說離語言妄念之無念靈知心錯認爲佛地之眞如，不能直指不生不滅之眞如。西藏密宗所有法王與徒眾，都尚未開頂門眼，不能辨別眞僞，以依人不依法、依密續不依經典故，不肯將其上師喇嘛所說對照第一義經典，純依密續之藏密祖師所說爲準，因此而誇大其證德與證量，動輒謂彼祖師上師爲究竟佛、爲地上菩薩；如今台海兩岸亦有自謂其師證量高於 釋迦文佛者，然觀其師所述，猶未見道，仍在觀行即佛階段，尚未到禪宗相似即佛、分證即佛階位，竟敢標榜爲究竟佛及地上法王，誑惑初機學人。凡此怪象皆是狂密，不同於眞密之修行者。近年狂密盛行，密宗行者被誤導者極眾，動輒自謂已證佛地眞如，自視爲究竟佛，陷於大妄語業中而不知自省，反謗顯宗眞修實證者之證量粗淺；或如義雲高與釋性圓…等人，於報紙上公然誹謗眞實證道者爲「騙子、無道人、人妖、癩蛤蟆…」等，造下誹謗大乘勝義僧之大惡業；或以外道法中有爲有作之甘露、魔術……等法，誑騙初機學人，狂言彼外道法爲眞佛法。如是怪象，在西藏密宗及附藏密之外道中，不一而足，舉之不盡，學人宜應愼思明辨，以免上當後又犯毀破菩薩戒之重罪。密宗學人若欲遠離邪知邪見者，請閱此書，即能了知密宗之邪謬，從此遠離邪見與邪修，轉入眞正之佛道。

平實導師著 共四輯 每輯約400頁（主文約340頁）每輯售價300元。

宗門正義——公案拈提第六輯：佛教有六大危機，乃是藏密化、世俗化、膚淺化、學術化、宗門密意失傳、悟後進修諸地之次第混淆；其中尤以宗門密意之失傳，爲當代佛教最大之危機。由宗門密意失傳故，易令世尊本懷普被錯解，易令世尊正法被轉易爲外道法，以及加以淺化、世俗化，是故宗門密意之廣泛弘傳與具緣佛弟子，極爲重要。然而欲令宗門密意之廣泛弘傳予具緣之佛弟子者，必須同時配合錯誤知見之解析、普令佛弟子知之，然後輔以公案解析之直示入處，方能令具緣之佛弟子悟入。而此二者，皆須以公案拈提之方式爲之，方易成其功、竟其業，是故平實導師續作宗門正義一書，以利學人。全書500餘頁，售價500元（2007年起，凡購買公案拈提第一輯至第七輯，每購一輯皆贈送本公司精製公案拈提〈超意境〉CD一片，市售價格280元，多購多贈）。

心經密意——心經與解脫道、佛菩提道、祖師公案之關係與密意。二乘菩提所證之解脫道，實依第八識心之斷除煩惱障現行而立解脫之名；大乘菩提所證之佛菩提道，實依親證第八識如來藏之涅槃性、清淨自性、及其中道性而立般若之名；禪宗祖師公案所證之眞心，即是此第八識如來藏；是故三乘佛法所修所證之三乘菩提，皆依此如來藏心而立名也。此第八識心，即是《心經》所說之心也。證得此如來藏已，即能漸入大乘佛菩提道，亦可因證知此心而了知二乘無學所不能知之無餘涅槃本際，是故《心經》之密意，與三乘佛菩提之關係極爲密切、不可分割，三乘佛法皆依此心而立名故。今者平實導師以其所證解脫道之無生智及佛菩提之般若種智，將《心經》與解脫道、佛菩提道、祖師公案之關係與密意，以演講之方式，用淺顯之語句和盤托出，發前人所未言，呈三乘菩提之眞義，令人藉此《心經密意》一舉而窺三乘菩提之堂奧，迴異諸方言不及義之說；欲求眞實佛智者、不可不讀！主文317頁，連同跋文及序文…等共384頁，售價300元。

宗門密意—公案拈提第七輯：佛教之世俗化，將導致學人以信仰作爲學佛，則將以感應及世間法之庇祐，作爲學佛之主要目標，不能了知學佛之主要目標爲親證三乘菩提。大乘菩提則以般若實相智慧爲主要修習目標，以二乘菩提解脫道爲附帶修習之標的；是故學習大乘法者，應以禪宗之證悟爲要務，能親入大乘菩提之實相般若智慧中故，般若實相智慧非二乘聖人所能知故。此書則以台灣世俗化佛教之三大法師，說法似是而非之實例，配合眞悟祖師之公案解析，提示證悟般若之關節，令學人易得悟入。平實導師著，全書五百餘頁，售價500元（2007年起，凡購買公案拈提第一輯至第七輯，每購一輯皆贈送本公司精製公案拈提〈超意境〉CD一片，市售價格280元，多購多贈）。

淨土聖道—兼評日本本願念佛：佛法甚深極廣，般若玄微，非諸二乘聖僧所能知之，一切凡夫更無論矣！所謂一切證量皆歸淨土是也！是故大乘法中「聖道之淨土、淨土之聖道」，其義甚深，難可了知；乃至眞悟之人，初心亦難知也。今有正德老師眞實證悟後，復能深探淨土與聖道之緊密關係，憐憫眾生之誤會淨土實義，亦欲利益廣大淨土行人同入聖道，同獲淨土中之聖道門要義，乃振奮心神、書以成文，今得刊行天下。主文279頁，連同序文等共301頁，總有十一萬六千餘字，正德老師著，成本價200元。

起信論講記：詳解大乘起信論**心生滅門**與**心眞如門**之眞實意旨，消除以往大師與學人對起信論所說**心生滅門**之誤解，由是而得了知眞心如來藏之非常非斷中道正理；亦因此一講解，令此論以往隱晦而被誤解之眞實義，得以如實顯示，令大乘佛菩提道之正理得以顯揚光大；初機學者亦可藉此正論所顯示之法義，對大乘法理生起正信，從此得以眞發菩提心，眞入大乘法中修學，世世常修菩薩正行。平實導師演述，共六輯，都已出版，每輯三百餘頁，售價250元。

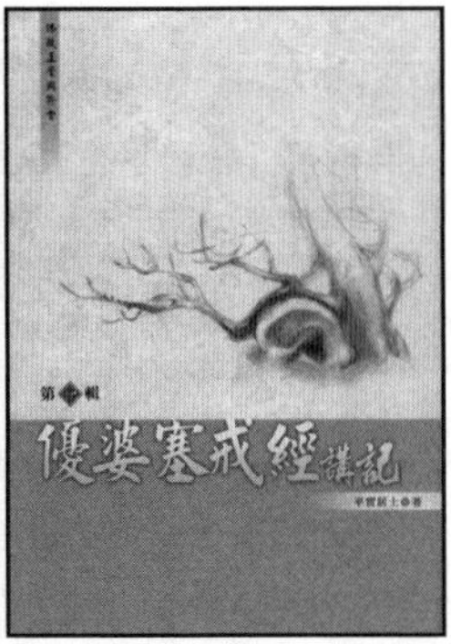

優婆塞戒經講記：本經詳述在家菩薩修學大乘佛法，應如何受持菩薩戒？對人間善行應如何看待？對三寶應如何護持？應如何正確地修集此世後世證法之福德？應如何修集後世「行菩薩道之資糧」？並詳述第一義諦之正義：五蘊非我非異我、自作自受、異作異受、不作不受……等深妙法義，乃是修學大乘佛法、行菩薩行之在家菩薩所應當了知者。出家菩薩今世或未來世登地已，捨報之後多數將如華嚴經中諸大菩薩，以在家菩薩身而修行菩薩行，故亦應以此經所述正理而修之，配合《楞伽經、解深密經、楞嚴經、華嚴經》等道次第正理，方得漸次成就佛道；故此經是一切大乘行者皆應證知之正法。平實導師講述，每輯三百餘頁，售價各250元；共八輯，已全部出版。

真假活佛—略論附佛外道盧勝彥之邪說：人人身中都有眞活佛，永生不滅而有大神用，但眾生都不了知，所以常被身外的西藏密宗假活佛籠罩欺瞞。本來就眞實存在的眞活佛，才是眞正的密宗無上密！諾那活佛因此而說禪宗是大密宗，但藏密的所有活佛都不知道、也不曾實證自身中的眞活佛。本書詳實宣示眞活佛的道理，舉證盧勝彥的「佛法」不是眞佛法，也顯示盧勝彥是假活佛，直接的闡釋第一義佛法見道的眞實正理。眞佛宗的所有上師與學人們，都應該詳細閱讀，包括盧勝彥個人在內。正犀居士著，優惠價140元。

阿含正義—唯識學探源：廣說四大部《阿含經》諸經中隱說之眞正義理，一一舉示佛陀本懷，令阿含時期初轉法輪根本經典之眞義，如實顯現於佛子眼前。並提示末法大師對於阿含眞義誤解之實例，一一比對之，證實唯識增上慧學確於原始佛法之阿含諸經中已隱覆密意而略說之，證實 世尊確於原始佛法中已曾密意而說第八識如來藏之總相；亦證實 世尊在四阿含中已說此藏識是名色十八界之因、之本—證明如來藏是能生萬法之根本心。佛子可據此修正以往受諸大師（譬如西藏密宗應成派中觀師：印順、昭慧、性廣、大願、達賴、宗喀巴、寂天、月稱、……等人）誤導之邪見，建立正見，轉入正道乃至親證初果而無困難；書中並詳說三果所證的**心解脫**，以及四果**慧解脫**的親證，都是如實可行的具體知見與行門。全書共七輯，已出版完畢。平實導師著，每輯三百餘頁，售價300元。

超意境CD：以平實導師公案拈提書中超越意境之頌詞，加上曲風優美的旋律，錄成令人嚮往的超意境歌曲，其中包括正覺發願文及平實導師親自譜成的黃梅調歌曲一首。詞曲雋永，殊堪翫味，可供學禪者吟詠，有助於見道。內附設計精美的彩色小冊，解說每一首詞的背景本事。每片280元。【每購買公案拈提書籍一冊，即贈送一片。】

菩薩底憂鬱CD將菩薩情懷及禪宗公案寫成新詞，並製作成超越意境的優美歌曲。1.主題曲〈菩薩底憂鬱〉，描述地後菩薩能離三界生死而迴向繼續生在人間，但因尚未斷盡習氣種子而有極深沈之憂鬱，非三賢位菩薩及二乘聖者所知，此憂鬱在七地滿心位方才斷盡；本曲之詞中所說義理極深，昔來所未曾見；此曲係以優美的情歌風格寫詞及作曲，聞者得以激發嚮往諸地菩薩境界之大心，詞、曲都非常優美，難得一見；其中勝妙義理之解說，已印在附贈之彩色小冊中。2.以各輯公案拈提中直示禪門入處之頌文，作成各種不同曲風之超意境歌曲，值得玩味、參究；聆聽公案拈提之優美歌曲時，請同時閱讀內附之印刷精美說明小冊，可以領會超越三界的證悟境界；未悟者可以因此引發求悟之意向及疑情，眞發菩提心而邁向求悟之途，乃至因此眞實悟入般若，成眞菩薩。3.正覺總持咒新曲，總持佛法大意；總持咒之義理，已加以解說並印在隨附之小冊中。本CD共有十首歌曲，長達63分鐘，附贈二張購書優惠券。每片320元。

禪意無限ＣＤ平實導師以公案拈提書中偈頌寫成不同風格曲子，與他人所寫不同風格曲子共同錄製出版，幫助參禪人進入禪門超越意識之境界。盒中附贈彩色印製的精美解說小冊，以供聆聽時閱讀，令參禪人得以發起參禪之疑情，即有機會證悟本來面目，實證大乘菩提般若。本CD共有十首歌曲，長達69分鐘，每盒各附贈二張購書優惠券。每片320元。

我的菩提路第一輯：凡夫及二乘聖人不能實證的佛菩提證悟，末法時代的今天仍然有人能得實證，由正覺同修會釋悟圓、釋善藏法師等二十餘位實證如來藏者所寫的見道報告，已爲當代學人見證宗門正法之絲縷不絕，證明大乘義學的法脈仍然存在，爲末法時代求悟般若之學人照耀出光明的坦途。由二十餘位大乘見道者所繕，敘述各種不同的學法、見道因緣與過程，參禪求悟者必讀。全書三百餘頁，售價300元。

我的菩提路第二輯：由郭正益老師等人合著，書中詳述彼等諸人歷經各處道場學法，一一修學而加以檢擇之不同過程以後，因閱讀正覺同修會、正智出版社書籍而發起抉擇分，轉入正覺同修會中修學；乃至學法及見道之過程，都一一詳述之。**本書已改版印製重新流通**，讀者原購的初版書，不論是第一刷或第二、三、四刷，都可以寄回換新，免附郵費。

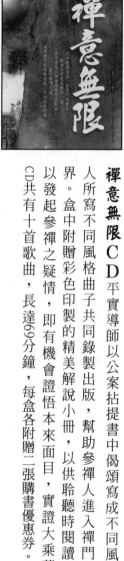

我的菩提路第三輯：由王美伶老師等人合著。自從正覺同修會成立以來，每年夏初、冬初都舉辦精進禪三共修，藉以助益會中同修們得以證悟明心發起般若實相智慧；凡已實證而被平實導師印證者，皆書具見道報告用以證明佛法之眞實可證而非玄學，證明佛法並非純屬思想、理論而無實質，是故每年都能有人證明正覺同修會的「實證佛教」主張並非虛語。特別是眼見佛性一法，自古以來中國禪宗祖師實證者極寡，較之明心開悟的證境更難令人信受；至2017年初，正覺同修會中的證悟明心者已近五百人，然而其中眼見佛性者至今唯十餘人爾，可謂難能可貴，是故明心後欲冀眼見佛性者實屬不易。黃正倖老師是懸絕七年無人見性後的第一人，她於2009年的見性報告刊於本書的第二輯中，爲大眾證明佛性確實可以眼見；其後七年之中求見性者都屬解悟佛性而無人眼見，幸而又經七年後的2016冬初，以及2017夏初的禪三，復有三人眼見佛性，希冀鼓舞四眾佛子求見佛性之大心，今則具載一則於書末，顯示求見佛性之事實經歷，供養現代佛教界欲得見性之四眾弟子。全書四百頁，售價300元，已於2017年6月30日發行。

我的菩提路第四輯：由陳晏平等人著。中國禪宗祖師往往有所謂「見性」之言，所言多屬看見如來藏具有能令人發起成佛之自性，並非《大般涅槃經》中 如來所說之眼見佛性。眼見佛性者，於親見佛性之時，即能於山河大地眼見自己佛性，亦能於他人身上眼見自己佛性及對方之佛性，如是境界無法爲尚未實證者解釋；勉強說之，縱使眞實明心證悟之人聞之，亦只能以自身明心之境界想像之，但不論如何想像多屬非量，能有正確之比量者亦是稀有，故說眼見佛性極爲困難。眼見佛性之人若所見極分明時，在所見佛性之境界下所眼見之山河大地、自己五蘊身心皆是虛幻，自有異於明心者之解脫功德受用，此後永不思證二乘涅槃，必定邁向成佛之道而進入第十住位中，已超第一阿僧祇劫三分有一，可謂之爲超劫精進也。今又有明心之後眼見佛性之人出於人間，將其明心及後來見性之報告，連同其餘證悟明心者之精彩報告一同收錄於此書中，供養眞求佛法實證之四眾佛子。全書380頁，售價300元，已於2018年6月30日發行。

我的菩提路第五輯：林慈慧老師等人著，本輯中所舉學人從相似正法中來到正覺同修會的過程，各人都有不同，發生的因緣亦是各有差別，然而都會指向同一個目標——證實生命實相的源底，確證自己生從何來、死往何去的事實，所以最後都證明佛法眞實而可親證，絕非玄學；本書將彼等諸人的始修及末後證悟之實例，羅列出來以供學人參考。本期亦有一位會裡的老師，是從1995年即開始追隨平實導師修學，1997年明心後持續進修不斷，直到2017年眼見佛性之實例，足可證明《大般涅槃經》中世尊開示眼見佛性之法正眞無訛，第十住位的實證在末法時代的今天仍有可能，如今一併具載於書中以供學人參考，並供養現代佛教界欲得見性之四眾弟子。全書四百頁，售價300元，已於2019年12月31日發行。

我的菩提路第六輯：劉惠莉老師等人著，本輯中舉示劉老師明心多年以後的眼見佛性實錄，供末法時代學人了知明心之異於見性本質，足可證明《大般涅槃經》中世尊開示眼見佛性之法正眞無訛。亦列舉多篇學人從各道場來到正覺學法之不同過程，以及如何發覺邪見之異於正法的所在，最後終能在正覺禪三中悟入的實況，以證明佛教正法仍在末法時代的人間繼續弘揚的事實，鼓舞一切眞實學法的菩薩大眾思之：我等諸人亦可有因緣證悟，絕非空想白思。約四百頁，售價300元，已於2020年6月30日發行。

我的菩提路第七輯：余正偉老師等人著，本輯中舉示余老師明心二十餘年以後的眼見佛性實錄，供末法時代學人了知明心異於見性之本質，並且舉示其見性後與平實導師互相討論眼見佛性之諸多疑訛處；除了證明《大般涅槃經》中 世尊開示眼見佛性之法正眞無訛以外，亦得一解明心後尚未見性者之所未知處，甚爲精彩。此外亦列舉多篇學人從各不同宗教進入正覺學法之不同過程，以及發覺諸方道場邪見之內容與過程，最終得於正覺精進禪三中悟入的實況，足供末法精進學人借鑑，以彼鑑己而生信心，得以投入了義正法中修學及實證。凡此，皆足以證明不唯明心所證之第七住位般若智慧及解脫功德仍可實證，乃至第十住位的實證與當場發起如幻觀之實證，於末法時代的今天皆仍有可能。本書約四百頁，售價300元。

明心與眼見佛性：本書細述明心與眼見佛性之異同，同時顯示了中國禪宗破初參明心與重關眼見佛性二關之間的關聯；書中又藉法義辨正而旁述其他許多勝妙法義，讀後必能遠離佛門長久以來積非成是的錯誤知見，令讀者在佛法的實證上有極大助益。也藉慧廣法師的謬論來教導佛門學人回歸正知正見，遠離古今禪門錯悟者所墮的意識境界，非唯有助於斷我見，也對未來的開悟明心實證第八識如來藏有所助益，是故學禪者都應細讀之。　游正光老師著　共448頁　售價 300元。

見性與看話頭：黃正偉老師的《見性與看話頭》於《正覺電子報》連載完畢，今集結出版。書中詳說禪宗看話頭的詳細方法，並細說看話頭與眼見佛性的關係，以及眼見佛性者求見佛性前必須具備的條件。本書是禪宗實修者追求明心開悟時參禪的方法書，也是求見佛性者作功夫時必讀的方法書，內容兼顧眼見佛性的理論與實修之方法，是依實修之體驗配合理論而詳述，條理分明而且極爲詳實、周全、深入。本書內文375頁，全書416頁，售價300元。

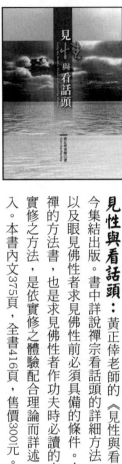

鈍鳥與靈龜：鈍鳥及靈龜二物，被宗門證悟者說爲二種人：前者是精修禪定而無智慧者，也是以定爲禪的愚癡禪人；後者是或有禪定、或無禪定的宗門證悟者，凡已證悟者皆是靈龜。但後者被人虛造事實，用以嘲笑大慧宗杲禪師，說他雖是靈龜，卻不免被天童禪師預記「患背」痛苦而亡：「鈍鳥離巢易，靈龜脫殼難。」藉以貶低大慧宗杲的證量。同時將天童禪師實證如來藏的證量，曲解爲意識境界的離念靈知。自從大慧禪師入滅以後，錯悟凡夫對他的不實毀謗就一直存在著，不曾止息，並且捏造的假事實也隨著年月的增加而越來越多，終至編成「鈍鳥與靈龜」的假公案、假故事。本書是考證大慧與天童之間的不朽情誼，顯現這件假公案的虛妄不實；更見大慧宗杲面對惡勢力時的正直不阿，亦顯示大慧對天童禪師的至情深義，將使後人對大慧宗杲的誣謗至此而止，不再有人誤犯毀謗賢聖的惡業。書中亦舉證宗門的所悟確以第八識如來藏爲標的，詳讀之後必可改正以前被錯悟大師誤導的參禪知見，日後必定有助於實證禪宗的開悟境界，得階大乘眞見道位中，即是實證般若之賢聖。全書459頁，售價350元。

維摩詰經講記：本經係 世尊在世時，由等覺菩薩維摩詰居士藉疾病而演說之大乘菩提無上妙義，所說函蓋甚廣，然極簡略，是故今時諸方大師與學人讀之悉皆錯解，何況能知其中隱含之深妙正義，是故普遍無法爲人解說；若強爲人說，則成依文解義而有諸多過失。今由平實導師公開宣講之後，詳實解釋其中密意，令維摩詰菩薩所說大乘不可思議解脫之深妙正法得以正確宣流於人間，利益當代學人及與諸方大師。書中詳實演述大乘佛法深妙不共二乘之智慧境界，顯示諸法之中絕待之實相境界，建立大乘菩薩妙道於永遠不敗不壞之地，以此成就護法偉功，欲冀永利娑婆人天。已經宣講圓滿整理成書流通，以利諸方大師及諸學人。全書共六輯，每輯三百餘頁，售價各250元。

真假外道：本書具體舉證佛門中的常見外道知見實例，並加以教證及理證上的辨正，幫助讀者輕鬆而快速的了知常見外道的錯誤知見，進而遠離佛門內外的常見外道知見，因此即能改正修學方向而快速實證佛法。游正光老師著　。成本價200元。

勝鬘經講記：如來藏爲三乘菩提之所依，若離如來藏心體及其含藏之一切種子，即無三界有情及一切世間法，亦無二乘菩提緣起性空之出世間法；本經詳說無始無明、一念無明皆依如來藏而有之正理，藉著詳解煩惱障與所知障間之關係，令學人深入了知二乘菩提與佛菩提相異之妙理；聞後即可了知佛菩提之特勝處及三乘修道之方向與原理，邁向攝受正法而速成佛道的境界中。平實導師講述，共六輯，每輯三百餘頁，售價各250元。

楞嚴經講記：楞嚴經係密教部之重要經典，亦是顯教中普受重視之經典；經中宣說明心與見性之內涵極爲詳細，將一切法都會歸如來藏及佛性—妙眞如性；亦闡釋五陰區宇及五陰盡的境界，作諸地菩薩自我檢驗證量之依據，旁及佛菩提道修學過程中之種種魔境，以及外道誤會涅槃之狀況，亦兼述明三界世間之起源。然因言句深澀難解，法義亦復深妙寬廣，學人讀之普難通達，是故讀者大多誤會，不能如實理解佛所說之明心與見性內涵，亦因是故多有悟錯之人引爲開悟之證言，成就大妄語罪。今由平實導師詳細講解之後，整理成文，以易讀易懂之語體文刊行天下，以利學人。全書十五輯，全部出版完畢。每輯三百餘頁，售價每輯300元。

金剛經宗通：三界唯心，萬法唯識，是成佛之修證內容，是諸地菩薩之所修；般若則是成佛之道（實證三界唯心、萬法唯識）的入門，若未證悟實相般若，即無成佛之可能，必將永在外門廣行菩薩六度，永在凡夫位中。然而實相般若的發起，全賴實證萬法的實相；若欲證知萬法的眞相，則必須探究萬法之所從來，則須實證自心如來—金剛心如來藏，然後現觀這個金剛心的金剛性、眞實性、如如性、清淨性、涅槃性、能生萬法的自性性、本住性，名爲證眞如；進而現觀三界六道唯是此金剛心所成，人間萬法須藉八識心王和合運作方能現起。如是實證《華嚴經》的「三界唯心、萬法唯識」以後，由此等現觀而發起實相般若智慧，繼續進修第十住位的如幻觀、第十行位的陽焰觀、第十迴向位的如夢觀，再生起增上意樂而勇發十無盡願，方能滿足三賢位的實證，轉入初地；自知成佛之道而無偏倚，從此按部就班、次第進修乃至成佛。第八識自心如來是般若智慧之所依，般若智慧的修證則要從實證金剛心自心如來開始；《金剛經》則是解說自心如來之經典，是一切三賢位菩薩所應進修之實相般若經典。這一套書，是將平實導師宣講的《金剛經》內容，整理成文字而流通之；書中所說義理，迥異古今諸家依文解義之說，指出大乘見道方向與理路，有益於禪宗學人求開悟見道，及轉入內門廣修六度萬行，已於2013年9月出版完畢，總共9輯，每輯約三百餘頁，售價各250元。

霧峰無霧—給哥哥的信：本書作者藉兄弟之間信件往來論義，略述佛法大義；並以多篇短文辨義，舉出釋印順對佛法的無量誤解證據，並一一給予簡單而清晰的辨正，令人一讀即知。久讀、多讀之後即能認清楚釋印順的六識論見解，與眞實佛法之牴觸是多麼嚴重；於是在久讀、多讀之後，於不知不覺之間提升了對佛法的極深入理解，正知正見就在不知不覺間建立起來了。當三乘佛法的正知見建立起來之後，對於三乘菩提的見道條件便將隨之具足，於是聲聞解脫道的見道也就水到渠成；接著大乘見道的因緣也將次第成熟，未來自然也會有親見大乘菩提之道的因緣，悟入大乘實相般若也將自然成功，自能通達般若系列諸經而成實義菩薩。作者居住於南投縣霧峰鄉，自喻見道之後不復再見霧峰之霧，故鄉原野美景一一明見，於是立此書名爲《霧峰無霧》；讀者若欲撥霧見月，可以此書爲緣。游宗明 老師著，已於2015年出版，售價250元。

霧峰無霧——第二輯——救護佛子向正道：本書作者藉釋印順著作中之各種錯謬法義提出辨正，以詳實的文義一一提出理論上及實證上之解析，列舉釋印順對佛法的無量誤解證據，藉此教導佛門大師與學人釐清佛法義理，遠離岐途轉入正道，然後知所進修，久之便能見道明心而入大乘勝義僧數。被釋印順誤導的大師與學人極多，很難救轉，是故作者大發悲心深入解說其錯謬之所在，佐以各種義理辨正而令讀者在不知不覺之間轉歸正道。如是久讀之後欲得斷身見、證初果，即不為難事；乃至久之亦得大乘見道而得證眞如，脫離空有二邊而住中道，實相般若智慧生起，於佛法不再茫然，漸漸亦知悟後進修之道。屆此之時，對於大乘般若等深妙法之迷雲暗霧亦將一掃而空，生命及宇宙萬物之故鄉原野美景一一明見，是故本書仍名《霧峰無霧》，為第二輯；讀者若欲撥雲見日、離霧見月，可以此書為緣。游宗明　老師著，已於2019年出版，售價250元。

空行母——性別、身分定位，以及藏傳佛教：本書作者為蘇格蘭哲學家，因為嚮往佛教深妙的哲學內涵，於是進入當年盛行於歐美的假藏傳佛教密宗，擔任卡盧仁波切的翻譯工作多年以後，被邀請成為卡盧的空行母（又名佛母、明妃），開始了她在密宗裡的實修過程；後來發覺在密宗雙身法中的修行，其實無法使自己成佛，也發覺密宗對女性岐視而處處貶抑，並剝奪女性在雙身法中擔任一半角色時應有的身分定位。當她發覺自己只是雙身法中被喇嘛利用的工具，沒有獲得絲毫應有的尊重與基本定位時，發現了密宗的父權社會控制女性的本質；於是作者傷心地離開了卡盧仁波切與密宗，但是卻被恐嚇不許講出她在密宗裡的經歷，也不許她說出自己對密宗的教義與教制下對女性剝削的本質，否則將被咒殺死亡。後來她去加拿大定居，十餘年後方才擺脫這個恐嚇陰影，下定決心將親身經歷的實情及觀察到的事實寫下來並且出版，公諸於世。出版之後，她被流亡的達賴集團人士大力攻訐，誣指她為精神狀態失常、說謊……等。但有智之士並未被達賴集團的政治操作及各國政府政治運作吹捧達賴的表相所欺，使她的書銷售無阻而又再版。正智出版社鑑於作者此書是親身經歷的事實，所說具有針對「藏傳佛教」而作學術研究的價值，也有使人認清假藏傳佛教剝削佛母、明妃的男性本位實質，因此洽請作者同意中譯而出版於華人地區。珍妮·坎貝爾女士著，呂艾倫 中譯，每冊250元。

假藏傳佛教的神話——性、謊言、喇嘛教：本書編著者是由一首名爲「阿姊鼓」的歌曲爲緣起，展開了序幕，揭開假藏傳佛教—喇嘛教—的神祕面紗。其重點是蒐集、摘錄網路上質疑「喇嘛教」的帖子，以揭穿「假藏傳佛教的神話」爲主題，串聯成書，並附加彩色插圖以及說明，讓讀者們瞭解西藏密宗及相關人事如何被操作爲「神話」的過程，以及神話背後的眞相。作者：張正玄教授。售價200元。

達賴眞面目——玩盡天下女人：假使您不想戴綠帽子，請記得詳細閱讀此書；假使您不想讓好朋友戴綠帽子，請您將此書介紹給您的好朋友。假使您想保護家中的女性，也想要保護好朋友的女眷，請記得將此書送給家中的女性和好友的女眷都來閱讀。本書爲印刷精美的大本彩色中英對照精裝本，爲您揭開達賴喇嘛的眞面目，內容精彩不容錯過，爲利益社會大眾，特別以優惠價格嘉惠所有讀者。編著者：白志偉等。大開版雪銅紙彩色精裝本。售價800元。

喇嘛性世界——揭開假藏傳佛教譚崔瑜伽的面紗：這個世界中的喇嘛，號稱來自世外桃源的香格里拉，穿著或紅或黃的喇嘛長袍，散布於我們的身邊傳教灌頂，吸引了無數的人嚮往學習；這些喇嘛虔誠地爲大眾祈福，手中拿著寶杵（金剛）與寶鈴（蓮花），口中唸著咒語：「唵．嘛呢．叭咪．吽……」，咒語的意思是說：「我至誠歸命金剛杵上的寶珠伸向蓮花寶穴之中」！「喇嘛性世界」是什麼樣的「世界」呢？本書將爲您呈現喇嘛世界的面貌。當您發現眞相以後，您將會唸：「噢！喇嘛．性．世界，譚崔性交嘛！」作者：張善思、呂艾倫。售價200元。

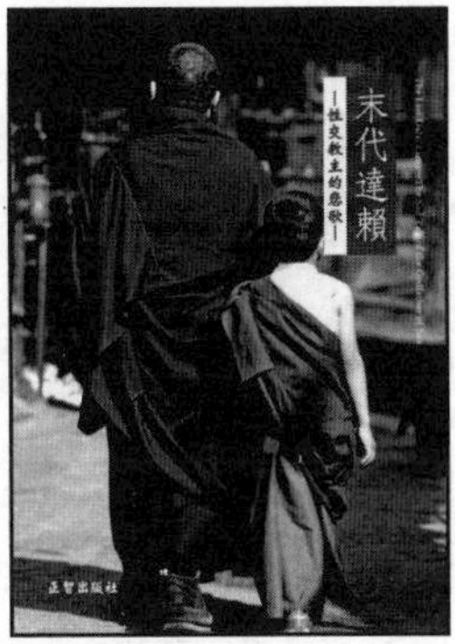

末代達賴—性交教主的悲歌：簡介從藏傳僞佛教（喇嘛教）的修行核心—性力派男女雙修，探討達賴喇嘛及藏傳僞佛教的修行內涵。書中引用外國知名學者著作、世界各地新聞報導，包含：歷代達賴喇嘛的祕史、達賴六世修雙身法的事蹟，以及《時輪續》中的性交灌頂儀式……等；達賴喇嘛書中開示的雙修法、達賴喇嘛的黑暗政治手段；達賴喇嘛所領導的寺院爆發喇嘛性侵兒童；新聞報導《西藏生死書》作者索甲仁波切性侵女信徒、澳洲喇嘛秋達公開道歉、美國最大假藏傳佛教組織領導人邱陽創巴仁波切的性氾濫；等等事件背後眞相的揭露。作者：張善思、呂艾倫、辛燕。售價250元。

黯淡的達賴—失去光彩的諾貝爾和平獎：本書舉出很多證據與論述，詳述達賴喇嘛不爲世人所知的一面，顯示達賴喇嘛並不是眞正的和平使者，而是假借諾貝爾和平獎的光環來欺騙世人；透過本書的說明與舉證，讀者可以更清楚的瞭解，達賴喇嘛是結合暴力、黑暗、淫欲於喇嘛教裡的集團首領，其政治行爲與宗教主張，早已讓諾貝爾和平獎的光環染污了。本書由財團法人正覺教育基金會寫作、編輯，由正覺出版社印行，每冊250元。

第七意識與第八意識？—**穿越時空「超意識」**：「三界唯心，萬法唯識」是佛教中應該實證的聖教，也是《華嚴經》中明載而可以實證的法界實相。唯心者，三界一切境界、一切諸法唯是一心所成就，即是每一個有情的第八識如來藏，不是意識心。唯識者，即是人類各各都具足的八識心王——眼識、耳鼻舌身意識、意根、阿賴耶識，第八阿賴耶識又名如來藏，人類五陰相應的萬法，莫不由八識心王共同運作而成就，故說萬法唯識。依聖教量及現量、比量，都可以證明意識是二法因緣生，是由第八識藉意根與法塵二法為因緣而出生，又是夜夜斷滅不存之生滅心，即無可能反過來出生第七識意根、第八識如來藏，當知不可能從生滅性的意識心中，細分出恆審思量的第七識意根，更無可能細分出恆而不審的第八識如來藏。本書是將演講內容整理成文字，細說如是內容，並已在〈正覺電子報〉連載完畢，今彙集成書以廣流通，欲幫助佛門有緣人斷除意識我見，跳脫於識陰之外而取證聲聞初果；嗣後修學禪宗時即得不墮外道神我之中，得以求證第八識金剛心而發起般若實智。平實導師 述，每冊300元。

童女迦葉考—**論呂凱文〈佛教輪迴思想的論述分析〉之謬**：童女迦葉是佛世率領五百大比丘遊行於人間的歷史事實，是以童貞行而依止菩薩戒弘化於人間的大菩薩，不依別解脫戒（聲聞戒）來弘化於人間。這是大乘佛教與聲聞佛教同時存在於佛世的歷史明證，證明大乘佛教不是從聲聞法中分裂出來的部派佛教的產物，卻是聲聞佛教分裂出來的部派佛教聲聞凡夫僧所不樂見的史實；於是古今聲聞法中的凡夫都欲加以扭曲而作詭說，更是末法時代高聲大呼「大乘非佛說」的六識論聲聞凡夫極力想要扭曲的佛教史實之一，於是想方設法扭曲迦葉菩薩為聲聞僧，以及扭曲迦葉童女為比丘僧等荒謬不實之論著便陸續出現，古時聲聞僧寫作的《分別功德論》是最具體之事例，現代之代表作則是呂凱文先生的〈佛教輪迴思想的論述分析〉論文。鑑於如是假藉學術考證以籠罩大眾之不實謬論，未來仍將繼續造作及流竄於佛教界，繼續扼殺大乘佛教學人法身慧命，必須舉證辨正之，遂成此書。平實導師 著，每冊180元。

人間佛教—實證者必定不悖三乘菩提：「大乘非佛說」的講法似乎流傳已久，卻只是日本人企圖擺脫中國正統佛教的影響，而在明治維新時期才開始提出來的說法；台灣佛教、大陸佛教的淺學無智之人，由於未曾實證佛法而迷信日本人錯誤的學術考證，錯認爲這些別有用心的日本佛學考證的講法爲天竺佛教的眞實歷史；甚至還有更激進的反對佛教者提出「**釋迦牟尼佛並非眞實存在，只是後人捏造的假歷史人物**」，竟然也有少數佛教徒願意跟著「學術」的假光環而信受不疑，亦導致部分台灣佛教界人士，造作了反對中國大乘佛教而推崇南洋小乘佛教的行爲，使台灣佛教的信仰者難以檢擇，亦導致一般大陸人士開始轉入基督教的盲目迷信中。在這些佛教及外教人士之中，也就有一分人根據此邪說而大聲主張「大乘非佛說」的謬論，這些人以「人間佛教」的名義來抵制中國正統佛教，公然宣稱中國的大乘佛教是由聲聞部派佛教的凡夫僧所創造出來的。這樣的說法流傳於台灣及大陸佛教界凡夫僧之中已久，卻非眞正的佛教歷史中曾經發生過的事，只是繼承六識論的聲聞法中凡夫僧，以及別有居心的日本佛教界，依自己的意識境界立場，純憑臆想而編造出來的妄想說法，卻已經影響許多無智之凡夫僧俗信受不移。本書則是從佛教的經藏法義實質及實證的現量內涵本質立論，證明大乘佛法本是佛說，是從《阿含正義》尚未說過的不同面向來討論「人間佛教」的議題，證明「大乘眞佛說」。閱讀本書可以斷除六識論邪見，迴入三乘菩提正道發起實證的因緣；也能斷除禪宗學人學禪時普遍存在之錯誤知見，對於建立參禪時的正知見有很深的著墨。 平實導師 述，內文488頁，全書528頁，定價400元。

實相經宗通：學佛之目的在於實證一切法界背後之實相，禪宗稱之爲本來面目或本地風光，佛菩提道中稱之爲實相法界；此實相法界即是金剛藏，又名佛法之祕密藏，即是能生有情五陰、十八界及宇宙萬有（山河大地、諸天、三惡道世間）的第八識如來藏，又名阿賴耶識心，即是禪宗祖師所說的眞如心，此心即是三界萬有背後的實相。證得此第八識心時，自能瞭解般若諸經中隱說的種種密意，即得發起實相般若——實相智慧。每見學佛人修學佛法二十年後仍對實相般若茫然無知，亦不知如何入門，茫無所趣；更因不知三乘菩提的互異互同，是故越是久學者對佛法越覺茫然，都肇因於尚未瞭解佛法的全貌，亦未瞭解佛法的修證內容即是第八識心所致。本書對於修學佛法者所應實證的實相境界提出明確解析，並提示趣入佛菩提道的入手處，有心親證實相般若的佛法實修者，宜詳讀之，於佛菩提道之實證即有下手處。平實導師述著，共八輯，已於2016年出版完畢，每輯成本價250元。

真心告訴您（一）——達賴喇嘛在幹什麼？這是一本報導篇章的選集，更是「破邪顯正」的暮鼓晨鐘。「破邪」是戳破假象，說明達賴喇嘛及其所率領的密宗四大派法王、喇嘛們，弘傳的佛法是仿冒的佛法；他們是假藏傳佛教，是坦特羅(譚崔性交)外道法和藏地崇奉鬼神的苯教混合成的「喇嘛教」，推廣的是以所謂「無上瑜伽」的男女雙身法冒充佛法的假佛教，詐財騙色誤導眾生，常常造成信徒家庭破碎、家中兒少失怙的嚴重後果。「顯正」是揭櫫眞相，指出眞正的藏傳佛教只有一個，就是覺囊巴，傳的是 釋迦牟尼佛演繹的第八識如來藏妙法，稱爲他空見大中觀。正覺教育基金會即以此古今輝映的如來藏正法正知見，在眞心新聞網中逐次報導出來，將箇中原委「眞心告訴您」，如今結集成書，與想要知道密宗眞相的您分享。售價250元。

中觀金鑑——詳述應成派中觀的起源與其破法本質：學佛人往往迷於中觀學派之不同學說，被應成派與自續派所迷惑；修學般若中觀二十年後自以爲實證般若中觀了，卻仍不曾入門，甫聞實證般若中觀者之所說，則茫無所知，迷惑不解；隨後信心盡失，不知如何實證佛法；凡此，皆因惑於這二派中觀學說所致。自續派中觀所說同於常見，以意識境界立爲第八識如來藏之境界，應成派所說則同於斷見，但又同立意識爲常住法，故亦具足斷常二見。今者孫正德老師有鑑於此，乃將起源於密宗的應成派中觀學說，追本溯源，詳考其來源之外，亦一一舉證其立論內容，詳加辨正，令密宗雙身法祖師以識陰境界而造之應成派中觀學說本質，詳細呈現於學人眼前，令其維護雙身法之目的無所遁形。若欲遠離密宗此二大派中觀謬說，欲於三乘菩提有所進道者，允宜具足閱讀並細加思惟，反覆讀之以後將可捨棄邪道返歸正道，則於般若之實證即有可能，證後自能現觀如來藏之中道境界而成就中觀。本書分上、中、下三冊，每冊250元，已全部出版完畢。

法華經講義：此書爲平實導師始從2009/7/21演述至2014/1/14之講經錄音整理所成。世尊一代時教，總分五時三教，即是華嚴時、聲聞緣覺教、般若教、種智唯識教、法華時；依此五時三教區分爲藏、通、別、圓四教。本經是最後一時的圓教經典，圓滿收攝一切法教於本經中，是故最後的圓教聖訓中，特地指出無有三乘菩提，其實唯有一佛乘；皆因眾生愚迷故，方便區分爲三乘菩提以助眾生證道。世尊於此經中特地說明如來示現於人間的唯一大事因緣，便是爲有緣眾生「開、示、悟、入」諸佛的所知所見——第八識如來藏妙眞如心，並於諸品中隱說「妙法蓮花」如來藏心的密意。然因此經所說甚深難解，眞義隱晦，古來難得有人能窺堂奧；平實導師以知如是密意故，特爲末法佛門四眾演述《妙法蓮華經》中各品蘊含之密意，使古來未曾被古德註解出來的「此經」密意，如實顯示於當代學人眼前。乃至〈藥王菩薩本事品〉、〈妙音菩薩品〉、〈觀世音菩薩普門品〉、〈普賢菩薩勸發品〉中的微細密意，亦皆一併詳述之，可謂開前人所未曾言之密意，示前人所未見之妙法。最後乃至以〈法華大義〉而總其成，全經妙旨貫通始終，而依佛旨圓攝於一心如來藏妙心，厥爲曠古未有之大說也。平實導師述，共有25輯，已於2019/05/31出版完畢。每輯300元。

西藏「活佛轉世」制度—附佛、造神、世俗法：歷來關於喇嘛教活佛轉世的研究，多針對歷史及文化兩部分，於其所以成立的理論基礎，較少系統化的探討。尤其是此制度是否依據「佛法」而施設？是否合乎佛法眞實義？現有的文獻大多含糊其詞，或人云亦云，不曾有明確的闡釋與如實的見解。因此本文先從活佛轉世的由來，探索此制度的起源、背景與功能，並進而從活佛的尋訪與認證之過程，發掘活佛轉世的特徵，以確認「活佛轉世」在佛法中應具足何種果德。定價150元。

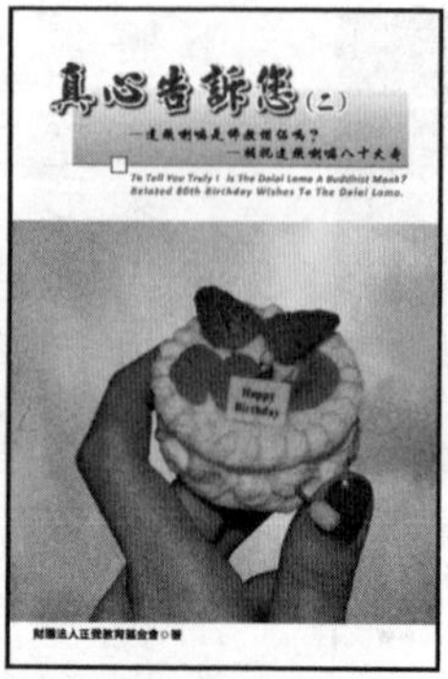

真心告訴您(二)—達賴喇嘛是佛教僧侶嗎？補祝達賴喇嘛八十大壽：這是一本針對當今達賴喇嘛所領導的喇嘛教，冒用佛教名相、於師徒間或師兄姊間，實修男女邪淫，而從佛法三乘菩提的現量與聖教量，揭發其謊言與邪術，證明達賴及其喇嘛教是仿冒佛教的外道，是「假藏傳佛教」。藏密四大派教義雖有「八識論」與「六識論」的表面差異，然其實修之內容，皆共許「無上瑜伽」四部灌頂為究竟「成佛」之法門，也就是共以男女雙修之邪淫法為「即身成佛」之密要，雖美其名曰「欲貪為道」之「金剛乘」，並誇稱其成就超越於（應身佛）釋迦牟尼佛所傳之顯教般若乘之上；然詳考其理論，則或以意識離念時之粗細心為第八識如來藏，或以中脈裡的明點為第八識如來藏，或如宗喀巴與達賴堅決主張第六意識為常恆不變之眞心者，分別墮於外道之常見與斷見中；全然違背　佛說能生五蘊之如來藏的實質。售價300元。

涅槃──解說四種涅槃之實證及內涵：眞正學佛之人，首要即是見道，由見道故方有涅槃之實證，證涅槃者方能出生死，但涅槃有四種：二乘聖者的有餘涅槃、無餘涅槃，以及大乘聖者的本來自性清淨涅槃、佛地的無住處涅槃。大乘聖者實證本來自性清淨涅槃，入地前再取證二乘涅槃，然後起惑潤生捨離二乘涅槃，繼續進修而在七地心前斷盡三界愛之習氣種子，依七地無生法忍之具足而證得念念入滅盡定；八地後進斷異熟生死，直至妙覺地下生人間成佛，具足四種涅槃，方是眞正成佛。此理古來少人言，以致誤會涅槃正理者比比皆是，今於此書中廣說四種涅槃、如何實證之理、實證前應有之條件，實屬本世紀佛教界極重要之著作，令人對涅槃有正確無訛之認識，然後可以依之實行而得實證。本書共有上下二冊，每冊各四百餘頁，對涅槃詳加解說，每冊各350元。

佛藏經講義：本經說明為何佛菩提難以實證之原因，都因往昔無數阿僧祇劫前的邪見，引生此世求證時之業障而難以實證。即以諸法實相詳細解說，繼之以念佛品、念法品、念僧品，說明諸佛與法之實質；然後以淨戒品之說明，期待佛弟子四眾堅持清淨戒而轉化心性，並以往古品的實例說明歷代學佛人在實證上的業障由來，教導四眾務必滅除邪見轉入正見中，不再造作謗法及謗賢聖之大惡業，以免未來世尋求實證之時被業障所障；然後以了戒品的說明和囑累品的付囑，期望末法時代的佛門四眾弟子皆能清淨知見而得以實證。平實導師於此經中有極深入的解說，總共21輯，已於2022/11/30出版完畢，每輯三百餘頁，售價300元。

大法鼓經講義：本經解說佛法的總成：法、非法。由開解法、非法二義，說明了義佛法與世間戲論法的差異，指出佛法實證之標的即是法——第八識如來藏；並顯示實證後的智慧，如實擊大法鼓、演深妙法，演說如來祕密教法，非二乘定性及諸凡夫所能得聞，唯有具足菩薩性者方能得聞。正聞之後即得依於 世尊大願而拔除邪見，入於正法而得實證；深解不了義經之方便說，亦能實解了義經所說之眞實義，得以證法——如來藏，而得發起根本無分別智，乃至進修而發起後得無分別智；並堅持布施及受持清淨戒而轉化心性，得以現觀眞我眞法如來藏之各種層面。此爲第一義諦聖教，並授記末法最後餘八十年時，一切世間樂見離車童子以七地證量而示現爲凡夫身，將繼續護持此經所說正法。平實導師於此經中有極深入的解說，總共六輯，每輯300元，於2023/01/30開始每二個月發行一輯。

成唯識論釋：本論係大唐玄奘菩薩揉合當時天竺十大論師的說法加以辨正而著成，攝盡佛門證悟菩薩及部派佛教聲聞凡夫論師對佛法的論述，並函蓋當時天竺諸大外道對生命實相的錯誤論述加以辨正，是由玄奘大師依據無生法忍證量加以評論確定而成爲此論。平實導師弘法初期即已依於證量略講過一次，歷時大約四年，當時正覺同修會規模尚小，聞法成員亦多尚未證悟，是故並未整理成書；如今正覺同修會中的證悟同修已超過六百人，鑑於此論在護持正法、實證佛法及悟後進修上的重要性，已於2022年初重講，並已經預先註釋完畢編輯成書，名爲《成唯識論釋》，總共十輯，每輯目次41頁、序文7頁、每輯內文至四百餘頁，並將原本13級字縮小爲12級字編排，以增加其內容；於增上班宣講時的內容將會更詳細於書中所說，涉及佛法密意的詳細內容只於增上班中宣講，於書中皆依佛誡隱覆密意而說，然已足夠所有學人藉此一窺佛法堂奧而進入正道、免入岐途。重新判教的〈目次〉已經詳盡判定論中諸段句義，用供學人參考；是故讀者閱完此論之釋，即可深解成佛之道的正確內涵。總共十輯，預定每一輯內容講述完畢時即予出版，第一輯將於2023年五月出版，然後每七至九個月出版一輯，每輯定價400元。

不退轉法輪經講義：世尊弘法有五時三教之別，分為藏、通、別、圓四教之理，本經是大乘般若期前的通教經典，所說之大乘般若正理與所證解脫果，通於二乘解脫道，佛法智慧則通大乘般若，皆屬大乘般若與解脫甚深之理，故其所證解脫果位通於二乘法教；而其中所說第八識無分別法之正理，即是世尊降生人間的唯一大事因緣。如是第八識能仁而且寂靜，恆順眾生於生死之中從無乖違，識體中所藏之本來無漏性的有為法以及真如涅槃境界，皆能助益學人最後成就佛道；此謂釋迦意為能仁，牟尼意為寂靜，此第八識即名釋迦牟尼，釋迦牟尼即是能仁寂靜的第八識真如；若有人聽聞如是第八識常住、如來不滅之正理，信受奉行之人皆有大乘實證之因緣，永得不退於成佛之道，是故聽聞釋迦牟尼名號而解其義者，皆得不退轉於無上正等正覺，未來世中必有實證之因緣。如是深妙經典，已由平實導師詳述圓滿並整理成書，預定於《大法鼓經講義》發行圓滿之後接著梓行，每二個月發行一輯，總共十輯，每輯300元。

解深密經講義：本經是所有尋求大乘見道及悟後欲入地者所應詳讀串習的三經之一，即是《楞伽經》、《解深密經》、《楞嚴經》三經中的一經，亦可作為見道真假的自我印證依據。此經是 世尊晚年第三轉法輪時，宣說地上菩薩所應熏修之無生法忍唯識正義經典；經中總說真見道位所見的智慧總相，兼及相見道位所應熏修的七真如等法；亦開示入地應修之十地真如等義理，乃是大乘一切種智增上慧學，以阿陀那識—如來藏—阿賴耶識為成佛之道的主體。禪宗之證悟者，若欲修證初地無生法忍乃至八地無生法忍者，必須修學《楞伽經、解深密經、楞嚴經》所說之八識心王一切種智。此三經所說正法，方是真正成佛之道；印順法師否定第八識如來藏之後所說萬法緣起性空之法，墮於六識論中而著作的《成佛之道》，乃宗本於密宗宗喀巴六識論邪思而寫成的邪見，是以誤會後之二乘解脫道取代大乘真正成佛之道，承襲自古天竺部派佛教聲聞凡夫論師的邪見，尚且不符二乘解脫道正理，亦已墮於斷滅見及常見中，所說全屬臆想所得的外道見，不符本經、諸經中佛所說的正義。平實導師曾於本會郭故理事長往生時，於喪宅中從**首七**開始宣講此經，於每一七起各宣講三小時，至**十七**而快速略講圓滿，作為郭老之往生後的佛事功德，迴向郭老早證八地、速返娑婆住持正法。茲為今時後世學人故，已經開始重講《解深密經》，以淺顯之語句講畢後，將會整理成文並梓行流通，用供證悟者進道；亦令諸方未悟者，據此經中佛語正義修正邪見，依之速能入道。平實導師述著，全書輯數未定，每輯三百餘頁，將於未來重講完畢後逐輯陸續出版。

修習止觀坐禪法要講記：修學四禪八定之人，往往錯會禪定之修學知見，欲以無止盡之坐禪而證禪定境界，卻不知修除性障之行門才是修證四禪八定不可或缺之要素，故智者大師云「性障初禪」；性障不除，初禪永不現前，云何修證二禪等？又：行者學定，若唯知數息，而不解六妙門之方便善巧者，欲求一心入定，未到地定極難可得，智者大師名之爲「事障未來」：障礙未到地定之修證。又禪定之修證，不可違背二乘菩提及第一義法，否則縱使具足四禪八定，亦不能實證涅槃而出三界。此諸知見，智者大師於《修習止觀坐禪法要》中皆有闡釋。作者平實導師以其第一義之見地及禪定之實證證量，曾加以詳細解析。將俟正覺寺竣工啓用後重講，不限制聽講者資格；講後將以語體文整理出版。欲修習世間定及增上定之學者，宜細讀之。平實導師述著。

阿含經講記——小乘解脫道之修證：數百年來，南傳佛法所說證果之不實，所說解脫道之虛妄，所弘解脫道法義之世俗化，皆已少人知之；阿含解脫道從南洋傳入台灣與大陸之後，所說法義虛謬之事，亦復少人知之；今時台灣全島印順系統之法師居士，多不知南傳佛法數百年來所說解脫道之義理已然偏斜、已然世俗化、已非眞正之二乘解脫正道，猶極力推崇與弘揚。彼等南傳佛法近代所謂之證果者皆非眞實證果者，譬如阿迦曼、葛印卡、帕奧禪師、一行禪師……等人，悉皆未斷我見故。近年更有台灣南部大願法師，高抬南傳佛法之二乘修證行門爲「捷徑**究竟**解脫之道」者，然而南傳佛法縱使眞修實證，得成阿羅漢，至高唯是二乘菩提解脫之道，絕非**究竟**解脫，無餘涅槃中之實際尚未得證故，法界之實相尚未了知故，習氣種子待除故，一切種智未實證故，焉得謂爲「究竟解脫」？即使南傳佛法近代眞有實證之阿羅漢，尚且不及三賢位中之七住明心菩薩本來自性清淨涅槃智慧境界，則不能知此賢位菩薩所證之無餘涅槃實際，仍非大乘佛法中之見道者，何況彼等普未實證聲聞果乃至未斷我見之人？謬充證果已屬逾越，更何況是誤會二乘菩提之後，以未斷我見之凡夫知見所說之二乘菩提解脫偏斜法道，焉可高抬爲「究竟解脫」？而且自稱「捷徑之道」？又妄言解脫之道即是成佛之道，完全否定般若實智、否定三乘菩提所依之如來藏心體，此理大大不通也！平實導師爲令修學二乘菩提欲證解脫果者，普得迴入二乘菩提正見、正道中，是故選錄四阿含諸經中，對於二乘解脫道法義有具足圓滿說明之經典，預定未來十年內將會加以詳細講解，令學佛人得以了知二乘解脫道之修證理路與行門，庶免被人誤導之後，未證言證，梵行未立，干犯道禁自稱阿羅漢或成佛，成大妄語，欲升反墮。本書首重斷除我見，以助行者斷除我見而實證初果爲著眼之目標，若能根據此書內容，配合平實導師所著《識蘊眞義》《阿含正義》內涵而作實地觀行，實證初果非爲難事，行者可以藉此三書自行確認聲聞初果爲實際可得現觀成就之事。此書中除依二乘經典所說加以宣示外，亦依斷除我見等之證量，及大乘法中道種智之證量，對於意識心之體性加以細述，令諸二乘學人必定得斷我見、常見，免除三縛結之繫縛。次則宣示斷除我執之理，欲令升進而得薄貪瞋痴，乃至斷五下分結…等。平實導師將擇期講述，然後整理成書。共二冊，每冊三百餘頁。每輯300元。

總經銷：聯合發行股份有限公司

231 新北市新店區寶橋路 235 巷 6 弄 6 號 4F

Tel.02－2917-8022（代表號） Fax.02－2915-6275（代表號）

零售：1.**全台連鎖經銷書局：**

三民書局、誠品書局、何嘉仁書店

敦煌書店、紀伊國屋、金石堂書局、建宏書局

諾貝爾圖書城、墊腳石圖書文化廣場

2.**台北市：**佛化人生 **大安區**羅斯福路 3 段 325 號 6 樓之 4　台電大樓對面

3.**新北市：**春大地書店 **蘆洲區**中正路 117 號

4.**桃園市：**御書堂 **龍潭區**中正路 123 號

5.**新竹市：**大學書局 **東區**建功路 10 號

6.**台中市：**瑞成書局 **東區**雙十路 1 段 4 之 33 號

佛教詠春書局 **南屯區**永春東路 884 號

文春書店 **霧峰區**中正路 1087 號

7.**彰化市：**心泉佛教文化中心 南瑤路 286 號

8.**高雄市：**政大書城 **前鎮區**中華五路 789 號 2 樓（高雄夢時代店）

明儀書局 **三民區**明福街 2 號

青年書局 **苓雅區**青年一路 141 號

9.**台東市：**東普佛教文物流通處 博愛路 282 號

10.**其餘鄉鎮市經銷書局：**請電詢總經銷**聯合**公司。

11.**大陸地區請洽：**

香港：樂文書店

銅鑼灣店 :香港銅鑼灣駱克道 506 號 2 樓

電話 : (852) 2881 1150 email: luckwinbs@gmail.com

廈門：廈門外圖臺灣書店有限公司

地址：廈門市思明區湖濱南路809 號 廈門外圖書城3 樓 郵編：361004

電話：0592-5061658（臺灣地區請撥打 86-592-5061658）

E-mail：JKB118＠188.COM

12.**美國：世界日報圖書部：**紐約圖書部　電話 7187468889#6262

洛杉磯圖書部　電話 3232616972#202

13.**國內外地區網路購書：**

正智出版社 書香園地　http://books.enlighten.org.tw/

（書籍簡介、經銷書局可直接聯結下列網路書局購書）

三民 網路書局　http://www.sanmin.com.tw

誠品 網路書局　http://www.eslitebooks.com

博客來 網路書局　http://www.books.com.tw
金石堂 網路書局　http://www.kingstone.com.tw
聯合 網路書局　http:// www.nh.com.tw

附註：1.請儘量向各經銷書局購買：郵政劃撥需要八天才能寄到（本公司在您劃撥後第四天才能接到劃撥單，次日寄出後第二天您才能收到書籍，此六天中可能會遇到週休二日，是故共需八天才能收到書籍）若想要早日收到書籍者，請劃撥完畢後，將劃撥收據貼在紙上，旁邊寫上您的姓名、住址、郵區、電話、買書詳細內容，直接傳眞到本公司 02-28344822，並來電 02-28316727、28327495 確認是否已收到您的傳眞，即可提前收到書籍。 2.因台灣每月皆有五十餘種宗教類書籍上架，書局書架空間有限，故唯有新書方有機會上架，通常每次只能有一本新書上架；本公司出版新書，大多上架不久便已售出，若書局未再叫貨補充者，書架上即無新書陳列，則請直接向書局櫃台訂購。 3.若書局不便代購時，可於晚上共修時間向正覺同修會各共修處請購（共修時間及地點，詳閱**共修現況表**。每年例行年假期間請勿前往請書，年假期間請見共修現況表）。 4.郵購：郵政劃撥帳號 19068241。 5.正覺同修會會員購書都以八折計價（戶籍台北市者爲一般會員，外縣市爲護持會員）都可獲得優待，欲一次購買全部書籍者，可以考慮入會，節省書費。入會費一千元（第一年初加入時才需要繳），年費二千元。**6.尚未出版之書籍，請勿預先郵寄書款與本公司，謝謝您！** 7.若欲一次購齊本公司書籍，或同時取得正覺同修會贈閱之全部書籍者，請於正覺同修會共修時間，親到各共修處請購及索取；**台北市讀者**請洽：103 台北市承德路三段 267 號 10 樓（捷運淡水線 圓山站旁）請書時間：週一至週五爲 18.00~21.00，第一、三、五週週六爲 10.00~21.00，雙週之週六爲 10.00~18.00 請購處專線電話：25957295-分機 14（於請書時間方有人接聽）。

敬告大陸讀者：

大陸讀者購書、索書捷徑（尚未在大陸出版的書籍，以下二個途徑都可以購得，電子書另包括結緣書籍）：

1.廈門外國圖書公司：廈門市思明區湖濱南路 809 號 廈門外圖書城 3F
郵編：361004　電話：0592-5061658　網址：http://www.xibc.com.cn/

2.電子書：正智出版社有限公司及正覺同修會在台灣印行的各種局版書、結緣書，已有『**正覺電子書**』陸續上線中，提供讀者於手機、平板電腦上購書、下載、閱讀正智出版社、正覺同修會及正覺教育基金會所出版之電子書，詳細訊息敬請參閱『正覺電子書』專頁：http://books.enlighten.org.tw/ebook

關於平實導師的書訊，請上網查閱：

成佛之道 http://www.a202.idv.tw

正智出版社 書香園地 http://books.enlighten.org.tw/

中國網採訪佛教正覺同修會、正覺教育基金會訊息：

http://foundation.enlighten.org.tw/newsflash/20150817_1

http://video.enlighten.org.tw/zh-CN/visit_category/visit10

★ 正智出版社有限公司售書之稅後盈餘，全部捐助財團法人正覺寺籌備處、佛教正覺同修會、正覺教育基金會，供作弘法及購建道場之用；懇請諸方大德支持，功德無量。

★ 聲 明 ★

本社於 2015/01/01 開始調整本目錄中部分書籍之售價，以因應各項成本的持續增加。

＊喇嘛教修外道雙身法、墮識陰境界，非佛教 ＊

＊弘揚如來藏他空見的覺囊派才是真正藏傳佛教 ＊

售後服務—換書啓事（免附回郵） 2017/12/05

《楞伽經詳解》第三輯初版免費調換新書啓事：茲因 平實導師弘法早期尚未回復往世全部證量，有些法義接受他人的說法，寫書當時並未察覺而有二處（同一種法義）跟著誤說，如今發現已將之修正。茲爲顧及讀者權益，已開始免費調換新書；敬請所有讀者將以前所購第三輯（不論第幾刷），攜回或寄回本公司免費換新；郵寄者之回郵由本公司負擔，不需寄來郵票。因此而造成讀者閱讀、以及換書的不便，在此向所有讀者致上萬分的歉意，祈請讀者大眾見諒！

《楞嚴經講記》第 14 輯初版首刷本免費調換新書啓事：本講記第 14 輯出版前因 平實導師諸事繁忙，未將之重新閱讀而只改正校對時發現的錯別字，故未能發覺十年前所說法義有部分錯誤，於第 15 輯付印前重閱時才發覺第 14 輯中有部分錯誤尚未改正。今已重新審閱修改並已重印完成，煩請所有讀者將以前所購第 14 輯初版首刷本，寄回本公司免費換新（初版二刷本無錯誤），本公司將於寄回新書時同時附上您寄書來換新時的郵資，並在此向所有讀者致上最誠懇的歉意。

《心經密意》初版書免費調換二版新書啓事：本書係演講錄音整理成書，講時因時間所限，省略部分段落未講。後於再版時補寫增加 13 頁，維持原價流通之。茲爲顧及初版讀者權益，自 2003/9/30 開始免費調換新書，原有初版一刷、二刷書籍，皆可寄來本公司換書。

《宗門法眼》已經增寫改版爲 464 頁新書，2008 年 6 月中旬出版。讀者原有初版之第一刷、第二刷書本，都可以寄回本公司免費調換改版新書。改版後之公案及錯悟事例維持不變，但將內容加以增說，較改版前更具有廣度與深度，將更能助益讀者參究實相。

換書者**免附回郵**，亦無截止期限；舊書請寄：111 台北郵政 73-151 號信箱 或 103 台北市承德路三段 267 號 10 樓 正智出版社有限公司。舊書若有塗鴨、殘缺、破損者，仍可換取新書；但缺頁之舊書至少應仍有五分之三頁數，方可換書。所有讀者不必顧念本公司是否有盈餘之問題，都請踴躍寄來換書；本公司成立之目的不是營利，只要能眞實利益學人，即已達到成立及運作之目的。若以郵寄方式換書者，免附回郵；並於寄回新書時，由本公司附上您寄來書籍時耗用的郵資。造成您不便之處，再次致上萬分的歉意。

正智出版社有限公司 啓

換書及道歉公告

《法華經講義》第十三輯初版免費調換新書啓事：本書因謄稿、印製等相關人員作業疏失，導致該書中的經文及內文用字將「**親近**」誤植成「清淨」。茲爲顧及讀者權益，自 2017/8/30 開始免費調換新書；敬請所有讀者將以前所購第十三輯初版首刷及二刷本，攜回或寄回本公司免費換新，或請自行更正其中的錯誤之處；郵寄者之回郵由本公司負擔，不需寄來郵票。同時對因此而造成讀者閱讀、以及換書的困擾及不便，在此向所有讀者致上最誠懇的歉意，祈請讀者大眾見諒！錯誤更正說明如下：

一、第 256 頁第 10 行~第 14 行：【就是先要具備「**法親近處**」、「**眾生親近處**」；法**親近**處就是在實相之法有所實證，如果在實相法上有所實證，他在二乘菩提中自然也能有所實證，以這個作爲第一個**親近**處——第一個基礎。然後還要有第二個基礎，就是瞭解應該如何善待眾生；對於眾生不要有排斥或者是貪取之心，平等觀待而攝受、親近一切有情。以這兩個**親近**處作爲基礎，來實行其他三個安樂行法。】。

二、第 268 頁第 13 行：【具足了那兩個「**親近處**」，使你能夠在末法時代，如實而圓滿的演述《法華經》時，那麼你作這個夢，它就是如理作意的，完全符合邏輯去完成這個過程，就表示你那個晚上，在那短短的一場夢中，已經度了不少眾生了。

《大法鼓經講義》第一輯初版免費調換新書啓事：本書因校對相關人員作業疏失錯失別字，導致該書中的內文 255 頁倒數 5 行有二字錯植而無發現，乃「『**智慧**』的滅除不容易」應更正爲「『**煩惱**』的滅除不容易」。茲爲顧及讀者權益，自 2023/2/15 開始免費調換新書，或請自行更正其中的錯誤之處；敬請所有讀者將以前所購第一輯初版首刷及二刷本，攜回或寄回本公司免費換新；郵寄者之回郵由本公司負擔，不需寄來郵票。同時對因此而造成讀者閱讀、以及換書的困擾及不便，在此向所有讀者致上最誠懇的歉意，祈請讀者大眾見諒！

正智出版社有限公司 敬啓

國家圖書館出版品預行編目(CIP) 資料

大法鼓經講義. 第一輯 / 平實導師述著. --初版.--
臺北市:正智出版社有限公司, 2023.01 面; 公分
ISBN 978-626-96703-2-1(第一輯;平裝)

1.CST:法華部

221.5 111022194

大法鼓經講義——第一輯

著述者:平實導師
音文轉換:鄭瑞卿 劉夢瓚
校對:章乃鈞 孫淑貞 陳介源 王美伶 張善思
出版者:正智出版社有限公司
電話:〇二 28327495 28316727(白天)
傳眞:〇二 28344822
111 台北郵政 73-151 號信箱
郵政劃撥帳號:一九〇六八二四一
正覺講堂:總機〇二 25957295(夜間)
總經銷:聯合發行股份有限公司
231 新北市新店區寶橋路 235 巷 6 弄 6 號 4 樓
電話:〇二 29178022(代表號)
傳眞:〇二 29156275
初版首刷:二〇二三年元月三十日 二千冊
初版二刷:二〇二三年元月三十一日 二千冊
二版首刷:二〇二三年二月一日 二千冊
定價:三〇〇元